KB186896

나만의 무기

나만의 무기 19

장예 지음 | 이지수 옮김

책/ 이/ 있/ 는/ 풍/ 경

열심히 해서 성공하는 시대는 지나갔다

세상에는 이해할 수 없는 일들이 많다. 찢어지게 가난한 사람이 있는가 하면 이들보다 백 배, 천 배 더 많은 부를 누리는 사람도 있다. 이들의 차이는 과연 무엇일까? 부자라고 해서 하루가 25시간이거나 머리가 하나 더 있는 것은 아니다.

심리학자들은 부자와 가난한 사람의 가장 큰 차이가 사고방식에 있다는 연구 결과를 내놓았다. 어떤 사고방식을 가졌느냐에 따라 인생이 좌우된다. 다른 사람이 하는 대로 따라 하기만 하는 사람은 아무리 노력해도 평생 누군가의 뒤꽁무니만 따라 다닐 뿐이다. 세계적으로 성공한 이들은 모두 뛰어난 사고방식을 지녔다. 워런 버핏은 이렇게 말했다.

"모두가 투자할 때는 경계하고, 모두가 경계할 때 투자하라."

그의 말은 투자할 때뿐만 아니라 여러 가지 상황에 적용될 수 있다. 그는 이렇게 남들과 다른 사고방식으로 투자 분야에서 신과 같은 존재로 추앙받고 있다.

생각하기 싫어하고 자신감이 없는 사람이 어떻게 성공할 수 있을까? 이제는 더 이상 열심히만 한다고 성공할 수 있는 시대가 아니다.

사고방식이 인생을 좌우한다

가난한 사람이 사고방식을 바꾸지 못하면 평생 가난하게 살고, 그의 아들, 손자까지도 가난을 물려받는다. 부자라고 해도 잘못된 사고방식을 바꾸지 못하면 억만장자에서 한순간에 빈털터리가 될 수 있다. 반대로 어떤 사람은 뛰어난 사고방식만으로 하룻밤 사이에 억만장자가 되기도 한다. 페이스북을 창시한 마크 주커버그를 보라. 하버드대학교에서 컴퓨터와 심리학을 전공하던 학생이 남들과 다른 독특한 사고방식만으로 그 유명한 페이스북을 창조하지 않았는가. 사고방식이 부유한 사람이 진정한 부자다.

살다 보면 해결책을 쉽게 찾을 수 없는 문제와 마주하기도 한다. 이럴 때 무조건 밀고 가기만 하면 평생 문제를 해결하지도 못하고 시간만 낭비할 수도 있다. 그러면 어떻게 해야 할까? 먼저 꽉 막힌 생각의 틀에서 벗어나야 한다. 사방이 막힌 상자에 갇혔는가? 그렇다면 왜 천장이나 바닥에서는 출구를 찾아보려고 하지 않는가. 만약 천장에 출구가 있다면 사다리를 타고 올라가면 될 것이고, 저 밑바닥에 출구가 있다면 굴을 파면 된다.

이 세상은 당신이 생각하는 것만큼 힘들고 어려운 곳이 아니다. 지금 겪고 있는 어려움은 어떤 사고방식을 갖느냐에 따라 종이 한 장이 될 수 있고 무거운 벽돌이 될 수도 있다. 당신의 발목을 잡는 것은 이 세상이 아니라 바로 당신의 사고방식이다. 자신의 운명을 바꾸고 싶다면 먼저 사고방식을 바꿔야 한다.

하늘에서 내려준 행운이 아니라 머릿속에 떠오른 기발한 생각이 바로 당신의 운명을 바꾼다. 이런 생각을 정확하게 포착하는 사람만이 새로운 인생을 살 수 있다.

다른 사람이 훔쳐갈 수 없는 그것을 가져라

직장에서나 일상생활에서 운이 굉장히 좋은 이들을 볼 수 있다. 그들은 어떤 일이라도 순조롭게 해결하고 남들보다 쉽게 성공한다. 그들의 비결은 과연 무엇일까?

사람들은 일반적으로 이렇게 대답할 것이다.

"남들보다 똑똑한가 보죠."

"안목이 좋은 것 아닐까요."

"머리 회전이 빠른가 봐요."

"눈치가 빨라서겠죠."

똑똑하다, 안목이 좋다, 머리회전이 빠르다, 눈치가 빠르다……. 이 모든 것은 결국 하나로 연결된다. 사고방식! 어떤 일이라도 순조롭게 해결하고 남들보다 쉽게 성공하는 이들의 비결은 뛰어난 사고방식에 있다. 성공한 사람과 실패한 사람의 가장 큰 차이는 바로 사고방식이다.

당신의 인생을 사랑하고 꿈이 있다면 이제 어떻게 해야 할지 알 것이다. 뛰어난 사고방식이야말로 다른 사람이 훔쳐갈 수 없는 나만의 무기다. 한 사람의 사고방식이 그 사람이 어떤 인생을 살지 결정한다. 뛰어난 사고방식에 적극적인 행동력을 갖춘다면 당신은 분명 지금보다 훨씬 빨리, 그리고 훨씬 높이 성장할 수 있을 것이다.

차 례

머리말

성공하는
사람들의
사고방식

사고방식은 성장과 발전, 성공까지 좌우하는 요소라고 해도 과언이 아니다.
성공한 사람들일수록 남다른 사고방식으로 평범함을 뛰어넘었다.

나는 자신이 하고 싶은 일이 무엇인지도 제대로 모르면서 무작정 회사부터 차리겠다는 이들을
이해할 수 없다. 기왕에 창업을 결심했다면 사람들에게 큰 영향력을 미치는 일을 해야 한다.
하지만 실제로 보면 너무도 많은 회사들이 작고 의미 없는 일에 매여 있다.
물론 당신이 평범한 기업가가 되고 싶다면 그런 일을 하는 것도 괜찮다.
그러나 가장 흥미로운 일은 모두 근본적인 것에서부터 시작된다.

-마크 주커버그

성공한 그들은
어떻게 바라볼까

페이스북의 성공은 결코 우연이 아니다

임종 직전의 사람들이 공통적으로 남기는 유언이 있다.

"인생을 다시 살 수만 있다면……."

왜 죽기 전에 이런 말을 할까? 어째서 인생에 이토록 미련이 남을까? 그것은 많은 이들이 자신의 꿈을 이루지 못한 채 열정도 없고, 모험도 없고, 무엇보다 주체적인 생각이 없이 녹슨 나사처럼 흘러가는 대로 일생을 살았기 때문이다.

이렇게 말하는 이들도 있다.

"나는 아직 능력이 부족해. 하지만 시간이 해결해줄 거야. 굳이 지금의 인생이나 생각을 바꿀 이유는 없어. 내게 필요한 건 끈기야. 성공할 때까지 계속 해보자!"

하지만 정말 그럴까? 이 세상에는 잘못된 길을 계속 따라가다가 결국 아무것도 이루지 못한 이들이 수도 없이 많다. 예를 들어 사업에 천부적인 재능이 있는 청년이 연기자가 되겠다고 억지를 부리면 평생 엑스트라밖에 하지 못한다. 때로는 생각을 바꾸는 것이 끈기와 인내보다 중요하다. 당신에게 세상을 놀라게 할 아이디어가 없다면 100년 동안 끈기 있게 노력한들 결국에는 후회만 남는다.

당신에게 세상을 놀라게 할 아이디어가 있다면 아무리 어려도 상관없다. 인터넷 세계에 기적을 일으킨 페이스북은 2004년 2월 4일 탄생했는데, 당시 창업자 마크 주커버그는 만 19살로 하버드대학교 2학년에 재학 중이었다. 10년 후 페이스북은 사용자 12억 명, 시장가치 1,200억 달러의 세계 최대 소셜 네트워크로 성장했다. 이처럼 운명을 바꾸는 힘은 나이가 아니라 뛰어난 생각에서 나온다.

페이스북은 본래 출석부를 대신할 용도로 만들어졌다. 마크 주커버그는 교사와 학생들이 서로 소통하는 공간을 만들기 위해 출석부를 온라인상으로 옮기고자 했다. 전례가 없는 아이디어였지만 그는 시도해보기로 한다. 이렇게 탄생한 페이스북은 그 후 3년이라는 짧은 시간에 빠르게 성장해 전 세계 인터넷산업의 기적을 창조했다.

2006년, 야후에서 페이스북을 인수하겠다는 의사를 밝혔다. 인수 금액은 무려 10억 달러에 달했는데, 월스트리트에서는 페이스북이 정말로 그만한 가치가 있는지 의심했다. 그런데 놀라운 일이 벌어졌다. 오히려 마크 주커버그가 인수 제안을 거절한 것이다. 사람들은 그가 잘못된 결정을 내린 거라는 둥, 더 많은 금액에 팔려고 그러는 거라는 둥 수군거렸다. 하지만 그는 이렇게 대답했다.

"그들은 지금 나와는 완전히 다른 게임을 하고 있다. 사람들은 비싼 값에 팔려고 회사를 차리지만 나는 이 회사를 온전히 내 것으로 만들기로 결심했다. 다른 것들은 모두 방해가 될 뿐이다."

모든 이들의 예상을 빗나간 답변이었다. 당시 인터넷 관련 종사자들은 대부분 정해진 루트를 따라 움직였다. 그 루트란 남다른 아이디어를 이용해 회사를 차리고 적당한 때에 팔고 빠지는 것이었다. 규모가 더 큰 회사에 팔거나 주식을 발행함으로써 초기 투자자들이나 원로 직원들에게 엄청난 포상을 안겨주었다. 주커버그도 한번쯤은 이런 생각을 하지 않았을까. 그러나 그는 달랐다.

"후퇴를 생각한다는 건 더 깊은 미궁 속으로 빠질 위험이 있다. 회사를 다른 사람에게 파는 것 역시 후퇴다. 나는 한 번도 그런 생각을 해본 적 없다."

그는 현실에 안주하는 대신 세상을 변화시키고 싶어 했다. 그의 동료이자 공동창립자인 20대 초반의 더스틴 모스코비츠, 애덤 디안젤로와 주커버그의 공통된 바람은 정보를 공유하는 개방된 소셜 네트워크를 만들어 세계를 하나로 연결하는 것이었다. 세상을 변화시키겠다는 이들의 꿈을 허황되다고 비웃은 이들이 더 많았을지도 모른다. 그러나 그들은 세상을 놀라게 했고, 많은 사람들이 상상할 수 없을 정도로 엄청난 성공을 거두었다.

성공하는 사람들의 사고방식

주커버그는 자신의 회사를 팔지 않았을 뿐만 아니라 최근에는 다른 회사를 인수하기까지 했다. 2014년 2월 20일, 미국 경제지《포브스》에는 페이스북의 최고경영자 마크 주커버그가 이동통신회사 왓츠앱을 소셜 네트워크 역사상 최고가인 190억 달러에 인수한다는 기사가 실렸다. 주커버그는 왓츠앱을 인수하는 것이 모바일 업무 확장에 도움이 될 것이라고 확신했다. 또한 페이스북 이용자가 현재의 12억 명에서 앞으로는 30억 명으로 확대될 것이며, 페이스북은 모바일 기업으로서의 면모를 갖추고 있다고 말했다. 그의 목표는 모바일 인터넷 세계의 일인자가 되는 것이었다.

이처럼 페이스북의 창립자들은 비록 나이는 어렸지만 일반인들과는 다른 특별한 사고방식을 갖고 있었고 그것으로 세상을 놀라게 하며 성공을 거두었다. 인생은 그렇다. 나이, 돈, 경력보다 더 중요한 것은 사고방식이다.

페이스북의 사례에서 주커버그의 사고방식을 유추할 수 있다.

첫째, 그는 평범한 것도 새로운 시각으로 바라보았다. 강의실에서 사용되는 출석부는 지극히 평범한 것이었음에도 그는 혁신적인 아이디어로 그것을 인터넷과 연결해 빠르고 편리하게 소통하는 플랫폼으로 만들었다.

둘째, 사업 성공의 핵심은 돈을 많이 버는 것이 아니라 사람들을 편리하게 해주는 것이다. 그가 출석부를 인터넷 플랫폼으로 옮겨야겠다고 생각한 것은 돈 때문이 아니라 학생들의 편의를 위해서였다.

셋째, 큰 성공을 이루고 싶다면 사람들이 불편해하는 생활 속 큰 문제를 해결해야 한다. 주커버그가 사람들에게 소통의 편의를 제공했기에 페이스북은 폭발적으로 성장할 수 있었다.

넷째, 모든 사업의 목적이 돈을 버는 것은 아니지만, 사업에 성공하면 풍성한 이윤은 저절로 따라온다.

이런 주커버그의 사고방식에서 우리는 무엇을 배워야 할까? 기존의 사고방식에서 벗어나 새로운 생각의 틀을 만든다면 당신도 머지않아 운명을 바꿀 수 있다.

사람들은 자신의 생각을 울타리 안에 꽁꽁 가둬 놓아야 안전하다고 생각한다. 그래서 한 곳에서 벗어나려고 하지 않는다. 그러면 인생이 무슨 의미가 있을까. 당신은 그런 인생에 만족하는가? 원대한 꿈과 포부를 가진 사람들은 이 세상에 태어난 것을 기적으로 생각하며 매순간을 소중하게 여기고 자신의 인생에 책임감을 느낀다. 이런 책임감은 자신의 사고방식을 울타리 안에서 해방시키고, 의미 없는 인생을 거부하는 것에서 시작된다.

평범함을 특별한 아이디어로 바꾸는 힘

기발한 아이디어는 한 사람의 운명뿐만 아니라 인류의 생활방식을 바꿔 놓는다. 전화기·축음기·세탁기부터 현재의 태블릿 PC와 스마트폰에 이르기까지 첨단 발명품들이 사회의 발전을 이끌고 사람들의 일상생활을 완전히 바꿔 놓은 것처럼 말이다.

전화가 없던 시절에는 먼 곳까지 말을 타고 달려가 소식을 전했고 세탁기가 없던 시절에는 옷들을 손으로 직접 빨아야 했기에 시간이 훨씬 오래 걸렸다. 그 후 전화기와 세탁기의 등장으로 인류는 이런 불편함에서 해방되어 더 중요한 일에 시간을 투자할 수 있었다. 어떤 이들은 이런 발명으로 인해 사람들이 게을러졌다고 말하지만, 그들 역시 기계의 편리함에서 벗어나지는 못하리라.

사실 과학자들이 이런 도구를 발명한 것은 게을러지고 싶은 인간의 욕구를 만족시키기 위해서다. 과연 열심히 일하기만 하고 생각이 꽉 막힌 사람이 이런 것을 만들 수 있을까? 열심히만 하면 겉으로는 굉장히 부지런하게 보이지만 사실은 가장 게으르고, 쉼 없이 손발을 움직일지언정 머리를 쓰거나 다르게 생각하려고 하지 않는다. 모든 사람들이 이들과 같았다면 인류는 지금도 원시사회에 머물러 있었을 것이다. 그러므로 끊임없이 생각하는 사람이야말로 정말로 부지런한 사람이다.

첨단기계들을 발명한 사람들은 어떤 사고방식을 가졌을까? 어떻게 평범한 생각을 기발한 아이디어로 바꾸었을까?

1877년 8월의 어느 날, 에디슨은 전화기 송화기를 시험하고 있었다. 그는 짧은 바늘로 전화 진동판의 움직임을 살펴보던 중 신기한 현상을 보았다. 바늘이 진동판에 닿을 때마다 떨림 현상이 일어났는데, 이는 전화기로 전달되는 소리의 강약에 따라 계속 변했다. 이런 현상은 그의 호기심을 자극했고, 그는 원인을 파악하는 데 몰두했다.

그는 이렇게 생각했다.

'바늘의 떨림 현상을 반대로 재현한다면 전달된 소리를 복원할 수 있지 않을까? 그렇다면 소리를 저장할 수도 있을 텐데.'

그는 이 생각을 바탕으로 실험하기 시작했고, 나흘 밤낮을 매달린 끝에 축음기의 도면을 완성했다. 그는 자신의 조수이자 엔지니어인 크루시에게 도면을 넘겼고 얼마 후 구조가 아주 단순한 최초의 축음기가 탄생했다. 그는 사람들 앞에서 축음기를 직접 선보였는데, 한 손으로는 구리로 만든 원통의 손잡이를 돌리며 송화기에 대고 노래를 불렀다. 그런 다음 바늘을 원래의 위치에 돌려놓고 다시 손잡이를 돌리자 수화기에서 방금 전 그가 불렀던 노래가 흘러나왔다.

에디슨이 발명한 세계 최초의 축음기는 19세기의 기적이라고 평가받는다. 그가 축음기를 발명한 가장 큰 계기는 생각의 전환이었다. 그의 수많은 발명품들은 이런 혁신적인 생각의 결과물로, 후대 사람들의 생활에 막대한 영향력을 끼쳤다. 녹음기, 애플의 아이폰, 삼성의 스마트폰 등은 모두 에디슨이 발명한 축음기의 원리를 바탕으로 개선하고 조합하는 과정에서 완성된 것들이다. 에디슨은 전형적인 역발상을 사용했다. 역발상이란 사람들이 일반적으로 생각하는 방식을 거스르는 사고방식이다. 경쟁이 날로 치열해지는 오늘날 이런 사고방식은 생각하지도 못한 놀라운 결과를 안겨준다.

세상을 변화시키고 나만의 특별한 인생을 살고 싶다면 남들과 다르게 생각해야 한다. 에디슨이 남들과는 다른 역발상으로 위대한 발명품을 만들어낸 것처럼 말이다. 열심히 노력한다고 반드시 성공하는 것은 아니지만, 마크 주커버그와 에디슨의 사례에서처럼 의외로 사소한 계기가 위대한 성공으로 이어지기도 한다. 다만, 이처럼 사소하게 보이는 계기의 바탕에는 위대한 생각의 힘이 숨어 있음을 잊지 말아야 한다.

탁월한 사고방식이란 상식을 과감하게 깨뜨리고 새로운 각도에서 문제를 바라보는 것이다. 우연히 고개를 돌렸을 뿐인데 그곳에서 내가 원하는 결과를 찾아내는 것, 이것이 생각의 신비로운 능력이다. 하루라도 빨리 성공하고 싶은데 앞길이 온갖 방해물로 막혀 있을 때가 있다. 이럴 때 사람들은 대부분 온힘을 다해 방해물에 맞서 싸우며 한 걸음도 뒤로 물러서려고 하지 않는다. 그리고 이렇게 말한다.

"물러서면 안 돼! 이 길로 가면 틀림없이 성공할 수 있을 거야!"

그래서 수없이 부딪치고 실패하기를 반복한다. 도대체 무엇이 잘못되었을까? 문제는 꽉 막힌 사고방식이다. 앞길이 막혀 있다면 왜 다른 방향으로 갈 생각은 하지 않는가. 조금 돌아가면 목적지에 더 빨리 도착할지도 모르는데 말이다.

이는 인생에만 해당하는 이야기가 아니다. 기업경영도 마찬가지다. 기업을 경영하면서 혁신적으로 생각하지 못하고 오직 한 가지 방법으로만 문제를 해결하려고 한다면 그 기업은 조만간 파산에 이를 것이다. 반면에 남들과 다르게 생각하고 평범한 생각을 기발한 아이디어로 바꾼다면 다 쓰러져 가는 기업도 새로운 발전의 기회를 얻을 수 있다.

한 의류업체 사장이 어느 날 담배를 피우다가 판매해야 할 치마에 담뱃재를 떨어뜨려 구멍을 냈다. 워낙 값비싼 치마라 버릴 수가 없었던 그는 손실을 막으려고 치마 곳곳에 구멍을 뚫고 정성스럽게 금색 테두리를 둘러 '금을 입은 치마'라는 이름을 지었다. 그 결과 그 치마는 비싼 값에 팔렸을 뿐만 아니라 입소문이 나서 여성들이 너도나도 그 치마를 사겠다고 몰려들어 사업은 예전보다 더 크게 번창했다.

당신이 기업가라면 이 의류업체 사장으로부터 무엇을 배울까? 회사 제품이 잘 팔리지 않아 경영이 어렵다면 어떻게 해야 할까? 우선 제품이 지니고 있는 잠재능력을 충분히 파악해야 한다. 그런 다음 제품의 장점은 살리고 단점은 최대한 보완해야 한다.

이 의류업체 사장이 사용한 방법은 변이적 사고방식이다. 변이적 사고방식이란 사람들의 일반적인 감상을 깨뜨리고 예상하지 못한 것에서 아름다움을 찾아내는 등 심리적인 착각을 불러일으키는 것을 말한다. 당신이 그 의류업체 사장이었다면 망가진 치마를 어떻게 했을까? 대부분 한숨을 쉬며 망가진 치마로 입을 손해만 계산할 것이다. 그들 중에는 치마를 원래대로 고쳐보려는 이들도 있겠지만, 아무리 생각해도 이미 구멍 난 치마를 원래대로 돌려놓을 방법은 떠오르지 않는다. 이쯤 되면 더 이상 방법이 없다고 다들 포기하기 마련이다. 그러나 그 의류업체 사장은 변이적 사고방식으로 아무도 예상하지 못했던 큰 성과를 거두었다.

'치마에 이미 구멍이 뚫려버렸고 원래대로 돌려놓기 어렵다면 완전히 새로운 모양으로 만드는 건 어떨까?'

성공하는 사람들의 사고방식

당신이 이런 생각을 떠올렸다면 치마에 뚫린 구멍으로 완전히 새로운 아름다움을 창조할 수 있다.

마찬가지로 기업을 운영하는 데도 기업 간 경쟁이 너무 심하다는 둥, 너무 늦게 발을 들여놓았다는 둥 불만을 늘어놓기보다는 자신이 있는 위치를 정확하게 파악하고 혁신적인 사고방식으로 적절한 때에 전략을 조정하는 지혜를 발휘해야 한다. 그럴 수만 있다면 회사는 어떤 상황에서도 우뚝 설 수 있다.

세상에는 미처 생각하지 못한 길이 있을 뿐 불가능한 일은 없다. 그렇다면 어떻게 해야 할까? 생각을 과감하게 바꿔야 한다. 당신이 회사에 소속된 직장인이거나 비즈니스 전쟁터에서 싸우고 있는 기업의 리더라도 생각을 바꾸면 인생도 바뀐다.

당장 '생각의 상자'에서 벗어나라

어떻게 하면 성공한 인생을 살 수 있을까? 일반적인 이론에 따르면 한 분야에 하루에 4시간씩 5년을 몰두하면 전문가, 10년이면 권위자, 15년이면 세계 최고에 이른다고 한다. 다시 말해 특정 분야에 7,300시간을 투자하면 전문가, 14,600시간이면 권위자, 21,900시간이면 세계 정상급 전문가가 될 수 있다는 뜻이다.

하지만 그렇다고 해서 모두가 성공한 인생을 사는 것은 아니다. 이 세상에는 빛을 보지 못한 인재들이 너무도 많기 때문이다. 15년 동안 성공할 기회는 주어지지만 반드시 그렇게 되리라는 법은 없다. 왜 그럴까?

주어진 시간만 채운다고 해서 모두가 성공하는 것은 아니다. 시간만 채운다고 전문가가 되면 전문가들이 어디 한둘이겠는가. 한 분야에서 15년 넘게 열심히 매진했지만 내가 가장 운이 좋은 사람이 아닐 수도 있다. 반대로 성공한 사람들이 반드시 한 분야의 전문가거나 15년 넘게 그 일에 시간을 투자해왔다고 말할 수는 없다. 앞서 말했듯이 생각을 바꾸면 인생도 바뀐다.

그렇다면 생각을 어떻게 바꿔야 할까? 그 첫걸음은 일반적인 상식에서 벗어나는 것이다. 상식을 깨뜨리면 그 어떤 전쟁터에서도 승리할 수 있다.

사람들이 발전하지 못하고 제자리걸음만 하고 있는 가장 큰 이유는 생각의 굴레에 갇혀 있기 때문이다. 'Think out of the box', 즉 '상자 밖에서 생각하라'라는 말이 있다. 이는 상자 안에 갇혀 있는 생각을 꺼내라는 의미다. 한 가지 로드맵만 생각한다면 시야가 좁아지고 일정한 틀에서 벗어나지 못한다. 상사의 입장에서는 이런 사고방식을 가진 사람은 정해진 규칙을 한 치의 오차도 없이 따르므로 유능한 직원임이 분명하다. 하지만 그 이상의 폭발적인 창조력이 없기 때문에 이 사람을 승진시키기에는 어려움이 있다. 회사에 소속되어 있지 않고 창업했다고 하더라도 이런 사람이 만들어낸 제품과 서비스는 시장의 수요에 맞지 않을 가능성이 높다.

영화 〈적인걸: 측천무후의 비밀〉을 촬영할 당시 서극 감독은 극 중의 배동래 역을 백발로 만들어 영화 관객들에게 신선한 충격을 주었다. 이 역을 맡았던 배우 덩차오는 이렇게 말했다.

"서극 감독의 작품 속 캐릭터들은 저마다 독특한 특징이 있다. 그는 단 한 명의 캐릭터도 소홀히 하는 법이 없고, 언제나 남들보다 앞서서 생각한다."

서극 감독은 일반적인 상식을 깨뜨리는 독창적인 연출법과 자신의 입장을 간단명료하게 설명했다.

"상식에서 벗어나야 재미가 있는 법이다."

이는 영화계에서뿐만 아니라 다른 분야에서도 마찬가지다. 사람들은 이미 익숙해진 것에는 더 이상 흥미를 느끼지 않는다. 상식에서 벗어난 독창적인 것만이 시선을 자극하고 관심을 불러일으킨다.

요즘같이 인터넷이 보편화된 세상에서는 몇 초 동안에도 수 천, 수억 개의 정보가 생성된다. 정보의 파급력은 원자폭탄보다 빠르고 크다. 그러므로 당신이 주어진 대로만 묵묵히 일하면서 행운의 여신이 오기만 기다린다면 실망만 밀려온다. 반드시 현실 세계의 변화를 살피고 그에 맞게 생각을 바꿔야 한다. 사람과 사람 사이의 가장 큰 차이는 생각하는 방식이다. 뛰어난 사고방식은 다른 사람이 훔칠 수 없는 나만의 무기다.

한때 중국에서 큰 화제가 되었던 얼짱 거지 '시리거'를 아는가? 173센티미터의 키에 34세였던 그는 손에는 담배를 들고 찢어진 청바지에 허리에는 여러 가지 색깔의 밧줄을 매고 낡아빠진 외투를 걸치고 있었다. 사람들은 그의 독특한 옷차림에 관심을 가졌고, 그가 영화배우 금성무나 일본의 국민배우 와타나베 켄을 닮았다고 떠들어댔다. 그의 모습은 인터넷에 빠르게 퍼졌고 그는 순식간에 스타가 되었다. 한 네티즌은 그를 이렇게 평가했다.

"우수에 찬 눈빛, 거칠어 보이는 수염, 헝클어진 머리카락, 잘생긴 얼굴에 많은 이들이 마음을 빼앗겼다."

그의 독특한 옷차림은 중국뿐만 아니라 외국에서도 화제가 되었다. 영국의 《인디펜던스》지는 이렇게 보도했다.

"그는 중국의 잘생긴 거지다. 최근 중국에서 가장 인기 있는 남자로, 그의 진짜 이름은 모르지만 다들 '엣지 있는 남자'를 뜻하는 시리거라는 별칭으로 부르고 있다. 정말 수수께끼 같은 남자다."

2010년 5월 1일, 그는 명품 브랜드의 옷을 입고 섹시한 여자 모델과 패션쇼 무대에 올라 큰 주목을 받았다. 같은 해 12월 30일에는 그의 별칭을 딴 남성복 브랜드의 발표회가 열렸다. 베이징의 한 의류회사 사장은 그의 키와 체격을 보고는 월급을 줄 테니 자신의 회사에서 나오는 신상품 옷을 입어달라고 부탁했다. 허난 지역의 한 회사에서도 그를 광고모델로 발탁했다. 심지어 그는 이름난 배우들과 함께 영화에 출연하기도 했다. 현재 그는 거지생활을 청산하고 스타로서 성공한 인생을 살고 있다.

아무리 오랜 시간 노력해도 제자리에 머물러 있는 사람이 있는가하면 이처럼 갑자기 성공가도를 달리는 이들도 있다. 부러워만 할 것이 아니라 먼저 그의 성공 비결을 분석해보자. 비결은 간단하다. 핵심은 상식을 깨뜨린 것이다. 일부러 그런 것은 아니더라도 그의 모든 행위는 혁신의 법칙과 맞아떨어졌다. 흐트러지고 조금은 어색하게 보이는 믹스 매치가 정갈하고 질서 정연함을 이긴 셈이다. 마음속에 큰 꿈을 품고 있는 이들에게 한 가지 조언을 하자면, 성공하려면 사람들이 일반적으로 갖고 있는 생각을 깨뜨려야 한다. 이로써 사람들의 관심을 끌고 그들 사이에 화제가 된다면 성공은 저절로 따라온다.

신은 인간에게 패를 공평하게 나누어주신다. 그래서 각자 좋은 패도 있고 나쁜 패도 있다. 일반적인 상식을 깨뜨리고 상자에서 벗어나 독창적으로 생각한다면 나쁜 패로도 게임에서 이길 수 있다.

당신이 다섯 살 짐을 이길 수만 있다면

배꼽이 발밑에 있는 사람을 본 적 있는가? 이렇게 물으면 분명히 고개를 저을 것이다. 그런 괴물 같은 사람을 도대체 어디에서 볼 수 있단 말인가. 하지만 당신은 분명히 본 적이 있다. 그것도 한 번이 아니라 여러 번이나. 어떻게 된 일일까? 어렸을 때 친구들이 물구나무서기를 한 것을 본 적이 있을 것이다. 물구나무를 설 때 배꼽은 어디 있는가? 바로 발밑이다.

때로는 불가능하게 여겨지는 일도 뒤집어 해답을 얻곤 한다. 인생도 마찬가지다. 바꿀 수 없을 것 같은 운명도, 이겨내지 못할 것만 같은 어려움도 조금만 다르게 생각하면 출구를 찾을 수 있다.

광고계의 전설인 데이비드 오길비는 이렇게 말했다.

"제멋대로 행동하는 반항아가 천재일 가능성이 높다."

흔히 일반 사람들과 사고방식이 다른 사람들을 천재라고 부른다. 그들의 생각은 도무지 종잡을 수가 없다. 그런데 그들은 그런 생각을 바탕으로 창조력을 발휘하고 남다르고 특별한 결과물을 탄생시킨다.

위대한 과학자들이 그에 해당한다. 그들은 남들이 생각하지 못한 과학적인 상상력으로 새로운 법칙을 찾아내고 발명해 인류의 삶에 편리함을 제공했다. 영국의 과학자 윌리엄 톰슨이 발명한 냉장기술 역시 남들이 생각하지 못한 참신한 아이디어였다.

프랑스의 생물학자 루이스 파스퇴르는 연구 끝에 세균이 고온에서는 모두 죽으므로 음식을 보관할 때는 끓여 보관해야 한다는 결론을 얻었다. 그런데 많은 사람들이 파스퇴르가 내린 결론에 곧이곧대로 따르는 동안 톰슨은 조금 다르게 생각했다.

'세균이 높은 온도에서 모두 죽는다면 아주 낮은 온도에서도 죽지 않을까? 그렇다면 음식을 끓여 보관하는 방법 말고도 냉동해서 보관하는 방법도 있을 텐데.'

그는 곧장 연구를 시작했고 머지않아 냉장기술을 발명했다. 오늘날 냉장기술은 에어컨·냉장고를 비롯해 다양한 가전제품에 응용되어 각종 불편함을 해소해준다. 냉장기술을 발명한 톰슨은 앞서 언급했던 에디슨과 마찬가지로 역발상을 이용했다. 이처럼 역발상은 다양한 문제를 해결하는 데 많은 도움이 된다.

요즘 세상에는 어떤 사람들을 위대하다고 말할까? 한마디로 말하면 문제 해결에 능한 사람이다. 얼마나 큰 문제를 해결할 수 있느냐에 따라 성공의 크기도 달라진다. 마크 주커버그의 말처럼 페이스북이 빠르게 성장한 것은 사람들의 근본적인 문제를 해결해주었기 때문이다.

그렇다면 어떻게 해야 문제 해결 전문가가 될 수 있을까? 이는 힘이 세다고 해결하는 것이 아니다. 현대 사회에서는 체력이 얼마나 강하느냐보다 사고능력이 얼마나 뛰어나느냐가 훨씬 중요하다. 어떻게 생각하는지가 문제를 해결하는 열쇠이기 때문이다. 그래서 사고능력이 뛰어나다는 것은 문제해결 능력이 강하다는 것을 의미한다. 이런 맥락에서 본다면 위대한 사람이 되는 첫걸음은 생각하는 능력을 단련하는 것이다.

흔히 경험이 많을수록 생각의 폭이 넓어진다고 말하지만 모두 그런 것은 아니다. 때로는 아이들이나 젊은이들이 나이가 어리고 경험이 많지 않아도 사고방식이 막힌 어른들보다 독창적으로 생각한다. 오히려 경험이 없기 때문에 그들의 머릿속은 무한한 가능성으로 가득 차 있다.

워싱턴에서 멀리 떨어진 작은 시골 마을에 다섯 살 아들 짐이 아빠 엄마와 살고 있었다. 아빠와 엄마는 직장 문제로 조만간 워싱턴으로 이사 가야만 했다.

집을 알아보기 위해 하루 종일 워싱턴을 돌아다니던 짐의 가족은 초저녁 무렵이 되어서야 적당한 집을 찾았다. 창밖의 경치도 좋았고 교통도 편리해서 세 식구의 마음에 쏙 드는 집이었다. 그들은 기뻐하며 집주인을 찾아가 가격을 물어보았다. 집주인은 인자한 노신사였는데, 세 식구를 보자마자 난처해하며 말했다.

"정말 미안한데 규정상 아이가 있는 가족은 받지 않아요."

부부는 서로를 바라보았다. 다섯 살 아이가 있으니 그들은 입주 자격이 없는 셈이었다. 희망이 없다고 생각한 부부는 실망하며 돌아섰다. 이야기가 여기서 이렇게 끝날까? 아니다.

다섯 살 짐은 아주 영민하고 주관이 뚜렷한 아이였는데, 어려운 문제에 직면하면 늘 이렇게 생각했다.

'정말로 해결할 방법이 없을까? 아니야. 분명히 좋은 방법이 있을 거야.'

아이는 엄마 아빠의 난처한 표정을 보더니 한 가지 생각이 떠올랐고, 엄마 아빠의 손을 이끌고 다시 집주인을 찾아갔다.

아이가 흥분된 목소리로 말했다.

"할아버지, 제가 이 문제를 해결할 방법을 찾았어요. 아이가 있는 사람은 들일 수 없다고 하셨죠? 그럼 이 집을 저와 계약하세요. 저는 딸린 아이가 없고 어른 두 명과 살고 있으니 문제없는 거죠?"

집주인은 아이의 말을 듣고 크게 웃으며 규정과 상관없이 그 집을 임대해주기로 했다.

어린 짐은 상식을 깨뜨리는 사고방식으로 집을 구하는 데 성공했다. 이처럼 일상생활 속에서도 창의적인 생각은 아주 유용하다. 사고방식을 업그레이드하면 언제나 유리한 고지를 선점할 수 있다. 생각이 막히고 생각을 바꾸려 하지 않는 이들은 무조건 한 방향으로만 달리는 사람들이다. 그들은 결코 크게 성공할 수 없다.

성공하는 사람들의 사고방식

상식대로만 생각하는 사람들은 대부분 안정을 추구하고 모험을 즐기지 않는다. 그러다 보니 두뇌는 점차 게을러지고, 고지식하고, 보수적인 사람으로 변해간다. 반면에 생각이 활발한 사람들은 혁신과 개혁을 추구하고 익숙한 일도 더 편리하고 효과적인 해결 방법이 없는지 끊임없이 고민한다. 그들은 문제 해결 방법을 찾으려고 노력하고 쉽게 포기하지 않으며 적극적인 자세로 앞으로 나아간다.

경쟁이 치열한 오늘날에는 사고방식을 업그레이드하는 사람만이 진보한다. 성공한 이들을 살펴보면 그들은 쉴 새 없이 두뇌를 회전시키고 불가능하다고 여겨지는 문제를 해결하려고 여러 가지 방법을 생각해낸다. 그들이 하루 종일 움직이지 않고 한가하게 앉아만 있다고 생각하면 큰 오산이다. 사실 그들은 매우 바쁘다. 정확하게 말하면 머릿속이 바쁘다. 그들의 머리는 비즈니스계의 최신 동태를 그때그때 살피고 최적의 경영모델을 찾기 위해 한순간도 쉬지 않는다. 반면에 성공하지 못한 이들은 어떤가. 그들은 매일 바쁘게 움직이는 것 같지만 모두 헛수고다. 그들의 두뇌는 깊은 잠에 빠져 있기 때문이다. 운명을 바꾸려면 몸이 아니라 머리가 부지런해야 한다. 사고방식은 안목을 결정하고, 뛰어난 안목은 인생의 성패를 좌우한다.

부지런하게 생각하는 사람만이 운명을 개척한다. 하루하루가 긍정적인 에너지로 가득 차게 하고, 사업에 성공하려면 지금 당장 두뇌의 시동을 켜야 한다. 어려운 문제에 직면했을 때 생각의 힘을 이용한다면 뜻밖의 수확을 얻을 것이다.

시작점과 목표점 사이의 로드맵

활짝 핀 꽃을 보면 머지않아 맺힐 탐스러운 열매가 떠오르고, 갓난 아기를 보면 이 아기가 거쳐 갈 성장 과정이 떠오른다. 사람들의 일반적인 사고방식은 이렇게 순행적으로 이루어진다. 반면에 테이블 위에 놓인 사과를 보며 사과꽃이 피었을 때를 떠올리거나 노인을 보면서 그의 귀여웠던 유년 시절 혹은 꽃다웠던 청춘을 떠올리는 사람은 몇 명이나 될까? 이것은 결과로 원인을 추론하는 역행적 사고방식이다.

일반적인 사고방식으로 문제가 풀리지 않을 때는 역행적 사고방식을 이용해보는 것도 좋다. 총명한 사람들은 자신의 생각을 일정한 틀 안에 가둬 두지 않고, 오히려 상식을 깨뜨리고 반대로 생각하려고 노력한다. 이렇게 해야만 인생이 더 다채롭고 흥미로운 경험들로 가득해진다. 사람의 운명과 사고방식은 서로 밀접하다. 당신이 믿거나 믿지 않더라도 이는 의심할 여지가 없는 사실이다. 살면서 때때로 커다란 장벽에 부딪혀 앞으로 나아가지 못하는 이유는 힘이 부족해서가 아니라 사고방식에 문제가 생겼기 때문이다. 이럴 때 사고방식을 바꾼다면 풀리지 않는 문제도 쉽게 답을 찾을 수 있다.

터키의 한 상인이 자신의 일을 도와줄 조수를 뽑기로 했다. 수많은 지원자들 중에 엄격한 심사를 거쳐 실력이 비슷한 두 명의 후보만 남았다. 두 사람 모두 유능했지만 한 사람만 뽑아야 했기 때문에 상인은 고민에 빠졌다.

그는 창문이 없는 방 안에 두 명의 후보와 함께 들어가 상자 하나를 보여주며 말했다.

"이 상자 안에는 다섯 개의 모자가 있네. 그중 두 개는 빨간색이고, 세 개는 검은색이라네. 이제 방 안의 불을 끌 테니 불이 꺼진 동안 각자 상자에서 모자를 하나씩 쓰고, 불을 다시 켰을 때 자신이 쓴 모자가 어떤 색인지 먼저 맞추는 사람을 고용하기로 하겠네."

방 안에 불이 켜지고 두 명의 후보는 상인이 빨간색 모자를 쓰고 있는 것을 보았다. 그리고 두 사람은 서로를 바라보았다. 후보 중 한 명이 망설이며 대답하지 못하자 다른 후보가 얼른 큰 소리로 대답했다.

"제가 쓰고 있는 모자는 검은색입니다."

그 말을 한 후보가 상인의 조수로 고용되었다. 그는 어떻게 자신의 모자 색깔을 맞추었을까?

그는 결과로 원인을 추론하는 역행적 사고방식을 사용했다. 상인의 모자가 빨간색이라면 남아 있는 모자는 빨간색 한 개와 검은색 세 개다. 그의 모자가 빨간색이었다면 다른 후보는 자신의 모자가 검은색임을 알 수 있었을 것이다. 그런데 대답하지 못한 채 주저하고 있었고, 그는 그 모습을 보고 자신의 모자 색깔을 확신했다. 그는 상대의 표정에서 힌트를 얻어 정답을 찾았고 새로운 일자리를 얻었다.

미국의 정치가 조지 프렛 슐츠는 이렇게 말했다.

"이상이 하늘에 떠 있는 별이라면 우리는 바다를 항해하는 선원이다. 비록 하늘에 닿을 수는 없지만 별의 방향을 보고 항해하기 때문이다."

나만의 무기

우리는 바다를 항해하는 선원들처럼 하늘 위에 떠 있는 별을 향해 용감하게 앞으로 나아간다. 이상을 실현하는 것이 결과라면 그것을 위해 열심히 노력하는 것은 원인이다. 그러므로 어떤 의미에서 보면 인생을 살아가는 과정 자체가 결과에서 원인을 추론해내는 과정이 아닐까.

더 나은 인생을 살려면 생각을 바꿔야 한다. 그런데 무엇보다 중요한 것은 생각을 실천하는 것이다. 역행적 사고방식을 실천하려면 다음과 같은 세 가지 특징을 유념해야 한다.

첫째, 앞으로 일어날 '결과'를 명확하게 인식해야 한다.

둘째, 일을 시작한 동기가 무엇인지, 자신이 정말로 원하는 것이 무엇인지, 그리고 무엇이 절실한지 알아야 한다.

셋째, 시작점과 목표점 사이의 로드맵을 그릴 수 있어야 한다.

이 세 가지만 명심한다면 역행적 사고방식을 자유자재로 활용하고 더 정확하고 빨리 목표한 것을 실현할 수 있다.

20세기 중반, 과학자들은 대기상의 오존층이 점차 감소하고 있으며 심지어 남극에는 커다란 오존 구멍이 존재한다는 사실을 알아냈다. 오존층의 감소로 인류는 강한 자외선의 위험에 그대로 노출되었다. 무엇이 이런 결과를 초래했을까?

오존층이 감소되었다는 결론을 얻은 후 그들은 원인을 추적하기 시작했다. 1974년, 화학자 셔우드 롤런드는 다음과 같은 원인을 제기했다. 염화불화탄소는 대기층에서는 오존 분자를 분해하지 않지만 성층권에 도달하면 오존 분자를 분해하는 속도가 오존이 생성되는 속도보다 빨라진다. 따라서 그는 오존층이 감소하고 남극에 거대한 오존 구멍이 생긴 직접적인 원인은 염화불화탄소 때문이라는 결론을 내렸다. 그는 오존층에 구멍이 생겼다는 결과를 이용해 원인을 찾아냄으로써 세계적인 과학자로 거듭났다. 그가 말한 염화불화탄소는 우리가 흔히 말하는 프레온가스다.

과학 분야에서뿐만 아니라 일상생활에서도 마찬가지다. 어떤 일을 할 때 우선 내가 가고자 하는 곳이 어디인지, 어디에서부터 출발해야 하는지, 어떤 곳을 거쳐야 하는지 정확하게 알고 있어야만 곳곳에서 밀려오는 난관을 뚫고 목표 지점에 순조롭게 도달할 수 있다. 뉴욕에서 런던으로 가는 방법을 안다면 런던에서 뉴욕으로 돌아오는 방법도 순조롭게 찾을 수 있다. 결과에서 원인을 추론하는 역행적 사고방식을 응용할 수 있기 때문이다.

이런 사고방식은 자신의 운명을 변화시킬 뿐만 아니라 다른 사람을 구할 수도 있다. 예전에 한 무리의 고고학자들이 황량한 사막에서 길을 잃었다. 아무리 둘러봐도 표지판 같은 것은 찾을 수 없었다. 이럴 때는 어떻게 해야 할까? 다들 머리를 모아 방법을 찾고 있을 때 한 사람이 돌아가는 길을 찾을 수 있다며 자신 있게 나섰다. 알고 보니 그는 출발할 때부터 지나온 길에 모두 표시를 해두었다. 그 덕분에 모두 사막에서 무사히 탈출했다.

자신의 인생 목표를 확실히 아는 사람은 남들보다 더 많이 노력할 테고, 그만큼 더 수월하게 성공한다. 반면에 목표가 무엇인지 모른다면 머리가 없는 파리처럼 이리저리 방황한다. 현실을 바꾸고 싶다면 마음속에 그린 목표에서 거꾸로 길을 되짚으며 문제를 해결하는 것도 좋다.

역행적 사고방식은 창의력을 높이는 데도 도움을 준다. 창의력은 저절로 얻어지는 것이 아니라 생각의 훈련으로 길러진다. 창의력을 키우고 싶다면 먼저 내가 어떤 창의적인 결과물을 얻고 싶은지, 즉 종착지가 어디인지 명확하게 결정하고, 목표에 도달하려면 무엇을 준비해야 하는지 고민하면서 시작점으로 걸어가야 한다. 이렇게 하면 전반적인 맥락을 쉽게 이해할 수 있어서 좋다. 하루에 2시간 정도 아무것도 하지 않으면서 자신을 자유로운 상태로 두는 것도 도움이 된다. 그러나 현대인들은 너무 바쁜 탓에 감히 아무것도 하지 않을 자유를 누리기 힘들다.

"매일 밤늦게까지 야근해도 시간이 모자란데 할 일 없이 빈둥거리라니."

하지만 아무리 일이 많고 바빠도 때때로 자신을 자유롭게 쉬게 해주어야 한다. 창의력은 머릿속이 온갖 것으로 가득 차 있을 때보다는 여유가 있을 때 더 잘 발휘된다. 그러므로 창의적으로 생각하려면 언제나 머릿속을 깨끗하게 유지하는 것이 중요하다.

생각의 힘은 이처럼 신비롭다. 설령 지금 이 순간 어디로 가야 할지 출구가 보이지 않고 높은 장벽이 가로막고 있더라도 희망이 없는 것은 아니다. 복잡한 머릿속을 정리하고, 자신의 목표가 무엇이고, 어떤 사람이 되고 싶은지 찾으며, 목표를 실현하려면 어떻게 준비해야 하는지 고민하자. 이렇게 로드맵이 완성되고 행동으로 옮기다 보면 어느새 인생이 조금씩 변하고 있음을 실감할 것이다.

움직이지 않고도 앞으로 갈 수 있을까

사람이 움직이지 않고도 앞으로 갈 수 있다면 아마 사람들은 대부분 깜짝 놀라며 이런 반응을 보일 것이다.

"그게 말이 되는 소리야?"

물론 이것은 정상적인 반응이다. 깜짝 놀라는 이유는 자신이 알고 있는 상식에 어긋나는 이야기를 들었기 때문이다. 사람들은 자신의 이해 범위를 벗어나는 것들은 거짓이라고 생각한다.

그런데 과연 이 말이 거짓일까? 사실 사람들은 매일 '움직이지 않고서도 앞으로 가는' 경험을 한다. 예를 들면 에스컬레이터나 엘리베이터를 탔을 때 몸을 움직이지도 않았는데 다른 장소로 이동해 있다거나, 비행기를 탔을 때 몸을 전혀 움직이지 않지만 하늘 위를 날아가고 있는 것 등이 그렇다. 또 공장 컨베이어벨트 위의 물건들은 사람이 옮기지 않아도 재빨리 위치가 바뀐다. 이런 것들은 인류가 혁신적인 생각으로 창조해낸 도구들이다. 인류가 순행적 사고방식대로만 살아왔다면 여전히 힘들게 계단을 오르고 있을지도 모른다. 현재의 인류 사회는 생각의 전환으로 완성되어 온 모습이다. 상식을 과감하게 깨뜨렸을 때 인류는 놀라운 발전을 이루었다.

사람의 인생도 마찬가지다. 세상에는 누군가는 죽어라 고생만 하고, 또 누군가는 유유자적하며 풍요로운 삶을 즐긴다. 전자처럼 아무 성과도 내지 못하는 일에 매달려 있지 않으려면 사고방식을 업그레이드하고 창의적으로 생각하는 힘을 길러야 한다. 무조건 돌격한다고 앞으로 나아갈 수 있는 것은 아니다. 때로는 한 발 물러섬으로써 앞으로 더 멀리 나아가기도 한다. 어떤 사람들은 앞뒤 상황을 보지도 않고 무조건 밀고 가다가 결국 실패하는가 하면 어떤 사람들은 조금 돌아가더라도 차분히 문제를 해결하며 목표한 바에 도달한다. 멀리 뛰기를 할 때 몇 걸음 후퇴했다가 뛰어오르면 더 멀리까지 나아갈 수 있다. 이처럼 뒤로 물러나는 것이 포기하는 것처럼 보일지 모르지만 사실은 더 멀리 도약하는 준비 작업인 셈이다.

비즈니스계에서도 비슷하다. 아시아 최고 부자인 리자청은 일찍이 이렇게 말했다.

"10퍼센트의 이윤이 합리적이고, 11퍼센트까지 얻을 수 있다면 나는 9퍼센트만 챙기겠다."

욕심 부리지 않고 한 발 뒤로 물러설 줄도 알아야 더 많은 사업 기회를 얻을 수 있다. 리자청은 더 많은 이윤을 얻고자 하는 탐욕을 버렸고, 그렇기 때문에 그의 사업은 더 번창하고 있다.

하지만 비즈니스계에서 이를 실천하는 사람이 몇이나 될까? 대부분 돈을 조금이라도 더 벌려고 수단과 방법을 가리지 않는다. 이들은 내일은 어떻게 되더라도 상관없이 오늘 얼마나 더 많이 버느냐에 혈

안이 되어 있다. 그러나 큰 그림을 보지 못하고 이렇게 근시안적인 사고방식을 가진 사람이 하는 사업은 조만간 망하고 말 것이 뻔하다. 게다가 남들이야 어떻게 되더라도 나만 잘 되면 된다는 인상을 주는 사람과 누가 같이 일하겠는가. 바보가 아닌 이상 이런 사람에게 속아 넘어가는 사람은 없으리라. 사업을 오랫동안 유지하고 싶다면 벌어들인 이윤을 가능한 한 많이 고객들에게 나눠주고 신뢰를 쌓아 나가야 한다.

새롭고 창의적인 생각은 영화기술을 발전시키는 데도 큰 도움이 되었다. 영화가 막 발명된 20세기 초에는 영화를 상영하기 전 필름을 거꾸로 감아야 했다. 그런데 프랑스의 한 영화관에서 〈다이빙하는 소녀〉라는 영화를 상영할 때 직원의 실수로 재미있는 해프닝이 발생했다. 직원의 부주의로 한 번 상영한 필름의 되감기를 깜빡하고 그대로 내보내는 바람에 스크린에는 엉뚱한 장면이 등장했다. 수면이 잔잔히 흔들리더니 갑자기 물이 사방으로 튀고 잠시 후 갑자기 여자가 다리부터 물에서 빠져나오는 모습이 보였다. 여자는 곡선을 그리며 날아가 다이빙대에 올라섰다.

이 놀라운 장면을 본 사람들은 넋을 잃었다. 얼마 후 자신이 필름을 되감지 않았음을 알아챈 직원이 황급히 필름을 되감아 처음부터 다시 상영하겠다면서 관객들에게 거듭 사과했다. 그는 관객들이 당연히 자신의 실수에 화가 났으리라 생각했다. 그러나 사람들은 그를 책망하기는커녕 이렇게 말했다.

"괜찮아요. 이렇게 보는 것도 재미있네요."

직원의 실수였지만 사람들은 이로써 흥미로운 경험을 했다.

이 사건이 알려지자 한 영화 제작자는 이런 생각을 했다.

'영화를 거꾸로 상영해도 재미가 있다면 영화를 처음부터 거꾸로 찍을 수도 있겠구나.'

영화 특수촬영 기술은 이렇게 해서 탄생했다. 이 기술은 이전보다 훨씬 다양한 표현 방식을 가능하게 해주었다.

어떤 분야에서도 생각의 힘은 중요하다. 성공한 사람들은 모두 우연히 그렇게 된 것이 아니다. 이들에게는 평범하고 익숙한 대상에서도 새로운 무엇인가를 찾고 기적을 창조해내는 능력이 있다. 사업의 성공은 뛰어난 사고능력의 결과다.

이상의 두 가지 사례 중 리자청이 사용한 것은 다원적 사고방식이다. 다원적 사고방식이란 일정한 시공간 안에서 여러 각도로, 대상을 전면적으로 관찰하는 것이다. 남들이 모두 이윤의 극대화를 추구하는 가운데 그는 또 다른 차원에서 어떻게 하면 사업의 지속 가능한 발전을 추구할 수 있을지 생각했다. 그리고 그는 고객과의 '윈윈', 즉 그들이 성공해야 자신도 성공할 수 있다는 결론을 내렸다. 남들과 똑같이 생각하지 않고 여러 각도에서 문제를 바라보는 다원적 사고방식은 리자청이 큰 성공을 거둔 가장 큰 요인이었다.

한편, 영화관 직원의 실수는 영화 제작자에게 아이디어를 주었고, 영화 특수촬영 기술을 탄생시켰다. 이때 사용된 것은 예측성 사고방식이다. 예측성 사고방식이란 미래를 내다보고 현재의 문제를 생각하는 것이다. 직원의 실수로 필름을 감지 않고 영화를 상영했을 때 영화 제작자는 영화를 촬영할 때 앞뒤 내용을 바꿔 거꾸로 찍는다면 의외로 재미있으리라 생각했고 이를 바탕으로 영화 특수촬영 기술이 만들어졌다.

역행적 사고방식, 다원적 사고방식, 예측성 사고방식은 직장에서 나 일상생활에서 문제를 해결하는 좋은 무기가 되며, 풀리지 않을 것만 같은 복잡한 국면 속에서도 돌파구를 찾게 해준다. 이런 사고방식을 인지하고 적절히 활용하면서 끊임없이 생각하는 힘을 기른다면 놀라운 결과로 이어진다.

능력보다 정확한 방향을 찾는 것부터

이 세상에는 좋은 사람과 나쁜 사람을 구분하는 절대적인 기준은 없다. 사람마다 세상을 바라보는 시각이 다른 이유는 각자의 사고방식이 달라서인데, 그렇기 때문에 세상은 다채롭고 변화무쌍하다.

한편, 모든 일에는 장단점이 있듯이 사람의 인생이 마냥 순조로울 수만은 없다. 어떤 일을 하더라도 어려움이 있기 마련이고 쉽게 풀리지 않는 문제에 봉착해 앞이 캄캄할 때도 있다. 하지만 아무것도 보이지 않는다고 해서 너무 겁먹지 않아도 된다. 그 대부분은 꽉 막힌 사고방식이 만들어낸 함정이기 때문이다. 이럴 때 괴로워할 것이 아니라 문제를 바라보는 시각을 바꾸고 완전히 새로운 사고방식으로 해결 방법을 찾는다면 이전과는 전혀 다른 풍경이 눈앞에 펼쳐진다.

신자 두 명이 교회에서 기도하고 있었다. 이때 한 신자가 목사에게 물었다.

"목사님, 기도할 때 담배를 피워도 될까요?"

그러자 목사는 그에게 화를 냈다.

"안 됩니다! 그건 하느님께 예의가 아닙니다!"

신자는 낙심하며 자리로 돌아갔다.

잠시 후 다른 신자가 목사에게 다가가 물었다.

"목사님, 담배 피울 때 기도를 해도 될까요?"

목사는 기뻐하며 대답했다.

"물론이죠!"

똑같은 말인데 어떻게 표현하느냐에 따라 전혀 다른 결과를 얻었다. 왜 이런 차이가 나타날까? 사람의 사고방식에는 빈틈이 존재하기 마련인데, 두 번째 신자의 경우 그 빈틈을 정확하게 찾아 파고들었고 목사는 모든 경계심을 내려놓고 받아들인 것이다.

이처럼 사고방식이라는 무기를 잘 사용하면 일상생활의 여러 가지 문제를 해결할 수 있다. 좌절을 경험했을 때 지난 일을 후회하고 포기하기보다는 여러 각도에서 문제를 바라봐야 한다. 그리고 가장 적합한 각도를 찾는다면 문제를 해결하는 실마리를 찾을 수 있다.

많은 일이 이렇다. 도저히 해결할 수 없을 것만 같은 문제도 사실은 방법이 전혀 없는 것은 아니다. 단지 당신의 사고방식이 일정한 틀에 갇혀 있기 때문이다. 문제를 해결하는 방법은 천 개도 넘는데, 모두 당신이 생각하는 범위 밖에 있는 것이다. 문제를 근본적으로 해결하고 싶다면 눈에 보이는 현상에서 본질을 봐야 한다. 표면적으로 보이는 것들에 얽매이지 않고 완전히 새로운 생각의 궤도를 찾을 때 문제가 생각보다 간단하다는 사실을 알게 된다.

트로이의 유물을 발굴할 당시 영국의 한 고고학자가 오래된 거울을 하나 발견했다. 거울 뒷면에는 알 수 없는 글자들이 새겨져 있었는데, 아무리 유명한 전문가들을 모셔 와도 이것을 해석할 사람은 없었다. 결국 이 고고학자는 죽을 때까지 이 글자들의 의미를 알지 못했다.

20년 후 거울은 대영박물관에 보관되어 있었다. 어느 날, 한 젊은 신사가 박물관을 찾았다. 그는 고고학자의 손자였다.

그는 박물관장의 안내에 따라 몇 십 년 동안 보관되어 온 거울을 조심스럽게 꺼내 부드러운 천 위에 올려놓았다. 그런 다음 가방에서 보통 거울을 꺼내 알 수 없는 글자들이 새겨져 있는 거울의 뒷면을 비춰보았다. 주위에 있던 사람들은 거울 속에서 엄청난 비밀이 나타나리라 기대하고 있었다. 이때 젊은 신사가 미소를 지으며 말했다.

"이것 좀 보세요. 거울 뒷면에 새겨진 글자들은 그저 평범한 그리스 문자일 뿐이에요. 알아보기 힘든 이유는 글자를 새길 때 거울에 비춰봐야만 알 수 있게 만들었기 때문이죠."

거울 속에는 이런 글이 새겨져 있었다.

'사랑하는 이여, 모든 사람들이 당신이 왼쪽으로 가고 있다고 말할 때 나는 당신이 오른쪽으로 가고 있다고 믿고 있습니다.'

박물관장이 말했다.

"그렇게 오랫동안 이 방법을 생각해내지 못했다니 정말 안타까운 일이군요."

그의 말을 듣고 젊은 신사는 이렇게 말했다.

"그렇죠. 할아버지께서는 이 글자들을 해석하려고 평생을 바치셨는데 이렇게 간단한 방법이 있는 줄도 모르고 그 많은 시간을 낭비하셨네요."

박물관장이 잠시 생각하더니 말했다.

"그러게요. 할아버님께서는 오른쪽으로 가고 있다고 생각했는데 사실은 왼쪽으로 가고 계셨나 보군요."

이처럼 아무리 많은 노력을 쏟아 부어도 정확한 방향을 찾지 못하면 아무 소용이 없다. 사람들이 왼쪽으로 몰려간다고 해서 그대로 따라가면 안 된다. 진짜 목적지는 오른쪽에 있을지도 모르기 때문이다. 다수가 따른다고 해서 모두 진리라고 할 수 없다. 진리는 때로는 소수의 사람들에게서 나타나기도 한다. 그렇다고 이 소수의 사람들이 위대한 현자나 성인은 아니다. 다만 그들은 적절한 때에 자신의 사고방식과 생각의 방향을 조절하는 능력이 있고, 다른 사람들이 생각의 굴레에 갇혀 있을 때 돌파구를 찾을 수 있는 사람들이다.

인생을 살다 보면 여러 가지 시련과 마주한다. 하지만 이런 시련과 실패의 순간에 해결 방법이 없다고 좌절할 이유는 없다. 가장 중요한 것은 문제를 어떻게 생각하느냐다. 완전히 다른 차원에서 문제를 새롭게 바라본다면 지금 겪고 있는 시련도 성공의 발판으로 삼을 수 있다. '시련은 용수철과 같다'는 말도 있다. 당신의 힘이 약하면 커지고,

성공하는 사람들의 사고방식

강하면 작아지기 때문이다.

날씨가 마음에 들지 않는다거나, 하는 일이 잘 풀리지 않는다거나, 늘 불만에 가득 차 있는 이들이 있다. 왜 신은 이들에게만 불공평할까? 사실 문제는 이들의 사고방식에 있다. 세상을 어떤 방식으로 바라보느냐가 당신이 어떤 사고방식을 가졌느냐를 설명해준다. 만족스럽지 못한 일이 있다면 생각을 바꿔보는 것은 어떨까? 예를 들어, 자신의 외모가 만족스럽지 않은 사람은 대신 예쁘게 웃는 표정을 연습해 자신감을 가져보자. 주변 상황이 변하는 것은 우리의 힘으로 어쩔 수 없지만 생각을 바꾸는 것은 얼마든지 가능하다. 어떤 일이라도 밝고 낙관적으로 생각하는 것, 이것이 긍정적인 사고방식이다.

빠르게 변화하는 시대에 살고 있는 현대인들은 사고방식 역시 주변 흐름에 맞춰 끊임없이 변화해야 한다. 그래야만 변화에 빠르게 적응하고 풍부한 사고를 가진 사람으로 성장한다.

"소송도 충분히 광고가 될 수 있습니다"

어느 깊은 밤, 한 물리학자가 실험실을 지나가다가 불이 환하게 켜진 것을 보고 들어가 보니 그의 제자가 안에 있었다.

물리학자가 물었다.

"이 밤중에 뭘 하고 있느냐?"

제자가 대답했다.

"실험하고 있습니다."

물리학자가 다시 물었다.

"그럼 낮에는 뭘 했느냐?"

제자가 대답했다.

"낮에도 실험했습니다."

그러자 물리학자가 화를 내며 말했다.

"하루 종일 실험만 하면 도대체 언제 생각한단 말인가!"

당연히 칭찬받으리라 생각했던 제자는 스승의 호통에 깜짝 놀랐다. 하지만 곰곰이 생각해보니 스승의 깊은 뜻을 헤아릴 수 있었다. 생각은 하지 않고 정해진 대로만 일하는 사람이 장래에 어떻게 큰일을 할 수 있단 말인가.

1988년 4월 28일, 미국의 한 항공사 소속의 보잉 항공기가 이륙한 지 얼마 되지 않아 갑작스러운 사고로 기체 앞면에 커다란 구멍이 뚫리는 일이 발생했다. 다행히 조종사들이 긴급착륙을 시도했고, 기류에 휩쓸려 구멍 밖으로 날아가 목숨을 잃은 승무원 한 명을 제외하고는 나머지 89명의 탑승객들은 무사히 구조되었다.

이 사건이 보도된 후 일부 경쟁 항공기 생산 회사에서는 의도적으로 이 일을 부풀려 보잉사를 파산 위기에 빠뜨리려고 했다. 보잉사에서는 어차피 이번 사고의 책임을 면하기 힘들겠다고 판단하고, 경쟁사들의 공격에 반응하기보다는 사고가 일어난 진짜 원인을 찾기로 했다. 그 결과, 원인은 낡은 기체 때문인 것으로 밝혀졌다. 사고기는 이착륙을 수없이 반복하고 20여 년을 비행한 탓에 상당히 노후화된 상태였다. 이에 보잉사는 자사 항공기의 품질에 정말로 문제가 있었다면 이번 사고의 희생자가 한 명에 그치지 않을 수도 있었다고 주장했다.

사고의 원인이 밝혀지자 오히려 보잉사에서 제조한 항공기의 품질에는 이상이 없다는 결론이 나왔다. 보잉사는 사람들에게 이번 사고가 일어난 원인과 진상을 밝혔고, 그 이후 보잉사의 항공기 판매량은 줄어들기는커녕 전년보다 상승세를 보였다.

보잉사는 사고 발생 후 경쟁사들의 공격에 우왕좌왕하지 않고 침착하게 원인을 분석하고 처리했다. 이들은 자신들에게 불리한 조건을 유리한 조건으로 바꿔 문제 해결의 돌파구를 찾았다. 어떤 일에도 장단점이 있다. 그리고 장점은 언제라도 단점으로, 단점도 장점으로 바뀐다. 기존의 진부한 생각에서 벗어나 새로운 시각으로 문제를 바라본다면 생각하지도 못한 결과를 얻을 수 있다.

1988년 8월, 페루의 어뢰 잠수정 한 대가 훈련을 준비하고 있었다. 그런데 그때 바다에 일본 어선이 한 척 나타났고, 이를 보지 못한 잠수정은 수면으로 떠오르다가 어선과 충돌하고 말았다. 잠수정에 있던 병사들 중 23명은 무사히 탈출했으나 불행히도 선장과 병사 6명이 그 자리에서 숨졌고, 나머지 22명의 병사들이 잠수정에 갇혀 깊은 바다 속으로 가라앉고 말았다.

잠수정에 갇힌 병사들은 잠수정에서 빠져나갈 방법을 궁리했지만 이미 크게 망가진 잠수정에서의 탈출은 쉬워 보이지 않았다. 어떤 병사들은 결국 이곳에서 다 같이 죽을 거라며 비관했고, 어떤 병사들은 살아 나갈 수 있다며 동료들을 위로했다.

그런데 문득 어뢰 발사를 담당하는 병사의 머릿속에 한 가지 방법이 떠올랐다.

'어뢰를 발사하듯 사람을 물 밖으로 발사할 수도 있지 않을까?'

병사는 자신의 생각을 선장에게 전달했다.

"어차피 가만히 있으면 모두 죽을 텐데 그렇게라도 해보세."

선장이 병사들에게 말했다.

"잠수정 밖으로 나갈 때가 되면 숨을 깊게 들이마시고 30초 동안 숨을 참도록 한다. 30초면 분명히 수면 위로 올라갈 수 있을 테니 반드시 숨을 참고 있어야 한다."

병사들은 수압 변화의 고통을 이겨내고 수면으로 발사되었고 뇌출혈을 일으킨 한 명을 제외한 병사 21명이 모두 무사히 구출되었다.

사람을 어뢰처럼 발사한다는 생각을 누가 할 수 있을까. 하지만 잠수정에 갇힌 병사들은 삶과 죽음의 갈림길에서 과감한 결단을 내렸고, 황당한 아이디어를 현실로 바꾸었다. 매우 긴박했던 상황에서 혁신적인 생각은 문제 해결의 결정적인 역할을 했다. 그들은 잠수정에 갇힌 불리한 상황을 어뢰 발사 원리를 이용해 유리한 상황으로 바꾸었다.

때로는 현재 갖고 있는 지식이나 습관이 시야를 가로막아 양면성을 보지 못한다. 그러므로 우리를 가로막은 장벽들을 넘어 끊임없이 시야를 넓혀야 한다.

영국에서 한 여성이 축구에 빠진 남편 때문에 축구 구단을 법원에 고소하는 일이 벌어졌다. 이 여성은 남편이 축구에 빠져 부부관계가 위험에 처했으니 자신의 정신적 피해보상금으로 구단에서 10만 파운드를 지급하라고 요구했다. 이 말도 안 되는 사건은 결국 여성에게 보상금을 지급하는 것으로 마무리되었다.

그녀는 어떻게 해서 보상금을 받았을까? 구단에서도 처음 여성의 고소 사실을 접했을 때 황당함을 감추지 못했다. 그러나 구단 변호사는 그들에게 여성의 요구를 들어주라고 건의했다. 변호사는 여성의 요구가 황당하기는 하지만 이는 구단이 그만큼 인기 있다는 사실을 증명해주므로 이번 일이 엄청난 광고 효과가 있다고 주장했다. 구단의 소송 사건은 언론에 크게 보도되었고, 변호사의 말대로 구단의 인기는 예전보다 높아졌으며, 이로써 얻은 수익은 보상금으로 지급한 10만 파운드보다 훨씬 많았다.

나중에 구단주는 이렇게 말했다.

"우리는 10만파운드로 100만 파운드의 가치가 있는 광고를 했다."

여성이 제기한 소송은 구단에 부정적인 영향을 초래할 수도 있었다. 하지만 변호사의 건의로 구단은 엄청난 홍보 효과를 누리고 여성은 보상금을 받는 등 모두에게 좋은 일로 끝이 났다. 일반적인 상식을 깨고 생각의 범위를 넓힌 결과였다.

Chapter 02

성공은 생각에서 시작된다

당신만 모르는 상상의 특별한 가치

이 세상에서 잠재가치가 가장 높은 것은 무엇일까? 평가절하 된 화폐나 황금? 부동산이나 주식? 지식이나 인맥? 모두 틀리다. 정답은 당신의 머릿속에 있는 생각이다. 어떤 생각을 가졌는지에 따라 어떤 일을 할지, 어떤 것을 소유할지가 결정된다. 당신이 하늘을 나는 꿈을 꾸고 있다면 언젠가 그것이 현실이 된다.

상상력은 생각이 추는 춤이다. 아인슈타인은 상상력을 이렇게 말했다.

"사람의 지식은 한계가 있지만 상상력은 세상 모든 것을 포괄한다.

상상력은 세상을 발전시키고 지식을 향상시키는 원천이다."

정말 그렇다. 상상력이 없었다면 인간은 여전히 원시 상태에 머물러 있을지도 모른다. 주거를 상상하는 것은 동굴에서 나와 집을 짓고, 의복을 상상한 것은 나뭇잎이나 동물 가죽 대신 예쁜 옷을 만들게 했다. 오늘날 인류가 누리고 있는 편리함과 아름다움은 모두 상상력의 산물이다.

상상력은 기적을 창조한다. 남들이 모두 포기한 분야에서 상상력만으로 엄청난 가치를 창출하는 사람들도 있다. 이런 의미에서 본다면 상상력이 곧 자산이다. 당신에게 풍부한 상상력과 시장의 흐름을 읽는 능력이 있다면 성공하는 것은 시간문제다.

미국 캘리포니아 주에는 건축 부지 가격이 굉장히 비싼 도시가 있다. 값이 이렇게 비싼 이유는 시내에 건물을 지을 만한 곳은 모두 이미 개발되었기 때문이다. 시내에 더 이상 자리가 없다면 교외로 나가면 되지 않느냐고 묻는 이들도 있을 것이다. 하지만 불행히도 이 도시의 한쪽은 험준한 산으로 둘러싸여 개발하기 어렵고, 다른 한쪽은 바다를 끼고 있어서 조수 간만의 차 때문에 건물을 짓기에 적합하지 않았다. 그렇다면 정말 이 도시에서는 더 이상 적합한 건축 부지를 찾을 수 없을까? 물론 아니다. 건축 부지를 찾지 못한 이유는 상상력을 충분히 발휘하지 못했기 때문이다.

어느 날, 한 남자가 이 도시에 나타났다. 그는 이곳의 토지 상황을 듣더니 드디어 큰돈을 벌 기회가 생겼다며 기뻐했다. 그는 먼저 경사가 심한 산비탈의 땅을 산 다음에 해변에 가서 바닷물에 자주 침식되는 지역의 땅도 샀다. 두 곳 모두 이용가치가 떨어졌으므로 헐값에 매입했다. 이 소식을 들은 사람들은 그가 바보 같은 결정을 했다며 크게 비웃었다. 하지만 얼마 후 그가 보여준 기적에 사람들의 비웃음 은 잠잠해졌다. 그는 땅을 산 뒤 폭탄을 구입하고 지게차와 트럭을 빌려 왔다. 그는 폭탄을 터뜨려 바위들을 깨뜨리고 지게차를 이용해 땅을 평평하게 다듬었다. 그런 다음 땅을 고르고 남은 흙들을 해변으 로 가져가 바닷물에 자주 침식되는 부분에 쌓았다. 이렇게 해서 그동 안 이용가치가 없었던 산비탈과 해변의 땅이 순식간에 황금의 땅으 로 변했고 가격도 치솟았다.

모든 사람은 상상가다. 과감하게 생각하고 그것을 행동으로 옮긴 다면 성공은 저절로 따라온다. 꿈은 어린아이나 꾸고, 상상력은 그림 을 그릴 때만 사용한다는 생각은 잘못이다. 어른들도 매일 조금씩 시 간을 투자해 생각의 범위를 넓히고 상상력을 키우는 연습을 해야 한 다. 이렇게 하다 보면 어느새 고민하던 문제는 답을 얻고 아이처럼 즐거워하는 자신의 모습을 만날 수 있다.

성공은 반드시 어렵고 힘들게 얻어지는 것은 아니다. 생각의 틀에 서 벗어나 자신이 나아가야 할 정확한 방향만 찾는다면 즐겁고 쉽게 성공할 수 있다. 생각은 어렵고 복잡한 것이 아니라 일상적인 활동일 뿐이다. 생각은 겉으로 보이지 않는 것 같지만 사실은 당신의 일거수 일투족을 좌우하고 주변에 스며들어 있다.

한 마을에 여관을 운영하고 있는 사람이 있었다. 그런데 이 여관은 사람들이 많이 찾지 않아 폐업 위기에 처해 있었다. 어느 날, 현자가 여관 앞을 지나가다가 근심에 빠져 있는 여관 주인에게 한 가지 아이디어를 주었다. 여관을 둘러싼 벽을 다시 색칠하라는 것이었다. 현자는 여름에는 녹색으로, 겨울에는 빨간색으로 칠하라고 조언했다. 놀랍게도 그의 말대로 벽의 색깔을 바꾸자 여관에 손님들이 몰리기 시작했고 그 후로 크게 번창했다.

여관에 무슨 일이 있었던 것일까? 해답은 간단하다. 벽의 색깔이 주는 심리효과 때문이다. 일반적으로 녹색은 청량함을, 빨간색은 따뜻한 느낌을 준다. 계절에 따라 벽의 색깔을 바꾼 것만으로도 사람들이 몰렸다. 색깔의 변화는 사람들의 생각을 바꿔 놓았다. 사람들은 색깔로 시원함과 따뜻함을 상상했고, 현자는 이를 이용했다.

이처럼 상상력을 제대로 활용한다면 돌덩이를 황금으로 바꾸는 능력도 발휘할 수 있다. 상상력이 풍부할수록 사고의 범위도 넓어진다. 물론 당신의 진로가 다양해지고 시야도 더 넓어진다.

상상력은 강한 심리적인 암시작용을 일으킨다. 외국에는 한 줄로 이루어진 아주 짧은 SF소설이 있다.

'그날 아침 태양은 북쪽에서 떠올랐다.'

이 문장을 보고 무엇이 떠오르는가? 정말로 태양이 북쪽에서 떠올랐다면 이는 무엇을 의미하는가? 이것은 이상기후로 인한 지구 생태질서의 파괴와 인류의 대혼란을 의미한다. 고작 15자밖에 안 되는 문장이지만 이것으로부터 우리의 상상은 무한하다. 이것이 상상력의 힘이다. 이렇게 무한한 상상력을 현실과 연계한다면 그 무엇도 이룰 수 있다. 그러므로 머릿속에 아무것도 떠오르지 않고 막막할 때는 어린아이처럼 자유롭게 상상의 나래를 펼쳐보라. 일이나 일상에서 놀라운 결과를 얻을 것이다.

성공은 상상력에 달렸다. 많은 사람들의 성공은 대부분 엉뚱한 상상에서 시작되었다. 내가 성공한 모습을 머릿속에 상상할 수 있다면 성공의 가능성은 더 높아진다. 그리고 상상력의 기반은 사고방식이다. 그러므로 사고의 범위가 넓을수록 상상력이 더 크게 발달한다.

일반적으로 사고방식에는 혁신적 사고방식, 변이적 사고방식, 다원적 사고방식, 예측성 사고방식, 차별화 사고방식, 역행적 사고방식 등 여섯 종류가 있다. 어렵고 난처한 상황에 처했을 때는 이들 사고방식을 이용해 새로운 각도에서 문제를 바라봐야 한다. 세상에는 해결할 수 없는 문제는 없다. 다만 해결 방법을 생각해내지 못했을 뿐이다. 다양한 사고방식을 활용한다면 문제를 해결하는 능력과 혁신 능력은 저절로 높아지고 당신의 인생 가치도 훨씬 더 빨리 실현할 수 있다.

엉뚱한 생각도 때로는 쓸모가 있다

인간의 사고에는 경계가 없다. 우리는 상상만으로 한순간에 대통령이 되었다가 다음 순간에는 월스트리트의 거지가 될 수도 있다. 또 유명한 예술가 피카소가 되었다가 비극적인 사랑에 빠진 이집트의 왕비로 변신할 수도 있다. 이처럼 아무리 엉뚱한 생각이라도 상상에는 제한이 없다. 때로는 이런 생각으로 내면의 만족을 경험하고 세상의 아름다움을 찾기도 한다. 엉뚱한 생각 속에서 혁신적인 아이디어를 얻고 크게 성공하는 이들도 있다. 그래서 오늘날의 비즈니스 세계에서는 아무리 엉뚱한 생각도 중요한 요소로 간주된다.

여기에서 엉뚱한 생각이란 아무 의미 없는 공상이 아니라 언제 어디서라도 이루어지는 자유로운 사고활동을 의미한다. 하지만 안타깝게도 모든 사람들이 자유로운 사고가 가능한 것은 아니다. 우리는 학교에 입학한 그 순간부터 자신의 자리에서 이탈하거나, 창밖을 바라보거나, 딴생각을 하지 못하도록 교육받았기 때문이다. 사실 엉뚱한 생각은 딴생각에서 시작된다. 그런데 딴생각을 허락하지 않는 환경에서 어떻게 자유로운 사고가 가능할까.

천재들의 가장 큰 특징은 자유로운 사고가 가능하다는 점이다. 위대한 사업은 대부분 엉뚱한 생각에서 출발했다. 2001년 세계적인 세일즈 전문가 양성 기관인 부르킹스연구소에서 수강생들에게 '대통령에게 도끼를 팔라'는 과제를 냈고, 모든 수강생들이 포기했지만 한 수강생만 유일하게 도전했다. 조지 허버트라는 이름의 그 수강생은 대통령의 농장에게 말라버린 나무들을 자를 수 있다며 편지와 함께 도끼를 부시 대통령에게 보냈고, 얼마 후 부시 대통령은 그에게 도끼 구입 값으로 15달러를 보내주었다. 그는 지금 미국의 대표적인 영업 컨설턴트로 활동하고 있다.

이처럼 다들 터무니없거나 힘들다고 생각한 것을 실제로 성공시킨 사례는 군용 천막을 활용해 튼튼한 작업복을 만들겠다는 생각과도 일맥상통한다. 그러므로 다른 사람들이 어떤 일을 해내는지 보고 감탄만 하고 있을 일이 아니라 그들이 어떤 생각을 하는지 알아야 한다. 다른 사람의 엉뚱한 생각을 비웃어서는 안 된다. 엉뚱한 생각이 언제라도 기발한 아이디어가 될 수 있기 때문이다.

길을 걷다가 이상형 남자 혹은 여자를 만났는데, 그를 당장 내 사람으로 만들 수는 없다면 사진을 찍어 와 3D 프린터로 복제해 내 침대 옆에 눕혀 놓을 수 있다. 3D 프린터는 미래를 바꿔 놓을 여덟 가지 기술 중 하나로 꼽힌다. 현재 3D 입체프린터는 충분히 상용화되어 집에서도 사용할 수 있다. 만들고자 하는 물체를 설계하거나 설계도를 다운로드 받아 플라스틱이나 금속 혹은 도기 등의 소재로 인쇄할 수 있다.

3D 프린터는 공업 2.0세대의 대표적인 발명품으로 꼽힌다. 3D 프린터는 제조업의 본질을 바꿔 놓을 뿐만 아니라 나아가 소유권과 저작권의 개념을 위협하는 존재이기도 하다. 예를 들어 당신이 친구 집에서 마음에 드는 찻잔을 보고 사진을 찍어 집에서 3D 프린터로 복제한다고 해서 이것을 불법이라고 할 수 없다. 찻잔뿐만 아니라 휴대전화 케이스나 가구를 3D 프린터로 복제한다고 해도 현재로서는 불법이라고 말할 수 없다.

현재 3D 프린터는 전 세계적으로 인류의 상상력을 만족시키는 핫 키워드로 떠오르고 있다. 영화 〈차이니즈 조디악〉에서 세계적인 도둑의 수장 역을 맡은 성룡은 동물 머리상의 3차원 데이터를 가져와 3D 프린터로 손쉽게 가품을 만들어낸다. 영화에서뿐만 아니라 현실

생활에서도 누군가 3D 프린터를 이용해 실제로 사용이 가능한 AK-47 소총을 만들어 문제가 되었고, 미국의 한 회사에서는 3D 바이오 프린터를 개발해 세포를 이용해 인체의 장기를 복제하는 데 성공했다. 3D 프린터의 출현은 기존의 2D 프린터의 개념을 완전히 뒤집었고 사람들의 상상을 실현시켰다.

프린터로 사람을 인쇄한다고? 프린터는 평면으로만 인쇄되는 것 아니었나? 3D 프린터의 개념이 처음 나왔을 때 아마도 많은 사람들이 터무니없는 생각이라고 여겼을 것이다. 하지만 지금까지 세상을 놀라게 한 많은 일들이 대부분 터무니없는 생각에서 출발했다. 이렇게 생각하지 못하고 주어진 대로만 살아왔다면 인류는 원시시대에 머물러 있거나 지금보다 훨씬 무미건조한 세상에 살았을 것이다.

세계는 점점 더 개방되고 지역 간의 경계도 허물어지고 있다. 이런 시대에는 과감하게 생각하는 사람이 성공한다. 아무리 터무니없는 생각일지라도 소심하게 아무것도 하지 않는 것보다 훨씬 낫다. 이제는 그 누구도 다른 사람의 사고를 제한할 수 없으며 오히려 대담하게 생각하고 창조하는 것을 격려하는 시대가 되었다. 생각을 드러내지 않고 자신을 숨기려고만 한다면 설 자리는 줄어들 것이다. 엉뚱하고 터무니없는 생각도 과감하게 드러낼 줄 알아야만 더 많은 기회를 창조하고 성공할 수 있다.

현재 미국에서는 다음과 같은 광고가 유행하고 있다.

'당신에게 10만 달러를 줄 테니 학교를 그만두고 사장이 되세요.'

학업을 포기하라는 말에는 완전히 동의할 수 없지만 이 광고가 강조하는 도전정신은 높이 산다. 당신에게 열정과 능력이 있다면 그것이 우주여행이거나 다이아몬드를 캐는 것이라도 무엇이 불가능할까. 아무리 엉뚱한 생각이라도 그것을 현재의 비즈니스모델과 적절히 연결 지을 수 있다면 충분히 실현할 수 있다.

미국에서 '괴짜'로 통하는 억만장자 피터 틸은 "성공은 엉뚱한 생각에서 비롯된다"고 말했다. 인터넷 결제 플랫폼인 페이팔을 공동 창업한 그의 말처럼 사람들은 틸의 성공 요인으로 엉뚱하지만 기발한 생각을 꼽았다.

1967년 독일에서 태어난 그는 어렸을 때 부모님을 따라 미국으로 이주해 캘리포니아 주 포스터 시티에서 성장했다. 그는 어려서부터 총명했고 바둑을 잘 두었다. 13세 이하 국제바둑대회에서 7등을 거머쥐며 훗날 바둑의 대가로 성장했다.

청년 시절 그는 어디에도 구속받기를 싫어했고, 새로운 것에 관심이 많았지만 그것에 익숙해지고 나면 곧바로 다른 것으로 관심을 돌렸다.

그는 굉장히 독특한 일도 많이 시도했는데, 페이팔 창업 초기 직원들의 복지정책으로 한 가지 아이디어를 내놓기도 했다. 냉동저장고를 만들어 직원들을 냉동한 뒤 과학기술이 발달할 때까지 기다렸다가 꺼내어 해동해 세계에서 가장 장수하게 해주겠다는 것이다. 이 이야기를 들은 사람들은 모두 말도 안 되는 생각이라고 비웃었다. 하지만 그는 엉뚱한 생각을 멈추지 않았다.

2008년 그는 '해상도시'라는 이름의 연구 프로젝트에 50만 달러를 투자하겠다고 발표했다. 그는 완전히 새로운 인류의 생활 방식을 창조하겠다는 엉뚱한 생각에서 이 프로젝트를 시작했다. 해상도시는 영구적이고 자치가 가능한 생활공간이자 정치, 사회, 법률의 혁신을 의미한다. 여러 매체에서는 이 프로젝트를 '부자들의 무정부주의 실험실', '기술의 유토피아'라며 현실성이 없다고 평가했지만 그는 많은 사람들의 비판에도 불구하고 자신의 엉뚱한 생각이 합리적이라고 믿었다. 결국 이 프로젝트는 많은 사람들의 호응을 얻었고, 그는 35만 달러를 추가적으로 투자했다. 그의 이색적인 행보는 이에 그치지 않았다.

이후 그는 인간의 생명 연장을 연구하는 므두셀라재단에 350만 달러를 지원했는데, 이 재단의 창립자 오브리 드 그레이 박사는 인간이 천 살까지 살 수 있다고 믿었다. 다들 말도 안 된다고 여겼지만 틸만은 그레이 박사의 주장을 지지했다.

틸은 언제나 엉뚱한 생각의 가치를 믿었다.

"현재 우리가 처한 사회 위기를 해결하는 방법은 1950년대와 1960년대의 공상과학소설에서 찾아야 한다."

엉뚱한 생각은 때로는 터무니없기도 하지만 그 속에 기적을 창조하는 요소가 숨어 있다.

한편, 엉뚱한 생각을 하지 않는 사람은 어떨까? 이런 사람은 학창 시절에는 선생님 말을 잘 듣는 모범생이고, 집에서는 가족에게 순종하는 좋은 남편 혹은 아내이며, 회사에서는 시키는 대로 착실히 일하는 모범사원임이 분명하다. 그런데 비록 좋은 사람이라는 칭찬을 들을지언정 특별할 것 하나 없는 평범한 사람일 뿐이다.

이들은 선생님, 배우자, 상사의 명령에 그대로 따를 뿐 혁신적인 결과물을 만들어내지는 못한다. 어렸을 때부터 엉뚱한 생각이 잘못된 것이라고 교육받았고 그런 생각을 할 때마다 비난을 받았기 때문이다. 실제로 세상에는 이런 사람이 많다. 그렇다고 이들이 잘못된 삶을 살고 있는 것은 아니다. 다만 남들이 정해 놓은 규칙에 따라 평범하게 살아갈 뿐이다. 평범한 삶이 가장 좋은 것이라고 말하는 이들도 있지만 한 번뿐인 인생을 소중하게 여기고 기적을 창조할 수도 있어야 한다.

오랫동안 틀에 박힌 교육을 받다 보면 본래 지니고 있던 혁신적인 사고능력을 점차 잃고 일반적인 생각에 익숙해진다. 그래서 엉뚱한 생각을 하는 법도 잊어버렸을 것이다. 하지만 다행인 것은 사회가 발전하고 인터넷이 보편화되면서 틀에 박힌 사고방식은 더 이상 환영받지 못하는 시대가 왔다. 그 대신 새로운 것을 추구하는 엉뚱하지만 혁신적인 생각들이 사회의 주류로 떠오르고 있다.

한 심리학 교수가 정신병원에 참관하러 갔다가 일을 마치고 돌아가려는데, 자신의 자동차 한쪽 바퀴의 나사들이 모두 빠져 있었다. 나사가 모두 없어졌으니 어떻게 바퀴를 달 수 있단 말인가. 교수는 초조해졌다. 그런데 그때 그 정신병원에 입원 중인 환자 한 명이 지나가다가 교수가 난처해하고 있는 모습을 보고 크게 웃으며 말했다.

"뭘 그렇게 간단한 일로 고민하세요?"

그러고는 그는 렌치와 드라이버를 들고 바쁘게 움직이더니 빠져

버린 바퀴를 원래대로 달아 놓았다.

이 환자는 어떻게 바퀴를 달았을까? 알고 보니 그는 나머지 세 바퀴에서 나사를 하나씩 빼서 바퀴를 달았다. 이로써 바퀴마다 나사가 하나씩 없기는 하지만 나머지 나사들로 고정되어 있으므로 자동차를 운행하는 데 지장을 주지는 않았다.

교수는 그의 아이디어에 감탄하며 물었다.

"어떻게 이런 방법을 생각해낸 거죠?"

그러자 환자가 대답했다.

"제가 비록 정신병에 걸리기는 했지만 바보는 아니랍니다."

어째서 교수는 이 방법을 생각하지 못했을까? 늘 정해진 대로만 생각해왔기 때문에 감히 엉뚱한 생각은 하지 못했을 뿐이다. 갑작스럽게 일어난 문제를 해결하려면 일반적인 생각의 굴레에서 벗어나는 노력이 절실하다. 정신병을 앓고 있는 환자는 일반적인 사고방식을 갖고 있지 않았기 때문에 오히려 이런 문제를 쉽게 해결했다. 때로는 대학교수보다 엉뚱한 생각을 잘하는 정신병 환자가 문제를 해결하는 길을 찾는 데 더 큰 도움이 된다.

우리는 하버드 같은 명문 대학에 입학하기만 하면 저절로 성공할 수 있다고 생각한다. 하지만 인생의 성공과 실패는 시험성적이 아니라 사고능력에 따라 결정된다. 엉뚱한 생각 속에서도 해결 방법을 찾을 수 있어야 성공할 수 있다. 스스로 생각하지 않고 남들이 정해 놓은 대로만 따라가는 사람은 일류 대학을 졸업했더라도 늘 다른 사람들에게 이끌려 다니기만 할 뿐 세상을 움직이는 리더가 되기는 힘들다. 인류와 사회의 발전을 촉진시킨 위대한 사람들 중 대부분은 사실 학력이 그리 높지 않다. 이는 교육을 많이 받으면 받을수록 엉뚱한 생각을 할 수 있는 능력은 점점 떨어진다는 사실을 증명해주는 동시에 오늘날의 교육이 지닌 문제점을 보여주기도 한다.

어떤 사람들은 엉뚱한 생각이 의미 없는 공상에 끝날 수도 있지 않느냐고 반문한다. 비록 엉뚱한 생각이 현실과 동떨어진 면이 있기는 하지만 이것을 시장 상황과 결합시키고 행동으로 옮긴다면 이를 보완할 수 있다. 또 아무리 엉뚱한 생각이라도 현실 속에 살고 있는 한 전혀 터무니없는 것은 아니다. 현실에 바탕을 둔 엉뚱한 생각은 그것이 황당하고 비현실적인 아이디어라도 미처 생각하지 못한 놀라운 힘으로 당신의 인생을 변화시킨다.

문제를 해결하는 핵심은 연상능력

우리가 살고 있는 이 사회는 인류의 상상으로 만들어져 왔다. 최초에 신이 인류에게 내려준 것들은 매우 단순한 것들이다. 집이라고는 어두컴컴한 동굴이 전부였고, 의복 역시 동물 가죽이나 나뭇잎뿐이었다. 하지만 이렇게 척박한 생활은 인류를 결코 퇴화시키지 못했다. 인간은 생각의 힘으로 하등동물에서 진화했고, 생활에 필요한 거의 모든 것을 창조해냈다. 이런 창조는 오늘날까지 계속되고 있으며 지금 이 순간에도 새로운 기술과 새로운 것들이 끊임없이 발명되고 있다.

인류는 천부적인 사고능력과 상상력에 의지해 생존해왔다. 다시 말해, 인간에게 사고능력이 없었다면 오늘날과 같은 편리한 생활은 꿈도 꾸지 못했을 것이다. 모든 시대에는 일반인들의 생각을 뛰어넘는 위대한 이들이 존재해왔는데, 그들은 예언가 혹은 선지자로 불렸다. 오늘날의 세계는 과거 그들의 예언이 실현된 모습이다. 예언과 현실은 결코 동떨어진 것이 아니다. 과감하게 생각하고 행동으로 옮긴다면 예언은 언제라도 현실이 될 수 있다.

프랑스의 SF소설가 쥘 베른은 일찍이 미국 플로리다에 달까지 쏘아올릴 수 있는 로켓 발사 기지가 세워질 것이라고 예언했다. 그리고 그로부터 100년 후인 1969년 플로리다 주에서 유인 우주선 아폴로 11호를 발사했고, 달 착륙까지 성공했다. 베른의 예언이 현실이 된 것이다. 현재 우리에게 너무도 익숙한 로켓·레이더·우주선 등은 사실 세상에 나온 지 불과 몇 십 년밖에 되지 않은 것들이다. 그런데 100년 전에 베른의 소설에 이미 등장했다고 하니 놀라울 따름이다.

물론 모든 상상이 현실로 변하는 것은 아니다. 현실이 될 수 있느냐 없느냐는 어떻게 그것을 실행하느냐에 달렸다. 수많은 상상이 현실에 발붙이지 못한 채 공중에 떠다니는 이유는 그것을 검증하고 실행하는 사람이 없기 때문이다. 열매의 씨앗이 내면에 아무리 강한 생명력을 지니고 있더라도 누군가 땅에 심지 않으면 싹을 틔울 수 없는 것과 마찬가지다. 결국 현실이라는 토양은 상상력이 생존하는 기반이다.

상상과 연상은 새로운 것을 창조하는 데 효과적인 도구들이다. 사람이 다른 사람들과 교류하면서 살아가듯이 모든 것은 서로 연관되어 있다. 인생에서 풀리지 않는 문제는 없다. 다만 상상력과 연상법을 이용하지 못한 것뿐이다. 당신이 아직 성공하지 못한 이유 역시 어쩌면 연관성을 찾아내지 못했기 때문일지도 모른다. 연관성을 찾고 나면 복잡한 문제도 쉽게 해결할 수 있다.

연상은 일종의 종합적인 사고능력이다. 즉 예민한 관찰력과 풍부한 상상력 그리고 체계적인 비교 분석 능력이 더해진 것이다. 나무와 공이라는 단어는 어떻게 연관될 수 있을까? 나무·삼림·벌판·축구장. 또 하늘과 마시는 차는 어떻게 연관될 수 있을까? 하늘·비·대지·시냇물·찻물. 이렇게 전혀 관련 없어 보이는 것들도 가만히 떠올려 보면 연관성을 찾을 수 있다. 모든 것은 이렇게 촘촘하게 연관되어 있으므로 연상 능력을 발휘해 연관성을 찾고 이를 분석하는 연습을 하다 보면 저절로 문제해결 능력이 생기고 언젠가 기적을 창조할 수 있다.

예전에는 집집마다 재봉틀이 한 대씩 있었다. 그런데 영화와 재봉틀이 어떤 관계가 있는지 물어본다면 당신은 어떻게 대답할 것인가? 영화와 재봉틀은 전혀 다른 종류의 것이므로 아무런 관련도 없다고 대답할 것이다. 하지만 정말 그럴까?

프랑스의 뤼미에르형제는 영화와 영사기를 발명했다. 초기의 영사기라고 할 만한 장치는 영화를 상영할 때 렌즈의 작동과 멈춤을 반복해야 화면의 떨림 현상을 막고 선명하게 나올 수 있었다. 이렇게 기계를 간헐적으로 작동시켜야 하는 문제를 해결하려고 위대한 발명가인 에디슨도 나섰지만 당시의 기술로는 효과적인 해결 방법을 찾지 못했다. 그런데 이 문제를 끊임없이 고민하던 뤼미에르형제는 어느 날 재봉틀이 작동과 멈춤을 반복하며 간헐적으로 움직인다는 사실을 알아내고 이 원리를 영사기에 적용해보기로 한다. 이렇게 해서 1895년 세계 최초의 영사기가 탄생했다. 재봉틀과 영사기 사이에는 아무런 관련이 없는 것처럼 보였지만 사실은 같은 원리에서 탄생한 발명품이었다.

이처럼 관찰력과 연상 능력이 뛰어난 사람만이 숨겨진 연관성을 찾아내고 새로운 것을 창조해 자신의 운명을 바꾸고 나아가 사회의 발전을 촉진한다.

오늘날 모두가 혁신을 운운하지만 진정한 혁신을 실천하는 사람은 쉽게 찾아볼 수 없다. 재봉틀을 사용하는 사람은 수도 없이 많았지만 여기서 영사기의 원리를 떠올린 사람은 소수였던 것처럼 말이다. 어떤 사람은 하루 종일 쳇바퀴 돌듯 똑같은 일을 반복하며 지루하게 살아가는 데 반해 어떤 사람은 즐겁고 여유로운 인생을 살아간다. 그렇다고 후자가 재벌 2세나 귀족의 후손은 아니다. 다만 혁신적으로 생각하고 이를 실천에 옮겼을 뿐이다.

세계에서 가장 영향력 있는 인물 순위에서 마크 주커버그는 20위를 차지하고 있다. 사실 많은 사람들이 성공하려고 아주 많은 시간을 투자한 것에 비해 그는 아주 짧은 시간 내에 그 자리에 올랐다. 그는 대학교 2학년 때 수업시간에 사용하는 출석부에서 영감을 받아 학생들이 사용할 교류 네트워크를 만들었는데, 이것이 페이스북이다. 교내 학생들의 교류의 장이었던 페이스북은 이제 미국의 오바마 대통령, 영국의 엘리자베스 2세 여왕 등도 사용할 만큼 영향력이 커졌다.

래리 앨리슨은 뉴욕 브루클린의 결손가정에서 태어났다. 그는 어렸을 때 시카고에 사는 이모와 이모부 손에 맡겨져 자랐다. 엄마처럼 자신을 길러준 이모가 죽고 나자 그는 대학을 그만두고 캘리포니아로 건너가 일하기 시작했고, 8년 후 1977년 소프트웨어 회사를 창립한다. 이 회사가 오늘날의 오라클이다. 2010년《포브스》통계에 따르면 래리 앨리슨의 순자산은 270억 달러로, 그는 부자 순위에서 3위를 차지했다.

《포브스》에서 발표하는 부자 순위를 가만히 살펴보면 이 중 70퍼센트 이상이 자수성가한 사람들이고 30퍼센트만이 상속 등으로 부자가 된 사람들이다. 이는 당신에게 강한 열정과 혁신적인 사고능력이 있다면 자신의 운명을 바꿀 충분한 가능성이 있음을 보여준다. 《포브스》의 부자 순위에는 오르지 못하더라도 최소한 먹고 사는 걱정 없이 풍요로운 삶을 누릴 수 있다.

마크 주커버그는 겨우 대학교 2학년생이었고, 래리 앨리슨은 대학 중퇴자였다. 이밖에도《포브스》의 부자 순위에 오른 인물들 중에는 학력이 고등학교 졸업에 그치거나, 부모님이 일찍 죽어 교육을 제대로 받지 못한 이들이 많다. 그들은 오직 뛰어난 사고능력과 노력으로 자신의 운명을 바꾸었다. 사실 이런 부자들과 당신은 큰 차이가 없다. 단지 당신은 과감하게 생각하고 이를 실천하는 능력이 부족한 것뿐이다. 그러므로 오늘부터 머릿속의 사고방식을 바꾸고 두 눈을 크게

성공하는 사람들의 사고방식

뜨고 세상을 관찰하자. 늘 봐왔기 때문에 익숙한 것에서도 성공의 실마리를 찾을 수 있을 테니.

성공한 사람들은 아주 작은 일에서 시작해 큰 기적을 창조한다. 전등·전화·휴대폰·컴퓨터·로켓·위성 등의 발명은 모두 이런 과정을 거쳐 창조되었다. 기적은 어렵고 복잡한 것에서 창조되는 것이 아니라 우연한 기회와 사고방식의 만남으로 이루어진다. 성공한 사람들은 어떤 일이라도 생각에만 그치지 않고 직접 실행해 현실로 만들었고 엄청난 결과물을 얻었다.

많은 사람들이 현실의 중압감에 눌려 상상력을 발휘하거나 사고방식을 바꾸는 일이 어렵다고 말한다. 하지만 아무리 어렵고 힘든 상황 속에서도 고개를 들어 세상을 바라보고 생각을 정리할 시간을 가져야 한다. 그래야만 자신이 나아가야 할 방향을 정확하게 인지하고 성공의 기반을 단단하게 다질 수 있다.

남다른 생각이 코카콜라를 최고로 키웠다

창의적인 사고방식이 가난한 사람을 부자로 만들어줄 수 있을까? 인지도가 전혀 없는 사람을 유명한 사람으로 만들어줄 수 있을까? 사실 창의적인 사고방식만큼 빠르게 누군가를 부자로 만들어주고, 빠르게 유명한 사람으로 만들어주는 방법도 없다.

《해리포터》의 작가 조앤 롤링을 생각해보라. 《해리포터》를 쓰기 전 가난하고 외로운 싱글맘이었던 그녀는 그 책이 세상에 나온 후 일순간에 스타 작가가 되었고 억만장자의 반열에 올랐다. 그녀의 운명은 어떻게 갑자기 바뀌었을까? 뛰어난 상상력과 창의적인 사고능력 덕분이었다. 이런 능력으로 그녀는 전 세계 사람들의 마음을 움직였고, 전 세계 사람들은 그녀의 상상력이 만들어낸 세계에서 함께 울고 웃는다.

그렇다면 지금 당신은 어떤가? 어째서 당신은 앞으로 나아가지 못하고 늘 제자리에 머물러 있는가? 가장 큰 원인은 사고능력에 있다. 당신의 잠재된 사고능력이 깊은 잠에 빠져 있기 때문에 당신의 인생도 깊은 잠에 빠져 있다. 잠자고 있는 사고를 깨우고 적극적으로 활용해야만 내면에 숨겨진 능력을 발휘하고 성공으로 가는 문을 열 수 있다.

머릿속에 낡고 오래된 사고방식을 새롭고 창의적인 사고방식으로 변화시키는 것이 중요하다. 좌뇌 혹은 우뇌 어느 한쪽의 사고방식을 최고로 여기던 시대는 끝났다. 이제는 좌뇌와 우뇌를 함께 사용하는 창의적인 사고방식이 대세가 되었다. 엔지니어의 기술적인 사고와 예술가, 아트 디렉터의 창의력이 한데 어우러져 사람들의 생활에 녹아들고 있다.

인터넷을 기반으로 한 사고와 빅 데이터가 일반화된 시대지만 데이터에만 의존해서 세계를 지배하는 시대는 이미 지나갔다. 지금은 과거 그 어느 때보다 예술성과 아름다움이 강조되고 있다. 딱딱한 데이터와 기술만으로는 사람의 마음을 움직이기 어렵기 때문에 최근에는 제품의 미관을 실용성만큼이나 중시하고 있다.

대표적인 사례로 스티브 잡스가 출시한 아이폰이 있다. 기술적인 면만 놓고 본다면 애플과 대등한 수준의 회사는 수도 없이 많다. 하지만 시각적인 면에서나 조작 면에서 그 어떤 것도 아이폰을 따라올 수 없었다. 스티브 잡스는 창의력을 키우려고 선종의 교리를 공부하기도 했다. 그는 '마음과 뜻을 하나로 한다'는 선종의 교리를 바탕으로 새로운 시대에는 어떤 창의력이 필요한지 깨달았다고 한다.

앞으로 최소한 몇 십 년간은 창의적인 생각이 세상을 변화시키고 사람들의 삶에 깊은 영향을 줄 것이다. 그러므로 앞으로는 창의력을 키우려는 적극적인 노력이 없으면 점점 사회에서 도태되고 주변인으로 전락할지도 모른다.

파나소닉을 창업한 마쓰시타 고노스케는 미래를 다음과 같이 예언했다.

"앞으로 세계는 무기가 아닌 창의력으로 통치될 것이다. 이제 창의력은 우리 생활 전반에 자리하고 있으며 심지어 일상적으로 먹고 마시는 밥과 음료수에도 창의력을 필요로 한다."

그의 말처럼 오늘날 세상은 나폴레옹이나 카이사르 같은 전쟁 영웅보다는 뛰어난 창의력으로 창업하거나, 전 세계 사람들이 열광하는 작품을 만들어내는 창의적인 영웅이 절실하다. 스티븐 스필버그 감독의 영화, 두바이의 독특한 건축물들, 물 위에 지어진 버즈 알 아랍 호텔 등은 모두 창의력의 결과물이다. 이처럼 창의력은 우리가 사는 세상을 더 아름답게 변화시키고 있다.

오늘날 창의적인 사고는 일상생활에도 깊숙이 파고들어 조금만 자세히 관찰해보면 생활 곳곳에서 창의력의 흔적을 찾을 수 있다. 누구나 한 번 이상은 병에 든 코카콜라를 마셔본 적이 있으리라. 그런데 혹시 코카콜라를 마실 때 병을 보며 잡기 쉽고 시원스럽게 생겼다고 생각해본 적은 없는가? 코카콜라 병은 젊은 여성의 주름치마를 닮았고, 중간 부분은 여성의 엉덩이 모양처럼 볼록하다. 이 볼록한 모양 덕분에 용량이 실제보다 더 많아 보이는 효과도 있다. 이처럼 코카콜라 병은 굉장히 섹시한 라인을 지닌 디자인으로 평가받고 있다.

여성미가 돋보이는 코카콜라 병은 실용적일 뿐만 아니라 모양도 아름답다. 사실 이 병은 코카콜라가 전 세계 음료수 시장의 왕좌를 차지하도록 한 비장의 무기였다. 초기의 코카콜라 병의 모양은 지금과 사뭇 달랐다. 평범한 원기둥 모양의 병에 작은 마개가 달린 단순한 형태였다. 용기만 봐서는 안에 무엇을 담았는지 알 수 없었고, 공업적인 색채가 강해 마시고 싶은 생각이 들지 않았다. 하지만 오늘날의 코카콜라 병은 한 번이라도 마셔본 경험이 있다면 눈을 감고도 찾을 만큼 독특하다.

이렇게 대단한 발명품은 누구의 머리에서 나왔을까? 누가 이런 생각을 했을까?

20세기 초, 미국의 젊은 여성들 사이에서는 밑이 좁은 주름치마가 유행했다. 당시 루트 유리공장에 다니던 알렉산더 사무엘슨은 어느 날 여자 친구와의 데이트 약속에 나갔다가 주름치마를 입고 나온 여자 친구의 모습에 홀딱 반했다. 주름치마 덕분에 잘록하게 보이는 허리와 도드라지는 엉덩이가 매력적으로 보였다. 그는 코카콜라 병도 여자 친구의 주름치마 모양으로 만든다면 지금보다 훨씬 더 아름다우리라는 생각이 들었다. 데이트를 마치고 집에 돌아온 그는 주름치마 모양의 코카콜라 병을 디자인하기 시작했다. 그리고 몇 번의 수정을 거쳐 매혹적인 모양의 디자인을 완성했다.

그는 그 디자인을 곧장 특허 출원을 냈다. 당시 코카콜라 사에서는 타사 음료수와 차별화되는 음료수 병을 찾고 있었는데, 그들은 그의 디자인을 보자마자 굉장히 마음에 들었다. 그래서 디자인 특허를 구입하기 위해 코카콜라의 창업주 에이서 캔들러가 직접 나섰고, 가격 흥정 끝에 사무엘슨은 600만 달러라는 거액을 손에 쥐었다.

이것이 창의적인 사고의 마법이다. 누구라도 그처럼 부자가 될 수 있다. 누구에게나 억만장자가 될 수 있는 조건, 즉 '머리'가 있기 때문이다. 하지만 안타깝게도 많은 사람들이 더 이상 생각하려고 하지 않는다.

광고계의 대가 레오 버넷은 이렇게 말했다.

"가장 두려운 일은 우리의 두뇌가 비만증에 걸리는 것이다. 머릿속이 아무런 생각 없이 비계로만 가득 차 있다면 결국 파멸할 것이다."

창의적으로 생각할 수 없다면 두뇌가 죽어 있는 것과 무엇이 다를까. 창의적인 생각을 포기한 이들의 머릿속은 뛰어난 창의력을 가진 사람들이 생각을 마음껏 펼칠 운동장에 불과하다. 이들은 자신만의 생각이 없기 때문에 그저 남들이 하는 대로 유행을 따라갈 뿐이다. 이런 사람들이 세상을 지배한다면 인류 사회의 발전은 더 이상 기대할 수 없다.

인생에서 가장 괴로운 때가 언제일까? 어떤 일을 했는데 아무런 수확이 없을 때? 아니다. 어떤 일을 생각만 하고 있었는데 그것을 다른 사람이 실천해 큰 성공을 거두었을 때다. 다른 사람의 성공을 보는 것은 배 아픈 일이다. 왜 저들은 자신이 원하는 인생의 목표를 실현했는데 나는 늘 제자리일까? 사실 당신에게도 무수히 많은 성공의 기회가 있었다. 하지만 그것을 깨닫지 못하고 있다가 다른 사람이 그 기회를 이용해 성공하자 그제야 뼈저리게 후회할 뿐이다. 성공한 사람들이 손에 꼽히는 이유는 창의적으로 생각하는 이들이 적고, 그것을 실천에 옮기는 사람은 더 적기 때문이다.

성공한 이들의 사례를 보면서 이런 말을 해본 적 있으리라.

"실천하지 않았을 뿐 나도 저런 생각을 했어."

그렇다. 실천하지 않았기 때문에 당신은 지금까지 성공하지 못했다. 성공한 이들에게는 한 가지 공통점이 있다. 자신만의 독특한 사고방식으로 사람들의 삶을 변화시킨다는 것이다. 이들은 창의력을 생활의 요소와 연결 짓고 이를 실천에 옮겨 많은 사람들에게 편리함을 제공한다.

사실 창의력은 주변의 모든 것에서 발휘된다. 코카콜라 병처럼 말이다. 당시 많은 사람들이 주름치마를 입은 여자를 숱하게 보았지만 거기에서 병 디자인을 연상해낸 사람은 오직 알렉산더 사무엘슨밖에 없었다. 성공은 그런 것이다. 생각한 다음 반드시 실천에 옮겨야 결과를 얻는다. 아무런 생각조차 들지 않는다면 아직 성공으로 가는 길이 멀었음을 의미한다.

그런데 모든 창의적인 사고가 부를 창조할까? 심혈을 기울여 발명품을 만들었는데 아무도 그것을 사려고 하지 않을 수도 있고, 뛰어난 재능을 갖고 시를 쓰고 그림을 그렸는데 이 또한 아무런 보상을 가져다주지 못할 수도 있다. 하지만 이것은 창의적인 사고와 시장성이 얼마나 연관되어 있느냐에 관한 문제일 뿐이다. 당장 큰 이익을 가져다주지 않는다고 해서 창의적인 사고를 포기해서는 안 된다.

레오 버넷은 이런 명언을 남겼다.

"하늘의 별을 잡으려면 손을 뻗어라. 별을 하나도 잡지 못할 수도 있지만 결코 땅의 진흙을 움켜쥐는 일도 없을 것이다."

당장 돈을 벌 수 없다고 초조해할 이유는 없다. 당신이 창의적인 사고와 시장성을 결합할 능력이 생기면 돈은 저절로 따라올 테니 말이다.

Chapter 03

왜 그렇게 애써도
성공하지 못할까

세상을 바꾼 '게으른 개미'들

중국에는 '부지런함이 재능을 보완한다'와 '능력이 모자란 사람이
남들에게 뒤질까 봐 먼저 행동한다'는 뜻의 '둔한 새가 먼저 난다'라
는 말이 있다. 실제로 많은 사람들이 이런 격언에 따라 열심히 노력
하며 살아가고 있다.

그런데 하루 종일 쉴 새 없이 땀 흘려 일해도 생활은 여전히 빠듯
하고 도무지 경치 좋은 곳에서 휴가를 즐길 여유가 생기지 않는다.
우리는 몇 년을 하루처럼, 심지어 몇 십 년을 하루처럼 바쁘게 보내
지만 이렇게 해서 무엇을 얻었는가. 매일같이 바쁘고 정신없이 살았

75

는데도 제자리에 머물러 있다면 매일 헛고생을 했다는 뜻이다. 이런 생각이 들었을 때는 하던 일을 멈추고 내가 도대체 무엇을 위해 이렇게 바쁘게 살고 있는지 자신에게 물어봐야 한다.

일본 홋카이도대학교의 진화생물연구팀은 90마리의 개미를 세 조로 나누어 관찰하는 실험을 했다. 그런데 개미들은 대부분 하루 종일 먹이를 찾거나 먹이를 운반하면서 부지런히 보내는데 몇몇 개미들은 게으르게 아무것도 하지 않은 채 이리저리 주변만 살필 뿐이었다. 연구진은 이 개미들에게 특별한 표시를 해두었다.

이어서 연구팀은 개미들의 주요 먹이 공급처를 차단했다. 그러자 부지런히 먹이를 찾고 실어 나르던 개미들은 불안해하며 어쩔 줄을 몰라 했다. 그런데 그때 연구진이 표시를 해두었던 개미들이 나와 다른 개미들을 이끌고 또 다른 먹이를 찾아갔다. 알고 보니 게으르게 아무것도 하지 않는 것처럼 보였던 개미들은 끊임없이 먹이를 찾고 관찰하고 있었다. 개미들은 게으른 개미들의 관찰력 덕분에 먹이 공급이 중단된 후에도 새로운 먹이를 찾아갈 수 있었다. 이 개미들은 먹이를 운반하는 데는 게을렀을지 모르지만 먹이가 있는 목표 지점과 방향을 부지런히 생각하고 있었다.

사람도 이와 비슷하다. 80퍼센트의 사람들은 부지런한 개미들처럼 매일 쉬지 않고 일해도 부자가 되지 못하지만 20퍼센트의 사람들은 게으른 개미처럼 하루 종일 아무것도 하지 않고 먹고 마시며 놀면서 호화로운 집에서 외제차를 몰며 생활한다. 이 20퍼센트의 사람들은 대부분 각 분야의 최고 권위자들이거나 기업가, 세계적으로 유명한 배우 등 결코 평범하지 않은 인물들이다.

'80 대 20 법칙'이라고도 불리는 파레토의 법칙에서도 사회의 80 퍼센트에 달하는 부가 최종적으로는 20퍼센트의 사람들에게 흘러가며, 나머지 80퍼센트의 사람들은 20퍼센트의 부만 누릴 수 있다고 설명한다. 참으로 불공평한 현실이다. 이를 본 사람들은 왜 부지런히 일하는 사람들이 땀 흘려 일하지 않는 게으른 사람들을 먹여 살려야 하느냐고 분노할 것이다.

그러나 속단하기는 이르다. 사실 부지런한 80퍼센트가 게으른 20 퍼센트를 먹여 살린다는 것은 잘못된 생각이다. 오히려 게으른 20퍼센트가 그들의 창의력이 창조해낸 가치로 80퍼센트를 먹여 살린다. 게으른 20퍼센트가 없다면 80퍼센트는 아무리 부지런히 일해도 가난에서 벗어나기 힘들다. 게다가 20퍼센트의 현명한 리더들이 올바른 방향으로 이끌어주지 않는다면 80퍼센트는 하루 종일 바쁘게 일해도 성과를 제대로 내지 못할 것이다.

애플의 사례를 살펴보자. 스티브 잡스가 처음 회사를 떠날 때 애플의 상황은 어땠는가? 당시 애플은 파산 위기에 처해 있었고, 아무도 회사의 경영을 맡으려고 하지 않았다. 하지만 그가 다시 경영에 합류하면서 애플은 역사상 가장 위대한 기업으로 성장했고, 애플의 직원들은 예전보다 풍요로운 삶을 누리고 있다. 이는 스티브 잡스의 리더십과 직원들의 노력이 더해진 결과다.

이런 의미에서 본다면 이런 부의 분배 법칙은 굉장히 공평한 셈이다. 당신이 기업을 위해 얼마나 많은 가치를 창출해내느냐에 따라 당신이 얼마나 많은 보상을 받느냐가 결정된다. 그러므로 더 많은 보상을 얻고 싶다면 열심히만 할 것이 아니라 게으른 개미들처럼 생각의 힘으로 가치를 창조하고 자신의 인생을 변화시켜야 한다.

2014년《포브스》의 부자 순위에 스페인의 부호 아만시오 오르테가가 3위에 이름을 올렸다. 그런데 그는 사업을 홍보하거나 이름을 알리는 데는 게으른 사람이다. 대신 그는 성지를 순례하려고 나무 지팡이 하나만 들고 40도가 넘는 고온을 견디며 높은 산을 네 차례나 오르내렸으며, 순례자의 길이라고 불리는 산티아고를 다녀오기도 했다. 그가 네 차례나 성지순례를 다녀온 목적은 생명이란 무엇인지 답을 구하고 싶어서였다고 한다. 우습지 않은가. 거대한 비즈니스 왕국을 이끌어 가는 사람이 시인마냥 한가롭게 성지순례를 하고 다닌다니 말이다.

축구계의 외계인이라고 불리는 호나우지뉴는 여러 차례 마법 같은 슈팅으로 관중들을 흥분시켰다. 그런데 그는 그라운드에서는 부지런히 뛰어다니는 선수가 아니다. 대신 공이 상대편 골대 가까이 갔을 때 빛의 속도로 달려가 상대 선수가 미처 대비하기도 전에 골을 넣는다. 열심히 뛰지도 않는데 이런 축구선수가 세계 3대 축구신동으로 불리다니 신기하지 않은가.

비즈니스 세계거나 축구 경기라도 일반적인 논리에 따르면 그들은 남들보다 더 열심히 노력하고 뛰어야 맞다. 하지만 그들은 밤을 새워 일하는 것보다 생각의 힘을 키우는 것을 더 중요하게 생각하는 전형적인 '게으른 개미'였다. 흔히 남들보다 뒤처지지 않으려면 멈추지 말고 끊임없이 앞으로 나아가야 한다고 말한다. 그리고 실제로 많은 사람들이 이를 실천하고 있다.

하지만 생각해보자. 그렇게 해서 상황이 예전보다 많이 나아졌는가? 아니다. 오히려 앞만 보고 서둘러 달려가다가 가장 소중한 것을 잃어버리지는 않았는가. 당신의 사고능력을 말이다. 그렇다. 우리는 필요한 경우에는 멈춰서 생각을 정리하고 과연 나의 사고방식이 옳은지 점검해야 한다. 그렇게 해야만 문제의 본질을 제대로 파악하고 정확한 목표와 방향을 찾을 수 있다. 이것이 뒷받침되었을 때 부지런함은 성공의 과실로 보답한다.

그 어떤 사고능력도 뒷받침되지 않은 채 땀 흘려 일하기만 하면 성공은 점점 더 멀어질 뿐이다. 잘되는 사업은 뛰어난 전략을 바탕으로 시작되며 효과적인 메커니즘으로 완성된다. 전략과 메커니즘은 간과한 채 밤낮으로 뛰어다닌들 모두 헛수고일 뿐이다. 성공한 이들이 성공한 이유는 그들이 바쁘게 뛰어다녔기 때문이 아니라 오히려 차분하게 앉아 인생의 의미와 목표를 고찰했기 때문이다. 이것이야말로 성공하고 싶을 때 가장 먼저 해결해야 할 문제다. 이 문제에 명확한 답을 얻었을 때 성공으로 순조롭게 전진할 수 있다.

게으른 사람이 반드시 어리석고 바보 같은 것은 아니다. 오히려 게으른 사람들 중에 총명한 사람들이 더 많은 편이다. 그들은 가장 간단하고 효과적인 사고방식으로 문제를 해결한다. 그러므로 아무것도 하지 않는 것처럼 보여도 사실은 문제를 해결하려고 끊임없이 머리를 움직이고 있다. 바둑대회를 생각해보면 이해하기 쉽다. 선수들은

성공하는 사람들의 사고방식

몸을 꼼짝도 하지 않고 가만히 앉아 있지만 머릿속은 한바탕 치열한 전투가 벌어지고 있다. 정적인 듯 보이지만 사실은 세계대전을 방불케 하는 경쟁이 벌어지고 있다. 이마에 흐르는 땀방울은 그들이 끊임없이 두뇌를 움직이고 있다는 증거다.

그러므로 멈추지 않고 끊임없이 움직여야만 바쁜 것이 아니라 차를 마시고 유유자적한 와중에서도 바쁘다. 전자는 신체적인 분주함을 의미하고, 후자는 두뇌, 즉 내면의 분주함을 의미한다. 역사적으로 보면 내면적으로 분주한 사람들은 대부분 관리자의 역할이었고, 신체적으로 분주한 사람들은 관리를 받는 역할인 경우가 많았다. 당신이라면 어떤 역할을 맡고 싶겠는가.

아마도 많은 사람들이 관리자의 역할을 원할 것이다. 하지만 관리자라는 역할이 하고 싶다고 해서 저절로 할 수 있는 것은 아니다. 관리자가 되려면 사고방식의 전면적인 변화가 절실하다. 그러려면 다음의 방법을 참고하자.

첫째, 부지런한 개미인 동시에 게으른 개미가 되어라.

크게 성공한 사람들도 처음에는 모두 평범했다. 처음부터 게으른 개미인 사람이 성공하는 경우는 매우 적다. 대부분 부지런한 개미가 게으른 개미로 승급한 경우다. 유명한 기업의 리더들도 창업 초기에는 남들보다 두세 배 더 부지런히 뛰어다녔고 하루에 3시간 내지 5시간밖에 자지 않았다.

이때 그들은 부지런한 개미와 게으른 개미의 역할을 동시에 맡았다. 업무의 목표와 방향 등을 결정함과 동시에 세부적인 사항들을 직접 처리한 것이다. 빌 게이츠 또한 마이크로소프트를 창업했을 당시에는 프로그램을 직접 만들어야 했다.

최근 인터넷에서 유행하는 말 중에 이런 것이 있다.

'할아버지도 원래는 손자였다.'

오로지 자신의 힘으로 회사를 세운 창업자들은 초기에는 모두 어려운 과정을 거친다. 처음부터 수고와 노력도 기울이지 않는 사람은 전반적인 업무 흐름을 파악하기 힘들고, 회사의 제도와 규칙을 세우는 데 어려움을 겪을 뿐만 아니라, 직원들을 올바로 지도할 수 없다. 회사가 어느 정도 안정궤도에 진입하고 나면 그들은 그제야 게으른 개미가 된다. 시기가 무르익었을 때는 과감히 게으른 개미로 사고방식을 전환해야 한다. 그렇지 않고 창업 초기처럼 모든 일을 도맡아 하려고 하면 사업을 크게 키울 수 없다.

둘째, 언제나 호기심 가득한 눈으로 세상을 보고, 생각의 힘으로 문제를 해결하라.

호기심은 성공의 문을 여는 열쇠다. 세상에 적응하려면 늘 세상의 변화에 주목해야 하고 그러려면 언제나 호기심을 가져야 한다. 특히 오늘날처럼 인터넷이 발달하고 빠르게 변화하는 시대에는 어린 아이처럼 호기심이 강해야만 문제를 읽고 해결 방법을 찾을 수 있다. 생각의 힘으로 최적의 문제 해결 방법을 찾을 수 있다면 이런 능력이 당신을 억만장자로 만들어줄 것이다. 성공은 생각하는 것만큼 어렵고 복잡한 것이 아니라 우연 속에서 이루어지는 경우가 더 많다.

최적의 문제 해결 방법을 찾으려면 게으른 개미가 되어야 한다. 세상의 위대한 발명은 대부분 게으른 사람들에 의해 창조되었다. 프랑스의 만년필 생산회사 워터맨에서 처음으로 만년필을 개발했을 때는 만년필 뚜껑을 나사를 돌리듯 몇 바퀴씩 돌려서 열고 닫아야 했다. 그런데 이 작업이 귀찮았던 게으른 누군가가 촘촘한 나사산을 세 줄의 단순한 형태로 바꿔 이전보다 훨씬 간편하게 뚜껑을 여닫도록 만들었다. 하지만 이것이 끝이 아니다. 훗날 파커의 만년필은 한층 더 게을러져 나사산을 아예 없애버리고 간단히 누르는 작업만으로 뚜껑이 고정되도록 만들었다. 이것이 게으른 생각의 가치다. 지금까지 게으른 사람들의 성공은 우리 생활을 더 편리하게 만들어주었다.

게으른 생각들은 불필요한 부지런함에서 벗어나게 해준다. 계단을 오르내리고 걷는 것이 귀찮았기 때문에 엘리베이터·자동차·기차·비행기가 발명되었고, 집에서 밥을 해먹기 번거로웠기 때문에 패스트푸드체인이 만들어졌다. 당신이 굉장히 부지런한 사람이라면 혹시 지금 불필요하게 부지런한 것은 아닌지, 조금 더 게으른 방법으로 문제를 해결할 수는 없는지 생각해보길 바란다.

셋째, 인터넷 검색으로 문제를 해결하는 방법을 찾지 마라.

오늘날 우리는 생각의 많은 부분을 인터넷에 의존할 수밖에 없다. 하지만 최선의 해결 방법은 인터넷이 아니라 당신의 머릿속에 있다는 사실을 반드시 명심해야 한다. 구글은 정보를 제공하고 생각의 방향을 일러줄 수는 있지만 완전한 해답을 제공해주지는 못한다.

혹시 비슷한 답이 있더라도 당신이 처한 구체적인 상황과는 맞지 않을 수 있다. 그러므로 어떤 문제에 직면했을 때 인터넷으로 검색부터 할 일이 아니라 문제의 본질이 무엇인지, 어떻게 하면 원만하게 해결할지 생각해야 한다. 먼저 생각의 방향을 잡은 후 인터넷을 검색해도 늦지 않다. 이런 방법대로라면 당신에게 가장 적합한 해결 방법을 찾을 수 있다.

어떻게 단점이 장점으로 바뀔 수 있을까

누구나 성공하고 싶어 한다. 그러나 크나큰 이상에 비해 현실은 비참하고 각종 제약에 발이 묶여 마음먹은 대로 되지 않기 일쑤다. '나는 너무 못생겼어', '영어를 너무 못해', '우리 집은 가난해'……. 사람들은 이런 말을 입에 달고 산다. 하지만 아무리 가진 것이 없다고 해도 희망이 전혀 없다는 의미는 아니다. 사실 사람들이 말하는 이런저런 단점들은 모두 핑계일 뿐이다.

조물주가 바다를 만들었을 때, 바다 속이 너무 황량한 것을 보고 각종 물고기를 창조했다. 물고기는 유선형의 몸에 유연한 지느러미와 부레를 처음부터 지니고 태어나게 만들어졌다. 부레 덕분에 물고기들은 물속에서 자유롭게 움직이고 가만히 서서 휴식을 취할 수 있었다.

물고기들은 기뻐하며 부레가 굉장히 유용한 것이라고 생각했다. 그런데 조물주는 깜박하고 상어에게 부레를 달아주지 않았다. 조물주는 부레를 달아주려고 찾았지만 어디로 튈지 모르는 상어는 아무리 찾아도 모습을 드러내지 않았다. 조물주는 이렇게 생각했다.

'마음대로 해봐라. 부레가 없는 물고기는 바다의 약자가 되어 언젠가 멸종하고 말 거야.'

부레가 없는 물고기는 일단 헤엄을 멈추면 깊은 물속으로 가라앉아야만 하고 결국 죽고 만다. 그래서 조물주는 상어가 바다 속에서 오래 살지 못하리라 생각했다.

오랜 시간이 흐른 뒤, 조물주는 바다 속 물고기들이 어떻게 살고 있는지 궁금했다. 그런데 조물주를 만난 물고기들은 너도나도 자신이 상어에게 위협받고 있다고 말했다. 그때 사나운 상어 떼가 빠르게 헤엄쳐 왔고 물고기들은 서둘러 어디론가 숨어버렸다. 조물주는 깜짝 놀랐다. 어찌된 일인지 상어는 바다에서 가장 사나운 물고기가 되어 있었다.

상어가 말했다.

"우리는 부레가 없기 때문에 헤엄을 멈추면 물속에 가라앉아 죽고 말아요. 그래서 지난 수천만 년 동안 한순간도 멈추지 않고 헤엄을 쳤어요. 운명과 싸우는 것이 우리의 생존방식이랍니다."

오늘날 우리가 살고 있는 세상은 바다 속 같고, 당신은 부레가 없는 물고기다. 이런 상황에서 당신은 어떻게 해야 할까? 깊은 바다 속으로 가라앉을 것인가, 아니면 용기 있게 싸워볼 텐가. 어떤 것이 정답인지는 잘 알 것이다. 아무리 큰 단점이 있더라도 그것이 당신을 무너지게 할 수는 없다. 자신의 능력을 충분히 발휘한다면 단점을 장점으로 승화시키고 이루고 싶은 꿈도 실현할 수 있다.

자신의 단점을 인정하는 것은 인생에 치명적인 약점이 되지 않는다. 내면의 나약함과 비겁함이야말로 가장 큰 약점이다. 수많은 단점들이 사실은 당신의 잘못된 사고방식으로 만들어진다. 그러므로 생각을 바꾸면 단점 역시 사라진다. 설령 당신에게 정말로 선천적인 문제가 있더라도 삶조차 무의미한 것은 아니다. 생각을 바꿔 단점을 장점으로 승화시키고 자신의 뛰어난 면을 찾아낸다면 인생은 성공으로 이어진다.

미국《포브스》에 실리는 억만장자들을 보면 결손가정에서 태어난 경우가 대부분이다. 하지만 그들은 좌절하지 않고 오히려 자신의 장점을 크게 부각시키려고 노력했다. 단점은 오히려 그들의 승부욕을 불러일으켜 세계적인 성공을 거두게 했다. 미국에서는 이를 두고 '아메리칸 드림'이라고 한다. 즉 당신이 가난하거나 아니면 돈이 많거나, 건강하거나 장애가 있더라도 지혜와 노력만 있으면 운명을 바꿀 수 있다는 의미다. 설령 오늘 당신이 거리에서 구걸하는 거지 신세일지라도 생각을 바꾸고 현실을 변화시키겠다고 결심한다면 내일은 억만장자, 심지어 미국의 대통령이 될 수도 있다.

1984년 대통령 연임 경선에 출마한 로널드 레이건 대통령을 두고 사람들은 나이가 너무 많지 않느냐는 걱정을 내놓았다. 그러나 그는 자신의 나이가 많음을 스스로 인정하고 상대편 후보인 월터 먼데일과의 토론회장에서 이렇게 말했다.

"나는 나이가 많다는 이유로 당신에게 어떤 의견을 강요하지 않는다는 사실을 알아두길 바라오. 그것은 내가 경선에서 이기려고 당신을 '나이가 어리다' 혹은 '경험이 부족하다'라고 비판하지 않는 것과 마찬가지요."

자신의 단점을 과감하게 드러낸 이 연설로 레이건 대통령은 많은 미국 국민들로부터 지지를 받았고 연임에 성공했다.

나이가 많다는 것은 단점이 될 수 없다. 반면에 나이가 많아 경험이 풍부하다는 것은 장점이 된다. 이 세상의 모든 것은 양면성을 지닌다. 당신이 무엇인가를 잃는다면 새롭게 얻는 것이 있다. 신은 공평하다. 장점이나 단점도 우리가 그것을 어떻게 바라보느냐가 중요하다. 시각장애인은 보지 못한다는 단점이 있지만 대신 남들보다 귀가 밝다. 이런 장점을 살려 노력한다면 장애를 딛고 위대한 업적을 이룰 수 있다. 시각장애인이 특수요원이 된 내용을 담고 있는 영화도 있다. 그는 적의 무전을 잡아내는 일을 맡았는데, 뛰어난 청력으로 무수히 많은 정보를 얻어냈고 전쟁을 승리로 이끌었다. 비록 한 번도 총을 잡아본 적은 없지만 사람들은 그를 전쟁영웅으로 추대했다. 그는 혼자서 천만군대보다 훨씬 대단한 일을 해냈다.

이처럼 한 사람이 어떤 인생을 살 것인지는 그가 가진 단점이나 장점으로 결정되는 것이 아니라 자신이 가진 능력을 어떻게 발휘하느냐, 올바른 사고방식을 가졌느냐에 달려 있다.

사람뿐만이 아니다. 인류의 산업이 발전하는 동안 일부 광고업계 종사자들은 단점을 장점으로 바꾸는 지혜를 발휘했다. 그들은 포장만 잘한다면 상품의 조그만 단점은 충분히 덮을 수 있으리라 생각했

나만의 무기

고 정말로 그랬다.

50년 전, 광고회사 DDB는 굉장히 까다로운 광고를 맡았는데, 독일 폭스바겐의 비틀자동차를 미국 시장에 홍보하는 것이었다. 당시 미국 사람들은 대부분 대형 자동차를 선호했기 때문에 비틀자동차는 시장성이 높지 않아 보였다. 하지만 광고가 나가고 한 달도 되지 않아 시장성이 없어 보였던 비틀은 베스트셀러 자동차가 되었다. 무슨 일이 있었던 것일까?

비틀자동차의 성공은 DDB의 광고 전략에 있었다. DDB는 비틀의 '우스꽝스러운' 외관이 사람들의 관심을 끌지 못할 것이라는 사실을 잘 알고 있었다. 그래서 생각을 뒤집어 오히려 소비자들에게 먼저 단점을 드러내는 방법을 채택했다. 그들은 딱정벌레를 등장시켜, 외관은 우스꽝스럽지만 그럴수록 내구성이 뛰어나다고 광고했다. 비틀자동차는 외관은 딱정벌레를 닮았지만 실제로 각종 험한 도로에서의 주행도 문제없고 수명도 길었다. 이처럼 단점을 당당하게 드러낸 광고로 사람들은 그 차를 신뢰했다. 비틀자동차가 지닌 경제성, 연비 등에 관한 장점을 굳게 믿은 것이다.

세상에 완벽한 사람은 없다. 마찬가지로 아무런 단점도 없이 완벽하기만 한 상품은 없다. 그들은 비틀자동차를 자세히 분석한 뒤 그것이 지닌 단점을 새로운 관점으로 바라보고 기획안을 만들었다. 이렇게 만들어진 광고는 사람들의 마음을 움직이기에 충분했다.

효과적인 광고는 상품의 특징을 부풀리거나 경쟁 상품을 비판하는 것이 아니라 단점을 솔직하게 인정하고 창의적인 생각으로 고객들이

상품이 지닌 장점으로 눈을 돌리게 하는 것이다. 이런 광고는 용기 있게 자신의 단점을 보여주고 장점을 효과적으로 드러냈다는 점에서 극찬을 받는다. 장점을 선전하는 것은 쉽지만 단점을 숨기지 않고 드러내는 것은 큰 용기가 필요하다. 반대로 숨기려고 할수록 의심을 사기 쉽다.

17세기 프랑스 작가 라 로슈푸코는 이렇게 말했다.

"자신의 작은 단점을 인정하는 것은 큰 단점이 없다는 사실을 믿게 하기 위함이다."

상품의 우수한 점만 광고하면 좋은 이미지를 남기겠지만 지나치게 장점만 강조하면 소비자들의 의심을 사고 신뢰도가 오히려 낮아진다. 이와는 달리 단점을 당당하게 드러내는 광고 방식이 소비자들의 신뢰를 얻는다.

많은 사람들이 자신의 진짜 모습과 마주하기를 두려워한다. 치아가 못생긴 사람은 말을 할 때마다 입을 가리는데 그런 행동이 오히려 사람들의 관심을 더 불러일으킨다. 왜 숨기려고만 하는가. 신체의 작은 결함에 집착한다면 어떻게 큰일을 하겠는가. 자신의 단점을 당당하게 받아들이는 것이 성공으로 가는 첫걸음이다.

자신의 단점을 받아들였다면 다음으로 할 일은 단점 이면에 숨어 있는 장점을 살리는 일이다. 당신은 아널드 슈워제네거처럼 근육질이지는 않지만 국어 실력이 훨씬 뛰어나고, 호날두처럼 축구를 잘하지는 않지만 그림을 잘 그린다. 또 오바마 대통령보다 뛰어나지는 않지만 피부는 더 하얗고, 스티브 잡스처럼 아이폰을 만들지 못해도 아직 이 세상에 살아 있지 않은가. 자신의 장점은 언제든지 찾을 수 있다.

장점과 단점은 어떻게 보느냐에 따라 다른 효과를 낸다. 그러므로 생각을 바꿔 단점을 장점으로 승화시킨다면 위대한 성공은 아닐지라도 자신의 새로운 모습과 마주할 수 있다.

단점이라고 하는 것은 당신의 잘못된 생각에서 비롯된 것뿐이다. 긍정적으로 생각하고 단점을 적절하게 활용하면 충분히 장점으로 바꿀 수 있다. 흙이 벽을 만드는 데만 사용되는 것은 아니다. 흙으로 도자기를 만들 수도 있고 예쁜 화병을 만들 수도 있다. 왜 벽이 되지 못했는지에만 집착하는가. 자신의 단점을 하늘 탓으로, 가정과 사회 탓으로 돌리려고 하지 마라. 당신이 생각을 바꾸고 노력한다면 단점은 장점이 되고 인생의 변화를 경험할 것이다.

실수가 만들고 실수에서 찾아낸 역사

이 세상에 실수를 좋아할 사람은 없지만, 한 번도 실수하지 않는 사람도 없다. 그런데 실수를 하면 지금까지의 노력이 모두 허사로 돌아갈 뿐만 아니라 다른 사람들로부터 비웃음을 사고 만다. 그러나 실수하지 않으려고 아무것도 하지 않을 수는 없다. 물론 많은 일을 시도할수록 더 많이 실수하겠지만, 아무것도 시도하지 않는다면 살아 있는 송장과 무엇이 다르겠는가.

실수를 두려워할 이유는 없다. 실수는 도전을 의미하기 때문이다. 실수는 인생에 중요한 변화가 일어나고 있다는 증거이며, 머지않아 엄청난 부와 성공을 누릴 수 있음을 의미한다. 모든 성공은 실수를 거쳐 성장하며 심지어 실수 속에서 우연한 기회를 찾아내기도 한다. 인생은 원래 변화무쌍하다. 실수하더라도 끊임없이 도전하는 사람들은 성공 확률이 아주 적은 일에서도 기적을 일궈낸다. 독일에는 이런 속담이 있다.

'과거의 실수는 미래의 지혜와 성공이다.'

사실 운이 좋다면 실수에서 의외의 수확을 얻을 수도 있다. 실수를 거쳐 성공한 두 명의 과학자의 이야기를 살펴보자.

영국의 세균학자 알렉산더 플레밍은 어느 날 실험을 채 마치지 않은 세균배양기를 책상에 그대로 올려놓은 채 휴가를 떠났다. 그것도 뚜껑을 덮지 않고서 말이다. 휴가를 다녀온 그는 세균들이 여기저기 번식해 있는 것을 보았다. 그런데 유일하게 외부에서 유입된 알 수 없는 물질이 묻어 있었던 곳에서는 세균이 번식하지 않았고 오히려 주변 세균들까지 죽어 있었다. 그는 후속 연구로 이 알 수 없는 물질이 페니실린이라는 사실을 밝혀냈다. 이것으로 그는 노벨의학상을 수상했고, 이후 페니실린은 항생제로 사용되어 수많은 사람들의 목숨을 구했다.

토머스 애덤스는 남미에서 서식하는 나무의 수액인 치클을 이용해 고무를 대체할 물질을 만들고 싶어 했다. 그러나 몇 번의 실험이 실패로 끝난 뒤 낙심한 그는 화난 마음에 치클을 한 움큼 집어 입속에 넣었다. 그런데 의외로 맛이 괜찮은 것 아닌가. 이렇게 해서 세계 최초의 껌이 탄생했다.

많은 일이 그렇다. 일부러 찾아서 하려고 하면 잘 안 되다가 무심코 한 일에서 의외의 수확을 얻는다. 특히 과학계에서는 페니실린이나 껌과 같은 사례가 비일비재하다. 사카린·고무타이어·편의점 등이 모두 우연을 주의 깊게 관찰해서 만들어진 것들이다. 일본의 화학자 다나카 고이치는 노벨화학상을 수상하며 이렇게 외쳤다.

"실패는 성공의 어머니입니다!"

그 역시 실수를 저질러 수습하던 중에 레이저를 흡수하는 물질을 발견했던 것이다.

어째서 정해진 규칙을 착실히 따르고 열심히 노력하는 사람은 위대한 발명을 하기 어려울까? 성공은 남이 하는 대로 따라 해서 얻는 것이 아니고, 무조건 열심히 한다고 해서 좋은 결과를 얻는 것도 아니다. 중요한 것은 적절한 때에 사고방식을 변화시키는 데에 있다. 그런데 일반적인 상황에서 사고방식을 전환하는 것은 어렵지만, 실수를 저질렀을 때는 새로운 시각으로 문제를 바라보고, 이로써 뜻하지 않은 것을 찾아낼 수 있다.

정말 놀라운 사실이 아닐 수 없다. 실수로 의외의 수확을 얻을 수 있다니. 누가 실수를 용납할 수 없다고 말하는가. 실수는 당연히 용서해야 할 뿐만 아니라 칭찬해야 마땅하다. 실수한 사람은 용감하게 도전한 죄밖에 없다. 물론 모든 도전은 법을 위반하지 않는 선에서 해야겠지만.

실수에도 장점이 있다. 이런 장점을 찾고 싶으면 실수를 두려워하지 말아야 한다. 신선한 게를 먹기 위해 손가락이 물릴 위험을 감수하는 것처럼 말이다. 평생 아무런 실수도 저지르지 않는 사람은 평범하고 의미 없는 인생을 살다 갈 뿐이다. 성공하려면 실수를 두려워하지 말고, 그것으로 경험을 쌓고 교훈을 얻어야 한다.

오늘날 전 세계 사람들의 사랑을 받고 있는 코카콜라도 사실은 실패의 산물이었다. 미국 애틀랜타 주에 존 펨버턴이라는 약사가 살고 있었다. 그는 마른 나무의 잎과 나무 알갱이를 원료로 여러 차례 실험을 거쳐 흥분 작용을 하는 각성제를 만들었는데, 이것이 세계 최초의 코카콜라다. 이처럼 코카콜라는 원래 건강보조식품이었는데 인지도가 낮아 찾는 사람이 적었고 판매량도 저조하기만 했다.

그러던 어느 날, 한 환자가 약국에 와서 두통을 호소하며 그가 발명한 약물을 찾았다. 약사는 서둘러 약물을 제조했다. 그런데 원래대로라면 이 약물은 물에 희석해서 마셔야 했지만 약사는 실수로 탄산수를 섞어버렸다. 그는 곧 자신의 실수를 깨달았지만 이미 환자가 약물을 모두 마신 후였다. 그런데 어쩔 줄 몰라 하는 약사와는 달리 환자의 반응은 의외였다. 그는 약이 아주 맛있었다며, 두통이 모두 사라진 것 같다고 말했다.

이 소식을 들은 펨버턴은 좋은 생각이 떠올랐다. 그는 약물에 일정한 양의 탄산수를 섞어 사람들에게 신비한 음료라고 홍보했다. 이렇게 해서 건강보조식품이었던 코카콜라는 일상적으로 마시는 음료수가 되었다. 그 이후 몇 대에 걸쳐 코카콜라는 전 세계 사람들이 모두

즐겨 마시는 음료가 되었고, 아무도 알려고 하지 않던 코카콜라의 제조 비결은 이제 회사의 일급비밀이 되었다.

영화나 드라마에 나올 법한 이야기지만 모두 사실이다.

왜 어떤 사람은 아무리 노력해도 성공하지 못하고 어떤 사람은 실수하고서도 성공할까? 이런 불만을 토로하는 사람들이 있으리라. 물론 모든 실수가 성공의 기반이 되는 것은 아니다. 그렇다면 어떤 차이 때문일까? 차이는 간단하다. 실수를 딛고 성공하는 사람들은 대부분 융통성 있고 유연한 사고방식을 가지고 있다. 이 방법이 안 될 것 같으면 곧장 다른 방법을 시도한다.

내가 수영을 못하는데 굳이 물에 뛰어들 필요가 있을까? 다른 방법을 찾으면 될 텐데 목숨을 걸 이유가 있을까? 성공한 사람들은 해결 방법을 찾을 때 사고능력을 적극 활용한다. 이들은 대부분 측면적 사고방식을 주로 사용하는데, 이는 우연한 사건이나 독특한 대상의 각도를 기반으로 생각하는 방식이다. 아울러 자신이 저지른 실수를 부정하기보다는 새로운 각도에서 관찰하고 연구해 개선하려고 노력한다. 코카콜라가 건강보조식품으로는 인기가 없었지만 머리를 상쾌하게 해주는 신비한 음료라고 홍보해 세계 베스트셀러 음료가 된 것, 세균 배양을 연구하던 학자가 실수를 계기로 세균을 죽이는 물질을 찾은 것, 실패한 고무의 대체품이 껌으로 재탄생한 것 모두 우연 속에서 개선의 노력으로 이루어진 성공 사례다.

사람들은 어떤 일을 하더라도 시작하기 전에 일의 목표를 세운다. 하지만 진행 과정에서 목표가 비현실적이고 버겁게 느껴진다면 시각

성공하는 사람들의 사고방식

을 바꿔보는 건 어떨까. 정면이 아닌 측면에서 그 일을 자세히 관찰하다 보면 자신이 미처 알지 못한 부분이나 성공의 좋은 계기를 찾을 수도 있으니 말이다.

이와 관련된 이야기가 있다. 한 남자가 호숫가에서 낚시를 하고 있었는데 아무리 기다려도 물고기가 잡히지 않았다. 하지만 그는 포기하지 않고 하루 종일 한 자리에서 꼼짝도 하지 않고 수면을 응시하고 있었다. 그런데 정작 그는 알아채지 못했지만 그의 뒤편에는 한 무리의 산토끼들이 잠을 자고 있었다. 토끼들은 전혀 움직임이 없는 그를 나무로 착각하고 그의 주변에서 곤히 잠이 들었던 것이다. 그가 낚시를 멈추고 뒤를 돌아보았다면 물고기 대신 여러 마리의 토끼들을 사냥할 수 있었을 텐데 말이다. 하지만 그는 계속 낚시에만 빠져 있었다. 이것은 일반적으로 사람들이 한 가지 정해진 목표를 따라갈 때 목표와 상관없는 것들은 자동적으로 배제하기 때문에 생기는 현상이다. 그러나 이로 인해 더 큰 기회를 놓쳐버리기도 한다.

어떻게 하면 성공의 기회를 잡을 수 있을까? 그러려면 먼저 유연한 사고를 갖도록 연습해야 한다. 대부분 좋은 기회들은 아주 짧은 순간에 우연히 다가온다. 그 찰나를 포착하려면 뛰어난 직감으로 뇌를 깨우고 내면의 숨겨진 에너지를 이끌어내야 한다. 또한 예리한 관찰력을 키워야 기회가 왔을 때 기지를 발휘해 성공의 문을 열 수 있다.

유연한 사고를 키우는 기본 조건에는 다음과 같은 것들이 있다.

첫째, 광범위한 지식과 풍부한 경험이 있어야 한다. 모든 사업은 안정적인 기반을 필요로 한다. 충분한 자료 수집과 다년간의 연구와 경험이 뒷받침하지 못한다면 사업의 흐름과 내용을 심층적으로 이해하기가 힘들다. 그러므로 첫 번째 과제는 탄탄한 기반을 갖추는 것이다.

둘째, 관찰력, 연상능력, 상상력을 강화시켜야 한다. 예리한 관찰력은 대상의 세세한 부분에서도 기회를 포착하게 도와주고, 연상능력은 전혀 상관없어 보이는 것들 사이에서 연결고리를 찾게 해주며, 상상력은 창조의 문을 활짝 열어줌으로써 더 다채로운 세계로 안내해준다.

셋째, 매사에 긍정적이어야 한다. 부정적인 사고를 지닌 사람은 실패했을 때 문제를 객관적으로 보지 못하고 좌절감에 빠져 있기 쉽다. 한 심리학 연구 결과에 따르면 긍정적인 사람이 더 똑똑하고 성공할 확률이 높다고 한다.

넷째, 고정적인 사고에서 벗어나야 한다. 사람들은 대부분 매일 똑같은 방식으로 일하고 생활하는 것을 좋아하고 변화를 두려워한다. 그러나 사고방식만은 고정된 현실에서 벗어나야 한다. 그래야만 새로운 시각으로 문제를 바라보고 해결하는 방법을 찾을 수 있다.

다섯째, 언제 어디서라도 떠오르는 영감을 기록할 준비를 해야 한다. 영감은 전광석화처럼 단 몇 초간만 머릿속에 머무른다. 그러므로 이 순간에 기록해두지 않으면 영원히 기억하지 못한다.

다음은 영감을 불러일으키는 세 가지 방법이다.

첫째, 이야기하기.

때로는 누군가와 마주앉아 차를 마시며 이야기하는 중에 좋은 영감을 얻기도 한다. 또 여러 가지 주제로 대화를 나누다가 평소 고민하던 문제의 답을 찾기도 한다.

둘째, 깨우치기.

제임스 와트는 주전자에서 끓어오르는 증기를 보고 증기기관차의 원리를 깨우쳤다. 이처럼 우리 주변의 모든 것은 서로 아무런 관련이 없는 것 같아도 가만히 살펴보면 연관되어 있다. 어떤 일을 할 때 좋은 생각이 떠오르지 않으면 숲을 산책하거나 운동을 하면서 혹은 영화나 음악회의 한 장면에서 깨우침을 얻으려고 노력하는 것도 좋은 방법이다.

셋째, 상상하기.

그 어떤 제약도 두지 않고 당신의 사고가 자유롭게 상상하도록 내버려둬야 한다. 아무리 엉뚱한 생각들이라고 해도 그 속에 문제 해결의 묘안이 숨어 있을 수 있다.

실수로써 의외의 수확을 얻으려면 평소에 사고방식이 유연해지도록 훈련하고 착실하게 준비해야 한다. 우연처럼 보이는 발명과 성공도 알고 보면 필연적인 요소가 숨어 있다. 그러므로 성공하고 싶다면 기회가 찾아오기만 기다리고 있을 것이 아니라 자신이 나아가고자 하는 목표를 정하고 한 걸음씩 전진하며 준비하고 있어야 한다.

경쟁에서
상 대 를
제압하는
방   법

이익이 존재하는 곳에는 늘 다툼도 있으며, 다툼에는 보이지 않는 경쟁이 존재한다.
이익을 둘러싼 다툼에 휘말렸을 때, 어떻게 상대를 제압할 수 있을까?

그들은 다르게 보고, 규칙을 좋아하지 않습니다. 현실에 안주하지도 않습니다.
그들을 비난할 수도 있습니다. 하지만 우리가 할 수 없는 한 가지가 있습니다.
결코 그들을 무시할 수 없다는 사실입니다. 그들은 세상을 바꾸기 때문입니다.
어떤 이들은 그들을 미친 사람으로 보지만 우리는 그들에게서 천재성을 봅니다.
세상을 바꿀 수 있다고 생각할 정도로 미친 사람이야말로 세상을 바꿀 수 있기 때문입니다.

-애플의 광고 문구 중

그들에게 여전한
사고의 약점

지금도 여전히 현실에 안주하고 있다면

　세상에는 여전히 생활고에서 벗어나지 못해 허덕이는 이들이 굉장히 많다. 그러나 이에 비해 특정 소수의 사람들은 하는 일마다 술술 풀리고 날마다 승승장구한다. 정말 불공평한 현상이 아닐 수 없다. 일반인들은 이런 현상이 도저히 이해되지 않고 질투가 날 따름이다. 하지만 성공한 사람들이 가진 사고의 세계를 들여다보면 진실을 알 수 있다.

　한 사람의 운명을 결정하는 가장 큰 요소는 사고방식이다. 사람들은 대부분 매일 똑같은 일상을 반복하는 것에 익숙해져 아주 조그만 변화도 쉽게 받아들이지 못한다. 설령 그 변화가 자신의 인생을 더 나은 방향으로 이끌어준다고 해도 한사코 마다한다. 이는 성공을 방해하는 타성적인 사고다.

세계적으로 큰 성공을 거둔 사람들을 살펴보면 그들은 결코 현실에 안주하지 않았다. 그들의 내면은 끊임없이 무엇인가를 갈망하며 더 좋은 방향으로 나아가도록 격려한다.

오바마 대통령은 현실에 안주하지 말고 다함께 변화해야 한다는 슬로건으로 미국 대통령에 당선되었고 연임에 성공했다.

2008년 초, 버락 오바마와 힐러리 클린턴의 선거운동이 한창 치열해졌을 무렵, 힐러리를 지지하던 흑인 엔터테인먼트 케이블 방송국 BET의 창립자 밥 존슨은 오바마를 다음과 같이 비난했다.

"클린턴 대통령과 힐러리 여사가 흑인사업에 온 힘을 쏟아 붓고 있던 그때 오바마는 술과 마약에 빠져 있었다."

오바마 대통령은 자신의 자서전에서도 일찍이 술과 마약에 빠져 살았던 과거를 숨기지 않고 드러냈다. 그는 자서전 《내 아버지로부터의 꿈》에서 이렇게 서술했다.

'나는 10대에 마약 중독자였다. 당시 나는 절망에 빠져 있는 다른 흑인 청소년과 마찬가지로 살아야 할 의미가 무엇인지 몰랐다.'

그는 대마초와 코카인에 중독되어 있었고 늘 술에 빠져 살았다.

'이런 것들이 당시 내 앞에 닥친 문제들을 해결해주리라 생각했다. 나는 그때 어디로 가야 할지 몰라 방황하며 바보 같은 짓을 정말 많이 했다. 학교에서 나는 선생님들의 골칫거리였고, 다들 나를 어떻게 하면 좋을지 몰랐다.'

하지만 방황은 그리 오래 가지 않았다. 어느 정도의 시간이 흐르자 그는 자신이 흑인, 정확하게는 아프리카계 미국인이라는 사실을 인정했다. 그리고 더 이상 현실에 안주하지 않고 세상을 변화시키리라 결심한다. 그는 흑인인권운동을 펼친 마틴 루터 킹 목사가 남긴 유명한 말에서 용기를 얻기도 했다.

"신은 자신의 모습에 따라 흑인을 만드셨다."

검은 피부라는 열등감이 그의 성공하고자 하는 욕망을 자극했는지는 몰라도 그는 박사에서 교수로, 주 의원에서 국회의원으로 한 단계씩 성취해갔고 최종적으로 가장 높은 목표에 도전하기로 한다. 미국 최초의 흑인 대통령이 되기로 한 것이다. 그리고 그는 마침내 자신의 꿈을 이루었다.

현실에 안주하지 않으려는 생각은 강한 생명력을 가진 씨앗과도 같다. 마음속에 이 씨앗을 심는다면 분명히 커다란 나무로 성장할 것이다. 인생의 성공은 이처럼 씨앗을 심는 것으로 시작된다. 왜 80퍼센트가 넘는 사람들이 그저 그런 인생에서 벗어나지 못하는 것일까? 정답은 간단하다. 그저 그런 현실에 계속 안주하려는 생각 때문이다. 반면에 나머지 20퍼센트의 사람들은 현실에 안주하려는 생각을 버리고 그 어떤 어려움이 있어도 맞서 싸우며 자신의 인생을 앞으로 끌고 나간다.

현실에 안주하지 말자. 이는 여러 대기업의 사훈이기도 하다. 중국 완커그룹의 이사회 의장 왕스 역시 현실에 안주하지 않는 사람이다. 그는 가장 좋아하는 책으로《적과 흑》을 꼽으며 이렇게 말했다.

경쟁에서 상대를 제압하는 방법

"내게 가장 많은 영향을 준 인물은 스탕달의 소설 《적과 흑》에 나오는 주인공 쥘리앵 소렐이다. 그는 가난한 목수의 아들로 태어났지만 현실에 안주하지 않고 자신의 능력을 바탕으로 끊임없이 노력하는 모습을 보여주었다."

왕스는 등산을 좋아해서 세계 각지의 유명한 산들은 모두 올랐을 정도다. 이 점 역시 현실에 안주하지 않고 만족을 모르는 내면이 구현된 것은 아닐까. 평범한 상인이 큰 기업을 이끄는 리더가 되려면 현실에 안주하지 않고 계속 높은 곳으로 용기 있게 나아가야 한다. 한 사람이 자신의 운명을 바꾸는 것 역시 자신을 둘러싼 현실의 온갖 속박과 제한을 이겨내고 새로운 세계를 창조할 수 있어야 한다.

스티브 잡스가 세상을 떠난 후 사람들은 그가 현실에 안주하지 않고 혁신을 두려워하지 않은 용기 있는 사람이었다고 평가했다. 누구나 살면서 크고 작은 난관에 부딪힌다. 이때 현실에 안주하지 않는 사람만이 어려움에서 벗어날 수 있다.

1997년, 애플의 '다르게 생각하라'라는 제목의 광고에는 이런 문구가 나온다.

'여기 미친 사람들이 있습니다. 그들은 부적응자, 혁명가, 문제아, 네모난 구멍에 끼워진 둥근 나사 같은 존재입니다. 하지만 그들은 다르게 보고, 규칙을 좋아하지 않습니다. 현실에 안주하는 것을 원하지도 않습니다. 우리는 그들을 찬양하거나 추어올릴 수도 있고 비난할 수도 있습니다. 하지만 우리가 할 수 없는 한 가지가 있습니다.

결코 그들을 무시할 수 없다는 사실입니다. 그들은 세상을 바꾸기 때문입니다. 그리고 인류를 진보시켜 왔습니다. 어떤 이들은 그들을 미친 사람으로 보지만 우리는 그들에게서 천재성을 봅니다. 자기들이 세상을 바꿀 수 있다고 생각할 정도로 미친 사람이야말로 세상을 바꿀 수 있기 때문입니다.'

이 광고는 스티브 잡스의 모습을 축약해 놓은 것 같다. 광고에서처럼 현실에 안주하지 않고 일반적인 논리를 깨뜨리는 것이 누군가에게는 미친 일처럼 보일 수도 있다. 하지만 이런 미친 행동이 없으면 어떻게 인생을 바꾸겠는가. 인생에는 끊임없는 자극이 필요하다.

의기소침하게 깊은 잠에 빠져 있기만 한다면 점점 삶의 의지와 행동능력을 상실할 것이다. 이런 현상이 오랫동안 이어지다 보면 사고능력마저 무력한 상태에 빠지고, 인생이 아무리 큰 위험에 처해도 감히 한 걸음도 앞으로 나아갈 수 없다. 만약 지금 당신의 사고능력이 무력한 상태라면 가능한 한 빨리 그런 상황에서 벗어나는 것이 좋다.

오바마·왕스·스티브 잡스를 비롯해 성공한 사람들의 특징을 분석해보면 그들은 모두 동적이고 개방적인 사고를 갖고 있었다. 동적인 사고란 모든 것이 끊임없이 움직이고 변화하며 발전하고 있다고 간주하고 그것들을 동적으로 바라보는 것을 의미한다. 오바마 대통령은 자신이 평생 문제아로 남을 것이라고 생각하지 않았다. 대신 사람의 생명은 계속 움직이고 있는 상태이므로 열심히 노력하면 인생을 바꿀 수 있다고 생각했다. 왕스 역시 인생은 계속 변화한다고 믿었고 여러 명산을 다니며 생명의 도전을 받아들였다. 스티브 잡스는 사람의 생명은 끊임없이 움직여야 한다는 생각을 바탕으로 자신의 인생뿐만 아니라 인류의 변화를 이끌었다.

동적인 사고를 발휘하려면 다음을 적극적으로 실천해야 한다. 첫째, 대상의 발전 가능성과 확률 등을 주의 깊게 살피고, 다양한 가능성 중에서 가장 유리한 것을 선택하며, 정확한 사고의 방향을 잡아야 한다. 둘째, 사고 과정에서 목표와 결과를 비교하며 피드백해야 한다.

당신이 어떤 사고방식을 갖느냐가 어떤 인생의 모습을 보여줄지를 결정한다. 일단 현실에 안주하겠다는 생각에서 벗어나면 완전히 새로운 자신을 만날 수 있다. 당신을 깊은 잠에서 깨우는 것은 알람시계가 아니라 현실에 안주하지 않겠다는 꿈이다.

고정관념으로 이기기를 꿈꾸지도 마라

고정관념은 인류가 공통적으로 갖고 있는 사고의 약점이다. 고정관념이 무엇인지 먼저 짧은 이야기 하나를 소개하겠다.

마이크라는 이름의 남자가 식당에 들어가서 수프를 주문했다. 얼마 후 웨이터가 주문한 수프를 가져왔다. 그런데 웨이터가 수프를 놓고 가려고 할 때 그가 웨이터에게 속삭였다.

"죄송하지만 이 수프를 저더러 마시라는 말입니까?"

그러자 웨이터는 주방으로 가서 새로 만든 수프를 가져왔다. 그러나 그는 이번에도 이렇게 말했다.

"죄송하지만 이 수프를 저더러 마시라는 말입니까?"

웨이터는 할 수 없이 매니저를 불렀고, 매니저는 그에게 정중하게 인사하며 말했다.

"손님, 이 수프는 저희 가게에서 인기 있는 수프입니다. 혹시 어떤 점이 마음에 들지 않으신지요?"

그러자 마이크가 대답했다.

"저는 단지 스푼을 달라는 것뿐이었는데요."

웨이터와 매니저는 왜 그가 원하는 것이 무엇인지 한눈에 알아차리지 못했을까? 고정관념으로 정형화된 사고 때문이다. 많은 사람들이 더 이상 성장하지 못하고 제자리에 머물러 있는 것도 고정관념에 발목이 잡혔기 때문이다. 그러므로 지금과는 다른 인생을 살고 싶거나 사업에 성공하고 싶다면 우선 고정관념의 덫에서 벗어나야 한다.

사고에 관한 연구 결과에 따르면 고정관념은 경험의 산물이라고 한다. 인간은 경험의 동물이므로 고정관념에서 자유로울 사람은 없다. A라는 상황에서 사람들이 어떻게 반응할지 미리 예상해보고 나중에 그 상황에 처했을 때 상응하는 행동을 취하는 것은 아주 편리한 방법이다. 이런 방법을 이용한다면 일상의 많은 일을 효과적으로 처리할 수 있다.

하지만 고정관념을 이용하는 방법이 늘 옳은 것은 아니다. 예를 들어, 나쁜 일이 생겼을 때 우리는 당사자를 배려해야 한다는 고정관념으로 그 일을 우선 숨기기에 급급하다. 그러다가 나중에 모든 사실이 밝혀지면 당사자에게 이렇게 말한다.

"네가 가슴 아파할까 봐 말하지 못했어."

하지만 당사자는 오히려 이렇게 말한다.

"네가 그 사실을 숨겼다는 사실이 더 슬프고 화가 나!"

가정에서도 이런 예를 찾을 수 있다.

스티브가 집을 나설 때면 어머니는 늘 이렇게 말한다.

"얘야, 외투를 잃어버리지 않게 조심하렴."

사실 스티브가 마지막으로 외투를 잃어버린 것은 여덟 살 때였는데, 37년이 지난 지금도 어머니의 눈에는 그가 외투를 잘 잃어버리는 아이로 보이는 것이다. 인간의 고정관념은 이토록 완고하다.

어느 날, 워싱턴이 말을 도둑맞았다. 그는 자신의 말을 이웃이 훔쳤다는 사실을 알아차리고는 경찰을 불러 함께 이웃의 농장으로 갔다. 워싱턴은 그곳에서 자신의 말을 찾았지만 이웃은 끝까지 그것이 훔친 말임을 인정하지 않았다. 말에 이름을 새겨 놓은 것도 아닌데 어떻게 한단 말인가.

다행히 워싱턴은 똑똑했다. 그는 좋은 생각이 떠올랐는지 얼른 말의 두 눈을 손으로 가리며 말했다.

"이 말이 정말 당신 말이라는 말이죠? 그렇다면 이 말의 어느 쪽 눈이 멀었는지 잘 알겠네요."

이웃이 당황했다. 그 말이 자신의 것이 아니었으니 어떻게 알겠는가. 하지만 기어코 이렇게 대답했다.

"오른쪽 눈입니다."

워싱턴이 오른쪽 눈에서 손을 뗐다. 하지만 말의 눈은 정상이었다. 그러자 이웃이 서둘러 말했다.

"죄송합니다, 제가 착각했군요. 왼쪽 눈입니다."

워싱턴이 왼쪽 눈에서 손을 뗐다. 그러나 이번에도 말의 눈은 정상이었다. 이웃은 얼굴이 빨개지며 이런저런 변명을 했지만 경찰이 딱 잘라 말했다.

"아무 말도 필요 없소. 방금 이 말이 당신 것이 아니라는 사실이 충분히 증명된 것 같군요."

얼마나 기발한 방법인가. 워싱턴은 사고의 약점을 이용해 함정을 만들었고 자신의 말을 되찾았다. 이웃과 얼굴을 붉히며 말다툼하는 것보다 훨씬 효과적인 방법이었다. 현명한 사람들은 고정관념의 함정에 빠지지 않고 이런 약점을 이용해 자신이 원하는 바를 이루어낸다.

사람들의 고정관념을 이용한 전략은 비즈니스 세계에서도 흔히 볼 수 있다.

옷가게에 들어갔을 때 점원이 당신에게 이렇게 묻는다.

"손님, 빨간색으로 보시겠습니까, 아니면 검은색으로 보시겠습니까? 여자 분이시니 빨간색으로 보여드릴까요?"

점심을 먹으러 들어간 식당에서 웨이터가 이렇게 묻는다.

"음료는 주스로 드릴까요, 아니면 맥주로 드릴까요? 낮이니까 주스로 드릴까요?"

이들은 사고방식의 약점을 교묘히 이용해 자신들이 계획한 바를 당신에게 주입시키고 더 많은 이윤을 얻으려고 한다. 대중들의 소비

경쟁에서 상대를 제압하는 방법

심리를 연구하는 학문에서 가장 중점적으로 다루는 것은 고정관념의 약점을 이용하는 방법이다.

기업의 신제품이 출시될 때 제품을 어느 위치에 배치할지, 어떤 제품 옆에 놓아둘지가 매우 중요하다. 예를 들어 기업에서 새로 출시한 음료수를 펩시콜라와 코카콜라 사이에 배치했다고 치자. 그러면 사람들은 이 음료가 펩시콜라나 코카콜라와 비슷한 종류의 음료라고 생각할 테고 비교적 쉽게 받아들인다. 하지만 사람들의 눈에 띄지 않는 구석자리에 저렴한 불량 음료들과 함께 배치한다면 이 음료의 품질이 아무리 우수해도 소비자들은 쉽게 구매하려고 하지 않는다.

고정관념을 이용한 전략은 비즈니스 세계에서뿐만 아니라 정치계에서도 자주 활용된다. 정치가들은 사고의 허점을 이용해 전략을 세우는 데 전문가들이다. 이들은 이 전략을 활용해 국민들의 지지를 얻고 정치목적을 실현한다.

조지 워커 부시 전 미국 대통령은 연임을 준비할 당시 고정관념을 이용한 전략을 세웠다. 대통령선거가 반년 정도 남았을 무렵부터 그는 민주당 후보 존 캐리를 공격하기 시작했다. 경선 후보들끼리 이렇게 빨리 치열한 공방을 벌인 것은 미국 대통령선거 역사에서도 흔하지 않은 일이었다.

그가 상대 후보를 선제공격한 까닭은 당시 미국 유권자들이 존 캐리를 아직 잘 모르고 있었기 때문에 미리 손을 써서 그의 이미지를 훼손하려는 의도였다. 부시의 정치 고문 칼 로브와 보좌관들은 계속해서 존 캐리의 약점을 찾아내기 시작했다.

유권자들은 대부분 매사추세츠 출신의 상원의원을 잘 알지 못했기 때문에 《뉴욕타임스》와 콜롬비아 방송국에서 실시한 여론조사에서 40퍼센트가 넘는 유권자들이 존 캐리를 지지해야 할지 잘 모르겠다고 대답했다. 이에 부시의 선거캠프에서는 존 캐리의 인지도가 낮을 때 고정관념이라는 약점을 이용해 그의 이미지를 실추시키기로 했다. 부시의 선거캠프에서는 선거 유세를 벌이며 존 캐리를 '나약하고 신념이 없는 사람', '테러전쟁을 이끌어 갈, 리더십 없는 사람'이라고 공격했다. 이밖에도 부시와 보좌관들은 존 캐리가 내세운 세금정책을 비판하기도 했다.

부시의 선거캠프는 이렇게 대대적인 홍보 활동을 펴기 위해 2천만 달러가 넘는 선거자금을 사용한 반면에 존 캐리는 고작 200만 달러를 사용했다.

그렇다면 사람들의 고정관념을 이용한 선거운동이 과연 효과가 있었을까? 효과는 대단했다. 선거 유세 기간 내내 존 캐리의 지지율은 급격히 하락했고 조지 부시의 지지율은 상승했다. 그리고 2004년 11월 3일, 부시는 연임에 성공하며 2005년 1월 20일 미국의 제55대 대통령에 임명되었다.

고정관념이 작용할 때 사람들이 한 가지 잊고 있는 또 다른 특성이 있다. 끊임없이 학습하고 변화하는 능력을 갖추고 있다는 것이다. 이 세상에는 영원히 변하지 않는 것은 없고, 어떤 일이라도 오직 한 가지 해결 방법만 있는 것은 아니다. 그러므로 주위 사람들과 대상을 바라보는 시각을 계속 바꿔야 한다.

'어제 당신은 이런 모습이었으니 오늘의 모습도 어제와 같을 것이다.'

당신은 열심히 노력해서 매일 발전하고 있는데 누군가 이렇게 선포 혹은 경고한다면 얼마나 좌절감을 느끼겠는가. 시간이 흐름에 따라 사람들은 누구나 조금씩 발전하므로 고정관념을 갖는 것은 옳지 않다.

고정관념을 연구한 심리학자 스키너는 이렇게 말했다.

"쥐들은 자신의 본능과 습관에 따라 주위의 자극에 상응하는 반응을 보이고, 인간은 자신의 신념에 따라 자극에 반응한다."

다시 말해 자극이 뇌에 전달되었을 때 사람들은 자신의 생각 체계에 따라 반응을 보인다는 뜻이다. 뇌에서는 기존에 있던 정보에 따라 자극을 판단하고 어떻게 행동해야 할지 선택한다. 그런데 사람들은 새로운 경험을 할 때마다 뇌에 저장된 기존의 생각이 변화한다. 그래서 같은 자극이라도 시기에 따라 다른 반응이 나타난다. 예를 들어, 화재 상황을 만났을 때 첫 번째에는 화재가 발생한 곳에서 곧장 대피하는 반응을 보였다면 두 번째에는 조금 더 현명하게 화재를 진압하는 반응을 보여주는 것처럼 말이다. 그러므로 한 가지 고정관념을 갖고 사람을 대하거나 일한다면 예상하지 못한 난관에 부딪히고 만다.

운명을 바꾸고 나만의 사업에 성공하고 싶다면 고정관념에 사로잡혀서는 안 된다. 고정관념이라는 사고의 약점을 이용해 다른 사람들을 자신이 원하는 방향으로 유도할 수는 있어도 자기 자신은 고정관념에서 벗어나야 한다. 그래야만 자기 자신과 타인 그리고 이 세상을 똑바로 인식할 수 있다. 사고의 장벽을 깨뜨리고 20퍼센트만이 갖고 있는 사고방식을 지닌다면 인생이나 사업에서도 크게 성공할 수 있다.

Chapter 02

진실과 거짓,
어떻게 가늠할까

진실이라고 본 그것은 알고 보면 거짓

눈에 보이는 것은 모두 진실이라고 믿는 사람들이 많다. 하지만 과
연 그럴까?

우리가 사는 세상에는 동전의 양면처럼 진실과 거짓이 공존한다.
그런데 진실과 거짓은 서로 뒤섞여 있을 때가 많아 그 경계를 구분하
기 힘들다. 진실이라고 생각한 것이 진실이 아닐 수도 있고, 거짓이라
고 생각한 것이 거짓이 아닐 수도 있다. 그러므로 눈에 보이는 것이
모두 진실이라고 믿는 것은 위험하다. 객관적인 시각을 유지하고 싶
다면 눈에 보이는 것은 모두 진실이라고 믿는 사고의 함정에서 벗어

나야 한다.

최근 하이테크놀로지 분야에서는 가상현실 기술이 주목받고 있다. 가상현실이란 기술을 이용해 3차원의 가상세계를 묘사하고 시각, 청각, 촉각 등을 자극해 살아 있는 것처럼 느끼게 하는 것이다. 이런 느낌은 모든 것이 허구이자 가상이지만 현실보다 더 현실로 느껴진다.

가상현실의 '현실'은 진실처럼 보이지만 사실은 현실세계에서 실현하기 어려운 것이나 실현할 수 없는 상황을 만들어낸 것이다. 만화영화 〈토이스토리〉에 등장하는 장난감들은 살아 있는 것처럼 묘사되지만 현실에서는 불가능한 일이다. 만약 이런 가상의 현실을 게임에 응용한다면 특수 장치를 활용해 가상현실 속으로 직접 들어갈 수도 있고 세상을 내 마음대로 조종하는 짜릿함을 맛볼 수도 있다.

남자라면 한 번쯤 월드 오브 워크래프트라는 게임을 해봤을 것이다. 월드 오브 워크래프트는 유명한 게임회사 블리자드 엔터테인먼트에서 제작한 온라인 역할 수행 게임이다. 이 게임은 블리자드 엔터테인먼트에서 제작한 실시간 전략게임 워크래프트의 줄거리를 바탕으로 여기에 나오는 역사적인 사건과 영웅들로 가상의 세계를 만들었다. 게이머들은 월드 오브 워크래프트를 통해 모험에 참여하고, 임무를 완수하며, 미지의 세계를 탐험하고, 괴물들을 정복하는 등의 경험을 한다.

월드 오브 워크래프트는 거짓을 진실인 것처럼 뒤바꿔 게이머들은 현실에 있는 것 같은 기분을 느낀다. 하지만 그렇다 보니 현실과 가상현실을 구분하지 못해 종종 문제가 발생하기도 한다. 18살 아들을 둔 한 부모는 아이가 월드 오브 워크래프트에 빠져 학업성적이 계속 떨어지는데도 게임을 멈추려고 하지 않아 컴퓨터를 창밖으로 던져버리는 극단적인 선택을 하기도 했다.

월드 오브 워크래프트는 기술로써 만들어진 가상현실이지 우리가 생활하는 진짜 현실은 아니다. 하지만 그 속에 빠져 있으면 가상현실과 현실을 구분하기 어렵다. 이처럼 현대 사회는 거짓과 진실이 서로 어지럽게 섞여 있는 탓에 경계를 구분하기 힘들다.

최근 3D 영화는 소리, 빛 등의 강렬한 자극으로 가상현실과 현실의 경계선을 더 모호하게 만들었다. 3D 안경을 끼고 커다란 스크린 앞에 앉아 컴퓨터가 만들어낸 3차원의 가상 환경 속으로 들어가고 나면 모든 것이 현실처럼 느껴진다. 시각뿐만 아니라 청각, 후각, 촉각 등 감각이 모두 진짜처럼 느껴져 정말로 현실세계에 있는 것 같은 착각이 든다. 심지어 기술이 점점 발전하면서 가상의 물체를 직접 만져볼 수도 있는데, 물체의 촉감뿐만 아니라 중량까지도 느끼고 손의 이동에 따라 물체도 함께 이동하는 것을 볼 수 있다. 정말 신기하지 않은가.

가상현실은 광고업계에서도 자주 사용되는 기술이다. 부동산산업은 광고 효과를 톡톡히 보는 분야 중 하나인데, 최근 산업 경쟁이 치열해지면서 기존의 평면도·모형·모델하우스 등을 이용한 광고 방법은 더 이상 소비자들의 요구를 만족시키지 못하고 있다. 그래서 최근에는 가상현실 기술로 건물의 구조를 입체적으로 보여주는 광고 기법을 많이 채택하고 있다. 가상현실 기술을 활용한 광고는 영상광고,

애니메이션, 멀티미디어, 인터넷 기술을 하나로 묶은 최신 부동산 마케팅 방식으로 캐나다·미국 등 과학기술이 발달한 나라에서 활발하게 응용되고 있고 효과 또한 뛰어나다.

디자이너 줄리앙 푸르니예는 가상현실 기술을 이용한 보석 디자인으로 파리 패션 위크를 화려하게 수놓았다.

"가상현실 기술을 사용하면 각종 소재의 질감이나 공간에 따라 변하는 빛의 반사를 일목요연하게 볼 수 있어요. 도대체 누가 아직도 가상현실 기술을 사용하지 않는단 말입니까."

디자이너뿐만 아니라 시계를 제작하는 장인들도 가상현실 기술을 이용해 정교하고 복잡한 톱니바퀴를 만들어 새로 만든 부품이 항구적으로 회전할 수 있는지 시험한다. 외과의사들도 고난이도의 심장 수술을 앞두고는 가상현실 기술을 이용해 가상의 혈관과 심장을 만들어내고 모의 수술을 진행함으로써 수술의 성공률을 높인다.

세상은 점점 가상현실과 가까워지고 있다. 우리는 이런 사실을 정확하게 인식하고 담담하게 받아들여야 한다. 현실 세계가 때로는 사람들의 수요를 모두 만족시켜줄 만큼 다채롭지 않기 때문에 가상의 것으로 만족을 느끼고자 한다. 가상이지만 현실 같은 화면들은 우리의 시야를 확대시켜주고 상상의 공간을 넓혀준다.

하지만 반드시 경계해야 할 점이 있다. 가상현실에 지나치게 몰입할 경우 현실감각을 잃고 점점 살아 있다는 것을 느끼지 못하고 만다. 그러므로 가상현실을 이해하고 받아들이되 지나치게 몰입해서는 안 된다.

현실 세계에서도 진실과 거짓을 구분하기 힘든 현상들이 있다. 언뜻 보기에는 진실처럼 보이지만 거짓인 경우가 많다. 그러므로 어떤 문제에 직면했을 때 겉만 보고 판단하지 말고 현상을 통해 본질까지 파악하는 능력을 키워야 한다.

어느 날, 나폴레옹이 말을 타고 숲을 지나가는데, 멀리서 살려달라는 다급한 외침이 들려왔다. 그는 말을 재촉해 소리가 들리는 곳으로 서둘러 달려갔다. 그곳에는 호수가 있었는데, 병사 하나가 물에 빠져 허우적거리고 있었다. 수영을 못하는데다가 당황한 병사는 허우적거릴수록 점점 더 깊은 곳을 떠내려갔다. 물 밖에는 병사가 여러 명 있었지만 다들 수영을 못해 살려달라고 외칠 뿐이었다.

나폴레옹이 온 것을 보자 병사들은 서둘러 경례를 했다. 그 순간 나폴레옹은 한 병사의 총을 빼앗아 물에 빠진 병사를 겨냥하며 말했다.

"내가 온 것을 보고도 인사는 하지 못할망정 호수로 도망치다니! 당장 이리로 나오지 않으면 이 총으로 쏴버릴 것이다!"

나폴레옹은 이렇게 외치고 물에 빠진 병사의 앞쪽으로 두 발의 총알을 쐈다. 그러자 나폴레옹이 두려웠는지 날아오는 총알이 두려웠는지 병사는 갑자기 죽을힘을 다해 팔다리를 움직여 물 밖으로 나왔다.

죽다 살아난 병사가 나폴레옹에게 말했다.

"폐하, 살려주십시오. 실수로 물에 빠졌는데, 정말 죽을 뻔했습니다. 그런데 그런 제게 총을 쏘시다니요?"

나폴레옹이 웃으며 말했다.

"이곳은 수심이 꽤 깊은 호수다. 조금만 더 떠내려갔다면 정말 목

경쟁에서 상대를 제압하는 방법

숨을 잃을 뻔했다. 네게 총을 쏘는 것처럼 한 이유는 너를 놀라게 해 네 힘으로 헤엄쳐 나오게 하려는 뜻이었다."

그제야 병사들은 나폴레옹의 심오한 뜻을 알아차렸다.

이 이야기를 살펴보면 나폴레옹이 얼마나 대단한 인물이었는지 알수 있다. 그는 사람의 심리를 정확히 읽고 사고의 약점을 잘 알고 있었기에 수많은 사람들의 마음을 조종하고, 병사들을 이끌었으며, 역사의 한 획을 그었다.

나폴레옹과 같은 업적을 세울 수는 없지만, 거짓을 진실처럼 보이게 하고 이를 응용하는 데 능숙했던 그의 사고방식을 배울 수는 있다. 복잡하고 혼란스러운 사회에서 진실과 거짓을 분별하는 지혜의 눈을 가진다면 인생의 참모습과 마주하고 다른 사람에게 조종당하거나 속는 일은 없을 것이다.

독립적으로 사고하지 못한다면 뇌는 다른 사람의 사고가 뛰어노는 운동장으로 전락한다. 사기꾼들은 현란한 말솜씨로 가상의 것을 진짜처럼 꾸미고 사고의 약점을 지닌 사람들을 희생양으로 삼는다. 다단계업체에서도 주로 이용하는 것이 사람들이 지닌 사고의 약점이다. 그들은 아무런 근거도 없는 미래를 현실처럼 이야기하며 누구나 단시간에 억만장자가 될 수 있다고 사람들을 속인다.

이런 속임수에 넘어가지 않으려면 진실과 거짓을 구분하는 사고능력을 반드시 길러야 한다. 언제나 객관적이고 냉정한 시각을 가지려고 애쓰고 일상 뒤에 숨겨진 진실까지 봐야만 인생이나 사업에서 정확한 방향으로 나아갈 수 있다.

인생을 살면서 때로는 보이지 않는 행간의 뜻도 이해할 줄 알아야 한다. 누군가의 말과 행동이 그의 속마음과 다를 수도 있기 때문이다. 간단한 예를 들어보자. 모임에서 알게 된 친구가 어려운 일이 있을 때 언제든지 자신에게 연락하라고 친절하게 말했다. 하지만 정작 자신에게 정말로 문제가 생겨 그 친구를 찾았으나 이름조차 기억하지 못하는 것 아닌가. 그의 말은 진실이 아니었다. 또 누군가의 집에 초대되어 한참 이야기를 나누고 있는데 주인이 자꾸 시계를 들여다보거나 대화의 주제와는 상관없는 이야기를 꺼내려고 한다. 이럴 때는 주인의 진짜 속마음을 알아차리고 서둘러 자리에서 일어나야 한다.

세상에는 너무나 다양한 진실과 거짓이 존재한다. 이런 세상에서 살아가는 것도 쉽지 않은데, 성공하는 것은 더 쉽지 않다. 한 번뿐인 인생을 헛되이 살지 않으려면 꾸준히 생각을 단련하고 진실과 거짓이 뒤섞인 세상에서 인간의 마음을 꿰뚫어보는 통찰력을 길러 자신의 인생과 운명을 바로잡아야 한다.

거짓이라고 생각한 그것은 사실 진실

세상에는 거짓처럼 보이지만 알고 보니 진실인 일도 있고, 진실처럼 보이지만 알고 보니 거짓인 경우도 있다. 이처럼 세상일은 쉽게 예측하기 힘들고 거짓과 진실을 구분하기는 더 어렵다. 특히 고정관념이 작용할 때는 더 그렇다. 누군가의 머릿속에 거짓말쟁이라고 인식된 사람은 다음에 진실을 말하더라도 여전히 의심부터 받는다. 이런 착각과 오해 역시 사람이 가진 또 하나의 사고의 약점이다.

한 부인이 자신의 집을 지어준 건축가에게 전화해, 기차가 지나갈 때 침대가 심하게 흔들린다고 항의했다.

"그런 일은 있을 수 없습니다. 제가 직접 가서 확인해보죠."

건축가가 도착하자 부인은 자신의 침대에 누워 있다가 기차가 지나갈 때 얼마나 흔들리는지 느껴보라고 했다. 그런데 건축가가 침대에 막 눕는 순간 부인의 남편이 집에 돌아왔다.

남편은 이 광경을 보고 화가 나서 소리쳤다.

"지금 침대에서 뭐하고 있는 거야!"

건축가가 전전긍긍하며 대답했다.

"기차가 지나가기를 기다렸다고 하면 믿어주시겠습니까?"

사람은 반드시 다른 누군가와 교류하며 살아야 한다. 하지만 사람과 사람 사이에는 언제든지 오해가 발생하고 우리는 이런 오해를 어떻게 풀어야 할지 모를 때가 많다. 설명하고 풀어보려고 할수록 변명으로밖에 들리지 않고 상대방의 의심만 커질 뿐이다. 그래서 누군가는 오해가 발생했을 때 굳이 해명하지 않아도 된다고 말한다. 원수라면 어차피 당신의 말을 믿지 않을 테고, 친구라면 그 어떤 해명도 필요하지 않기 때문이란다. 이런 말이 나온 데는 그만한 이유가 있겠지만 그렇다고 침묵하는 것도 정답은 아니다. 아무 말도 하지 않는다면 상대방은 그것을 묵인의 신호로 받아들이고 오해는 더 깊어진다.

그렇다면 이런 경우에는 어떻게 해야 할까? 방법은 오해가 생겨난 원인을 찾고 구체적으로 분석해보는 수밖에 없다.

누구나 자신이 지닌 사고의 약점 때문에 곤란한 상황을 겪을 때가 있다. 그런데 이런 상황을 유명한 스타라고 해서 피해갈 수는 없다. 스타들도 일반인과 마찬가지로 오해를 받아 곤란한 상황에 처할 때가 있다.

중국의 영화배우 갈우가 주연을 맡은 비극적인 영화 〈야연〉의 시사회 자리에서 해프닝이 벌어졌다. 영화를 본 사람들 모두 갈우가 코미디배우로서의 이미지가 너무 강해 영화의 내용과 상관없이 너무 웃겼다고 평한 것이다.

이에 펑샤오강 감독은 이렇게 말했다.

"다른 나라 사람들이 그를 봤다면 하나도 웃기지 않다고 생각할 겁니다. 그런데 우리는 코미디영화를 자주 찍은 배우는 당연히 웃겨야 한다는 고정관념을 갖고 있죠. 그가 코미디배우이기에 앞서 한 사람의 배우라는 사실은 간과한 채 말이에요."

외모가 우스꽝스러운 사람이 이야기하면 사람들은 그의 생김새 때문에 아무리 진지한 말도 모두 우스꽝스러운 것으로 받아들인다. 웃긴 캐릭터를 자주 연기하던 그가 어쩌다가 심각한 배역을 맡았는데, 그의 코미디 연기에 익숙해진 사람들은 그가 등장하자마자 박장대소를 터뜨렸다. 아주 심각한 장면에서 진지한 대사를 말할 때도 관객들은 여전히 그가 일부러 웃기려 하는 것이라고 생각했다. 그가 아무리 진지한 모습으로 등장해도 사람들은 모두 거짓으로 여겼다. 이런 사고의 역설은 인성이 지닌 고질적인 문제이자 쉽게 고쳐지지 않는 부

경쟁에서 상대를 제압하는 방법

분이다.

사실을 거짓으로 오해하는 경우도 많지만, 현실 생활에는 실제로 거짓말하는 이들이 너무나 많다. 그래서 어떤 사실이라도 일단 의심부터 하게 만든다.

그렇다면 사람들은 왜 거짓말을 하는 것일까? 거짓말을 하는 이유는 사실 자신을 보호하기 위해서다. 아무 때나 자신의 속마음을 드러내는 사람은 나쁜 의도를 가진 이들에게 좋은 먹잇감을 제공하는 것 아닐까. 그렇기 때문에 사람들은 각자 자신만의 가면을 쓰고 살아간다. 가면 뒤에 모든 진실을 숨긴 채 말이다. 이렇게 우리는 자연스럽게 거짓말을 하고 본능적으로 진실을 의심하는 사람이 되어간다.

지금까지 인생 태도와 관련된 진실과 거짓의 논리를 알아보았다. 그런데 세상에는 이런 논리를 이용해 이익을 챙기는 이들도 있다. 사기꾼들이 그렇다. 이들은 진실과 거짓을 아주 교묘하게 섞어 접근하므로 신중을 기하지 않으면 함정에 빠지고 만다. 이들은 특히 어떤 우위를 점하고 있거나 주도권을 잡고 있는 사람들을 골라 일부러 자신의 약점을 드러내 상대가 방심하게 한 다음 완전히 속아 넘어가도록 만든다.

한 화교가 화랑에서 만 달러를 주고 유명 화가의 작품 두 점을 구입했다. 그는 그림 값이 생각보다 저렴해서 의심했지만 화랑 주인은 진품이 틀림없다고 몇 번을 강조해 말했다. 이 말을 굳게 믿은 화교는 횡재한 기분으로 그림을 사들고 집으로 왔다.

그날 저녁, 그는 혹시나 하는 마음에 그림을 좀 볼 줄 안다는 친구를 집으로 불러 자신이 사 온 그림의 감정을 부탁했다. 그런데 친구는 그림을 보자마자 두 점 모두 가짜라고 말하는 것이 아닌가. 화교는 친구의 말을 듣자마자 화가 머리끝까지 치밀어 올랐다. 그래서 다음 날 그림을 들고 화랑에 가서 물어달라고 할 작정이었다.

그런데 그날 밤, 생각하지도 못하게 화랑 주인에게서 전화가 왔다. 그는 자신이 실수로 화교에게 가짜 그림을 팔았다며 죄송하다고 사과했다. 주인은 가게 문을 닫으려고 장부와 그림들을 정리하다가 이 사실을 알아내고 곧바로 전화를 걸었으며, 내일 아침 일찍 화랑으로 오시면 환불하든지 진품과 바꿔 드리든지 원하는 대로 해주겠다고 친절히 말했다.

가짜 그림이라는 친구의 말에 화가 치밀어 올랐던 화교는 화랑 주인의 전화를 받고 화가 누그러졌을 뿐만 아니라 자신의 잘못을 솔직히 인정하는 주인에게 감동을 받았다. 다음 날 화교는 그림을 들고 화랑을 다시 찾았다. 주인은 다시 한 번 공손히 사과하며 그가 원한다면 어제의 가격 그대로 진품 그림을 드리고 원하지 않는다면 돈을 모두 환불해주겠다고 말했다. 그리고 주인은 이렇게 말하며 보관함에서 진품 그림을 꺼내 보여주었다.

화교는 주인의 제안에 매우 감사해하며 진품 그림을 사겠다고 했다. 주인을 신뢰한 그는 한 치의 의심도 없이 그림이 진품이라고 확신했다. 그런데 몇 달이 흘러 그는 한 예술잡지에서 자신이 구매한 두 점의 그림에 관한 기사를 보고 그제야 그림들이 모두 가짜였다는 사실을 깨달았다. 알고 보니 두 점의 그림 모두 오래 전부터 한 예술

기관에서 소장하고 있었던 것이다.

화랑 주인은 자신이 실수를 저지른 것처럼 꾸며 상대방이 자신을 굳게 신뢰하도록 만든 다음 교묘하게 사기 목적을 달성했다. 정말 고난이도의 전략이 아닐 수 없다.

사기꾼들뿐만 아니라 상인들도 비슷한 전략으로 폭리를 취하는 사례가 종종 있다. 이들은 우선 상품의 가치를 굉장히 높게 부풀려 놓고는 고객이 아무리 원해도 팔지 않고 기다린다. 사실 이것은 고객을 완전히 자기편으로 끌어들여 더 높은 가격으로 팔려는 수법이다.

길거리에 바보같이 앉아 귀한 골동품을 고물이라도 되는 양 팔고 있는 사람들이 있다. 골동품의 가치를 알아본 누군가는 그들이 정말 바보라고 생각하며 물건을 구입한다. 하지만 그들은 바보가 아니라 바보인 척하는 것뿐이고 골동품은 정말 고물일 뿐이다. 물건을 산 사람은 그제야 어리석은 바보는 자기 자신임을 깨달을 것이다. 그러므로 거짓에서 진실을 읽고 진실에서 거짓을 분별하는 능력을 키워야만 이 세상을 안전하게 살아갈 수 있다.

거짓과 진실을 이용한 전략은 사기꾼들만 사용하는 것이 아니다. 위험에 처했을 때, 문제의 해결 방법을 찾지 못했을 때 누구나 적절한 거짓으로 자신을 위기에서 구할 수 있다.

한 여자가 화려한 옷차림에 보석을 잔뜩 걸치고 손에는 명품 가방을 들고 길을 나섰다. 그런데 어디선가 불량배 한 무리가 그녀 앞에 나타났다. 그들은 그녀의 옷차림을 보고 당연히 돈이 많을 거라고 생각해 접근한 것이었다. 불량배들은 그녀의 보석과 가방을 빼앗으려고 다가갔다.

　여자는 어찌할 바를 몰라 발만 동동 구르다가 문득 좋은 생각이 떠올랐다. 그녀는 갑자기 대성통곡을 하며 자신이 허영을 부리다가 이런 꼴을 당한 것도 모자라 선량한 청년들을 강도로 만들게 생겼다며 울부짖었다. 그러자 불량배 중 하나가 여자에게 다가가 자초지종을 물었다. 그녀는 사실 자신은 실업자로, 오늘 동창모임이 있는데 친구들에게 초라한 모습을 보이기 창피해 길거리에서 가짜 보석과 명품 가방을 샀다고 말했다. 그러면서 사실 보석과 가방을 모두 합쳐도 밥한 끼 값도 나오지 않는데 고작 이것 때문에 강도가 되려는 그들에게 미안하다고 사과했다. 불량배들은 여자의 이야기를 듣고 이내 모두 떠나버렸다.

　사실 그녀의 보석과 가방은 모두 진짜였다. 그러나 불량배들에게 모두 빼앗길 상황에 놓이자 일부러 거짓말을 해 위기에서 벗어난 것이다.

　때로는 자신을 보호하기 위해 거짓으로 위장해야 하는 지혜가 절실하다. 세상은 당신이 상상하는 것만큼 단순하지도, 아름답지도 않다. 그러므로 언제라도 위기 상황으로부터 자신을 보호할 준비가 되어 있어야 한다. 앞에서 언급했던 건축가의 경우 여자의 남편이 문을 열고 들어왔을 때 드라이버를 들고 무언가 고치는 시늉이라도 했다면 그런 오해를 사지는 않았을 것이다.

　한 젊은이가 여행 도중 여관에서 밤을 보내는데, 옆방 사람들의 흉악한 범죄 계획을 우연히 엿들었다. 그가 숨을 죽이며 듣고 있는데

경쟁에서 상대를 제압하는 방법

갑자기 옆방 문이 열리는 소리가 들렸다. 옆방에서 엿듣고 있는 사람이 없는지 확인하러 오는 소리 같았다.

젊은이는 자신이 모두 엿들었다는 사실이 발각되면 무사하지 못할 거라고 판단했다. 그래서 얼른 얼굴과 베개에 커다란 침 자국을 남기고 일부러 코를 골며 자는 척을 했다. 옆방 사람은 문을 살며시 열어 젊은이가 깊이 잠들어 있는 것을 확인하고는 다시 방으로 돌아갔다. 이렇게 해서 젊은이는 목숨을 구했다.

속임수를 쓰는 것이 자랑할 만한 일은 아니지만 위기의 순간에는 아무것도 모르는 척 바보같이 행동하는 것도 일종의 지혜다. 당신이 직장인이라면 이런 지혜를 발휘해야 하는 순간이 반드시 있다. 상사와 회사의 주요 클라이언트가 기밀사항을 논의하는 것을 우연히 들었다면 괜한 의심받지 않도록 서류를 정리하는 척하거나 모니터를 응시하는 척 하는 것이 좋다.

위기의 순간 일부러 약점을 드러내는 것도 자신을 보호하는 방법 중 하나다. 몰래 탈세를 계획하고 있는 한 남자가 있었다. 그는 세금 장부에 검사 직원이 단번에 찾아낼 작은 실수를 남겨 놓았다. 장부를 검사하던 직원은 역시나 그 실수를 찾아냈고 그는 즉시 잘못을 인정하며 모자란 금액을 지불했다. 경험이 많지 않았던 직원은 한 가지 실수를 찾아내자 그 뒤로는 마음을 놓고 자세히 장부를 살펴보지 않고 그대로 검사를 끝냈고, 결국 거액의 탈세 부분은 잡아내지 못했다. 이것은 논리를 설명하는 작은 예일 뿐 당신에게 탈세하라는 뜻은 아니다.

비슷한 예정 가격 한 가지 더 있다. 영화 제작자들은 영화가 다 만들어져 심사를 받을 때 일부러 민감한 장면을 남겨 놓는다. 그러면 이런 장면은 심사위원들에게 지적당해 삭제되지만 상대적으로 다른 문제 장면들은 무사히 심사를 통과하게 한다.

거짓과 진실은 언제라도 교묘히 그 자리를 바꾼다. 그래서 거짓처럼 보이는 것도 알고 보면 진실한 목적이 숨어 있기도 하다. 진실과 거짓을 구분할 수 있는 능력이 부족하다면 당신의 사업은 시시각각 위험에 빠지고 만다. 그러므로 사업에 성공하고 인생을 업그레이드하고 싶다면 오늘부터 세상을 자세히 관찰하고 사람의 마음을 읽는 연습을 하자.

진실로 보이는 것은 실제로도 진실이다

당신에게 최고의 사기 방법이 무엇이냐고 묻는다면 아마 머리를 쥐어짜 이런저런 방법을 궁리할 것이다. 하지만 어떤 방법도 어설픈 속임수에 불과하다. 세상에서 가장 뛰어난 사기꾼은 100퍼센트 진실로 남을 속이는 사람들이다.

진실로 남을 속일 수 있다고? 정말 사실일까? 그렇다. 거짓말은 아무리 숨기려 해도 언젠가 들통이 나기 마련이다. 그러므로 상대방이 당신을 정말로 신뢰하도록 하려면 진실을 말해야 한다.

세상은 거짓으로 가득하다. 아마 모두들 한 번쯤은 다른 사람에게 속았던 경험이 있을 것이다. 그러다 보니 사람들은 속는 것이 두려워 언제나 상대방이 거짓말을 하고 있지는 않은지 의심한다. 서양에는 이런 말이 있다.

'사람의 마음은 모든 만물을 통틀어 가장 교활하다.'

사람의 마음을 완전히 이해하는 것은 바다에서 바늘을 찾는 것만큼이나 어렵다. 게다가 여러 차례 속임을 당한 사람들은 머릿속에 거짓말을 걸러내는 여과장치를 갖는다. 이럴 때 그 사람의 마음을 움직이려면 진실한 말과 행위를 보여주어야 한다. '뛰어난 말솜씨보다 한마디 진실이 낫다'는 말이 있다. 직원들의 입에 발린 아첨에 질린 리더에게 누군가 용기를 내어 진실을 말해준다면 그는 진정한 신뢰와 인정을 받을 것이다.

진실의 힘은 리더의 마음을 움직이는 것 외에도 범죄자를 검거하는 데 큰 역할을 하기도 한다.

제이미라는 미용사가 있었다. 그는 얼굴에 주름이 가득한 60대 남자를 건강한 30대 청년처럼 보이게 할 정도로 실력이 아주 뛰어났다. 물론 누군가 원한다면 아리따운 아가씨를 할머니처럼 보이게 할 수도 있었다. 이렇게 뛰어난 솜씨를 갖고 있다 보니 멀리서도 손님들이 찾아왔다.

그런 어느 날, 제이미의 집에 불청객이 찾아왔다. 그는 오늘 막 탈옥한 죄수였는데, 아주 험상궂은 표정으로 제이미에게 소리쳤다.

"지금 당장 나를 완전히 다른 사람처럼 분장해라! 경찰에게 쫓기고 있으니 시간이 없다! 내 말을 듣지 않으면 이 자리에서 너를 죽여버릴 거야. 어차피 더렵혀진 손이니 한 명 더 죽이는 건 겁나지 않아."

제이미는 탈옥수의 부탁을 들어주고 싶지 않았지만 목숨을 보전하려고 그의 말에 따랐다. 제이미는 머릿속으로는 빠져나갈 방법을 계속 생각하면서 탈옥수에게 물었다.

"어떻게 변장해드릴까요? 여자처럼 보이게 해드릴까요?"

탈옥수가 대답했다.

"여자로 변장하면 아무래도 불편할 것 같으니 그냥 다른 사람처럼 보이게만 해줘."

제이미가 말했다.

"알겠습니다. 그럼 아주 못생긴 40대 남자로 변장시켜 드리겠습니다. 아마 아무도 알아보지 못할 겁니다."

잠시 후 탈옥수는 얼굴에 검은 반점이 가득한 못생긴 남자의 모습으로 변했다. 예전에 그의 모습은 조금도 찾아볼 수 없었다. 탈옥수는 거울을 보며 아주 만족스러운 표정을 지었다.

탈옥수는 떠나기 전 제이미가 경찰에 신고라도 할까 봐 밧줄로 꽁꽁 묶어 놓고는 콧노래까지 흥얼거리며 밖으로 나갔다. 그런데 밖으로 나간 지 얼마 되지 않아 그는 경찰에 붙잡히고 말았다.

경찰은 어떻게 탈옥수를 알아본 것일까? 사실 이 모든 것은 제이미의 계획이었다. 탈옥수에게서 벗어날 방법을 고심하던 제이미의 머릿속에 순간 며칠 전에 인터넷에서 보았던 한 지명수배자의 얼굴이 떠올랐다. 그는 습관적으로 그 사람의 이목구비나 특징을 기억했고 탈옥수가 변장을 요구하자 지명수배자의 모습으로 바꾸어 놓았다.

얼굴은 완전히 다른 사람으로 바뀌었지만 탈옥수는 결국 경찰에 붙잡힐 수밖에 없었다.

산전수전 다 겪은 교활한 범죄자들에게 어설픈 속임수를 썼다가는 금방 들통 나고 만다. 이런 사람일수록 100퍼센트 사실만으로 당신이 그가 원하는 방향으로 움직이고 있다는 신뢰감을 주어야 한다. 제이미가 변장해준 것도 사실이고, 다른 사람처럼 보이는 것도 사실이었으므로 탈옥수는 그 어떤 의심도 할 수 없었다. 제이미는 이렇게 간단하고 효과적인 방법으로 자신의 목숨을 구하고 탈옥수의 검거도 도왔다.

인간의 사고방식은 경험을 바탕으로 형성된다. 남에게 한 번도 속아본 적 없는 사람은 순진하지만 여러 차례 속임을 당한 사람은 점점 교활한 면이 생긴다. 그래서 상대가 조금만 낌새가 이상하다 싶으면 얼른 숨어버리거나 경계심을 표시한다. 이런 사람들을 신뢰하게 하는 것은 오직 진실뿐이다. 진실한 말과 행동을 보여주어야만 상대방과 신뢰 관계를 구축할 수 있다. 일단 두 사람 사이에 신뢰가 쌓이고 나면 혹시나 그 이후에 진실하지 못한 모습이 보이더라도 자연스럽게 받아들일 것이다.

두 사람이 탄탄한 신뢰를 바탕으로 맺어진 관계라면 당신이 어떤 말을 하든, 어떻게 행동하더라도 상대방은 좋은 방향으로 이해해줄 것이다. 반대로 두 사람 사이에 신뢰가 없으면 당신의 모든 말과 행동을 상대방은 나쁜 방향으로 받아들일 것이다. 연인 관계를 예로 들어보자. 여자가 남자를 신뢰한다면 고객을 접대한다는 이유로 밖에서 다른 여자를 만나도 믿을 테고, 신뢰하지 않는다면 실제로 고객을 접대한다고 해도 의심할 것이다.

신뢰를 쌓을 수만 있다면 거짓말도 진실이 될 수 있다. 물론 거짓말로 다른 사람을 속일 수 있다고 팁을 주는 것은 아니다. 다만 일상의 여러 가지 문제를 해결하는 데 이런 방법을 활용할 수 있다고 알려주려는 것이다.

후퍼는 한때 미국 FBI 국장을 지낸 사람이지만 이런 그도 누군가의 속임수에 넘어간 적이 있다. 누가 감히 그를 속일 수 있단 말인가. 사건의 전말은 이랬다. FBI 소속 특수요원인 한 남자가 마이애미 지역 총책임자 자리에 지원했고 후퍼가 이 남자를 직접 면접하기로 했다. 그런데 당시 후퍼는 특수요원들에게 체중관리를 엄격히 요구했는데 이 남자는 굉장히 뚱뚱했다. 후퍼가 그의 모습을 본다면 총책임자는 둘째 치고 특수요원 자리에서도 파면될지도 모르는 상황이었다.

남자는 어떻게 이 위기를 모면했을까? 그는 후퍼에게 자신이 열심히 다이어트를 하고 있다는 사실을 증명해야 했다. 그래서 옷가게에 가서 평소 자신의 사이즈보다 훨씬 큰 옷을 사왔다. 남자가 굉장히 뚱뚱한데도 옷이 헐렁하니 날씬한 것처럼 보였다.

그는 후퍼를 만나자마자 체중 규정 덕분에 자신이 비만에서 벗어날 수 있었다며 감사 인사를 했다. 남자의 헐렁한 옷을 본 후퍼는 더 이상 그의 체중을 언급하지 않았고 오히려 규정을 잘 지키고 있다며 칭찬했다.

특수요원이 뚱뚱하다는 것은 변할 수 없는 사실이었으므로 남자는 자신이 후퍼의 명령을 열심히 따르고 있다는 것을 증명해야 했다. 그래서 평소보다 큰 옷을 입어 살이 빠진 것처럼 보이도록 해 후퍼의 눈을 속였다.

남자는 교묘한 속임수로 다이어트를 하지 않고도 살이 빠진 것처럼 보이게 했다. 그는 사람들이 기본적으로 갖고 있는 관성적인 사고를 이용해 상대방을 현혹시켰다. 우리는 날마다 이런 진실한 거짓말에 둘러싸여 있다. 그러므로 주변에서 매일같이 하는 말들이 모두 사실이 아닐 수도 있다.

사람들이 흔하게 하는, 진실처럼 보이는 거짓말을 잘 표현한 글이 있다.

'주식은 마약이다 말하면서 주식을 하지 않는 사람이 없고, 돈은 죄악이라고 말하면서 돈을 벌려고 모두들 아등바등한다. 미녀가 화근이라고 말하면서 누구나 그런 여자와 살고 싶어 하고, 높은 곳은 위험하다고 말하면서 끊임없이 더 높은 곳에 도전한다. 술과 담배는 몸에 해롭다고 말하면서 끊기 어렵고, 천국이 가장 좋은 곳이라고 말하면서 아무도 가려고 하지 않는다.'

사리사욕에 눈이 먼 약사가 환자에게 이렇게 말한다.
"이 약을 2년만 복용하면 병이 씻은 듯이 나을 겁니다."
연인들이 헤어질 때 여자가 남자에게 말한다.
"넌 정말 좋은 사람이야."

과연 이 말들은 진실일까, 거짓일까? 아마도 당신이 어떻게 이해하고 받아들이느냐에 따라 다를 것이다.

누군가의 마음을 움직이는 가장 확실한 방법은 거짓이 아닌 진실을 말하는 것이다. 다시 한 번 말하지만 이런 방법으로 누군가를 속이라는 뜻은 아니다. 세상을 살다 보면 거짓은 결국 통하지 않는다는 사실을 깨닫는다. 모두가 거짓으로 눈속임할 때 어렵지만 진실을 보여준다면 더 큰 성공을 누릴 수 있다.

거짓으로 보이는 것은 실제로도 거짓이다

사람은 태생적으로 의심이 많다. 하지만 그렇다 보니 오히려 거짓 상황을 더 사실처럼 믿으려고 한다. 그러므로 적절히 거짓을 활용하면 난관에 부딪혔을 때 해결책을 찾는 데 도움을 받을 수 있다.

거짓으로 보이는 것은 실제로도 거짓이다. 이것은 거짓으로 자신에게 불리한 상황 혹은 약점을 감추는 전략으로 속임수라기보다는 어려운 상황에서 사용하는 자구책이라고 할 수 있다.

그런데 과연 사람들이 거짓에 쉽게 속아 넘어갈까? 포커 치는 모습을 관찰하다 보면 실제로 그런 사람이 많다. 손에 안 좋은 패를 들고 있는 이런 상황을 들키지 않으려고 애써 태연한 척함으로써 상대방에게 자신이 굉장히 좋은 패를 갖고 있다는 착각을 심어준다. 그러면 상대방은 좋은 패를 갖고 있음에도 불구하고 지레 겁을 먹고 포기한다. 반대로 어떤 사람들은 굉장히 좋은 패를 가지고도 안 좋은 패를 가진 척 심각한 표정을 지어 상대방이 방심하도록 만든 다음 승리를 거둔다.

이런 방법의 핵심은 일부러 사실과 다른 모습을 보여줌으로써 상대방이 어떤 것이 진실인지 구분하지 못하도록 한다. 하지만 이 방법을 사용할 때는 상대방의 전략, 심리 상태 등을 정확하게 파악하고 있어야만 효과적으로 문제를 해결할 수 있다. 상대방을 충분히 이해하지 못했다면 이 방법을 사용하기 전에 다시 한 번 생각해보는 것이 좋다.

기원전 6세기, 고대 그리스의 현인 비아스 역시 이런 방법을 활용했다. 당시 이웃 나라에서 그리스의 도시 프리에네에 공격을 예고했는데, 저항할 힘이 없자 비아스가 묘책을 생각해냈다. 그는 짐을 잔뜩 짊어진 노새에 갑옷을 입혀 적진에 들여보냈다. 노새에 갑옷을 입힌 것은 그만큼 전쟁 준비를 철저히 마쳤다는 것을 보여주려는 전략이었다.

적진에서는 완전히 무장한 노새를 보고 깜짝 놀라 사람을 보내 프리에네의 상황을 살펴보도록 했다. 적진에서 보니 프리에네 곳곳에 군량과 마초가 잔뜩 쌓여 있었다. 적진은 프리에네가 일찍이 모든 전쟁 준비를 마쳐 놓았다고 생각하고 퇴각을 결정했다. 사실 프리에네에 정말로 전쟁 준비해놓은 것이 아니라 밑에는 모래를 쌓아 놓고 맨 위에만 군량과 마초가 보이도록 한 것이었다.

이 이야기처럼 상대방이 신중하고 의심이 많은 유형의 사람이라면 이 방법을 사용해볼 만하다. 이런 사람은 명백한 진실은 거짓이라고 의심하고 거짓 상황도 진실이면 어쩌나 쉽게 고민에 빠지기 때문이다. 하지만 거리낌 없고 결단력 있는 사람에게는 이 방법이 매우 위험하다. 왜냐하면 이런 사람들은 이것저것 생각하지 않고 행동에 옮기기 때문이다.

비즈니스 세계에서도 거짓으로 자신의 약점을 감추는 전략이 자주 활용된다. 그런데 이 전략을 제대로 활용하려면 뛰어난 지혜와 대범함이 절실하다. 상대를 완벽히 이해하고 있는 것은 물론이고 모든 상황을 세심하게 대비해야 한다.

일본 드림캐스트의 야마모토 사장이 미국의 한 게임회사와 미팅을 하러 갔다. 미국 측에서는 드림캐스트가 파산 위기에 놓인 것을 알고 헐값에 드림캐스트의 모든 제품을 사들이겠다는 제안을 했다. 드림캐스트의 입장에서는 미국에 물건을 판매하지 못하면 자금회전이 어려운 지경이었지만 헐값에 제품을 모두 팔아버리면 회사 이미지에 큰 손상을 입고 재기도 힘들 것 같았다.

야마모토 사장은 고민에 빠졌다. 하지만 그는 자신의 속마음을 남에게 쉽게 보여주는 사람이 아니었다. 그는 미국 측 제안에 전혀 관심이 없다는 듯 사람을 불러 이렇게 물었다.

"한국으로 가는 비행기 표는 준비되었나? 준비되었다면 내일 당장 출발하도록 하지. 한국에서 아주 중요한 미팅이 있거든. 아무래도 미국과의 거래는 어려울 것 같군."

미국 측 대표는 그의 말을 듣고 당황해서 당장 본사에 전화를 걸어

경쟁에서 상대를 제압하는 방법

상황을 알렸다. 미국에서도 드림캐스트의 제품이 급하게 필요했던 터라 결국 본사에서는 원래 가격대로 제품을 구매하라는 지시를 내렸다. 자신의 약점을 교묘히 숨겨 상대방이 속아 넘어가도록 한 그의 전략 덕분에 드림캐스트는 위기에서 벗어났다.

어떤 중대한 협상이 있을 때 그것을 간절하게 성사시키고 싶다면 일부러 관심 없는 척, 급하지 않은 척해야 주도권을 잡을 수 있다. 사람들은 어떻게 하면 상대방보다 더 큰 이득을 얻을 수 있을지 끊임없이 생각하며 저울질한다. 이런 심리게임은 겉으로 드러나는 갈등은 없지만 서로 밀고 당기는 소리 없는 싸움이 계속 된다. 비즈니스 세계의 고수들은 아무리 힘든 상황이 닥쳐도 겉으로는 아무 일도 없는 듯 평온함을 유지하려고 애쓴다. 그래야만 상대방에게 자신의 약점을 들키지 않고 문제를 차분하게 해결할 수 있기 때문이다.

거짓으로 자신의 약점을 감추는 전략을 활용하는 사람들은 대부분 유연한 사고방식을 가졌다. 이들은 전통이나 규범 등에 얽매이지 않고 한 가지 생각만을 고집하지도 않는다.

아마존의 창시자 제프 베조스는 이렇게 말했다.

"오늘의 생각과 내일의 생각이 서로 충돌하는 일은 너무나 당연한 일이고 심지어 좋은 일이기도 하다. 그만큼 유연한 사고방식을 지니고 있다는 뜻이니 말이다."

똑똑한 사람일수록 자신의 생각을 수시로 바꾸고 한번 해결했던 문제도 다시 되돌아본다. 이들은 새로운 관점, 새로운 정보, 새로운 갈등 등을 맞닥뜨렸을 때 개방적인 태도로 그것을 받아들인다. 이들의 사고는 언제나 변화를 준비하고 있고 진실과 거짓을 자유자재로 넘나든다. 그렇기에 주도권을 유지하고 다른 사람이 놓은 사고의 함정에 빠지지 않을 수 있다.

그렇다면 거짓으로 자신의 약점을 감추는 전략이 어떻게 성공할 수 있을까? 사람들의 관성적인 사고방식 덕분이다. 사람은 어느 정도 나이를 먹으면 사고방식이 완전히 자리 잡는다. 로맹 롤랑은 그의 소설《장 크리스토프》에서 이렇게 썼다.

'엄밀히 말하면 사람은 20대에서 30대까지 완전한 자신의 인생을 살고 이 나이가 지나가고 나면 자신의 그림자가 되어 과거를 모방하며 살아간다. 사람들은 날마다 기계적으로 과거에 말하고, 행동하고, 생각했던 것을 반복한다.'

이 말처럼 사람은 자신의 그림자에서 쉽게 벗어나지 못한다. 사람을 대할 때나 일을 할 때나 모두 기존에 갖고 있던 사고방식에 따라 행동한다. 그러므로 누군가의 계략에 빠졌다면 그 사람을 원망하기보다는 자신의 정형화된 사고방식에 스스로 속아 넘어간 것은 아닌지 생각해봐야 한다.

아무리 똑똑한 사람도 정형화된 사고에서 벗어나기는 쉽지 않다. 예를 들어 처음 일을 시작할 때 상사에게 배운 새로운 기술과 주의사

항 등은 어느 정도 경험을 거쳐 정형화된 사고로 자리 잡는다. 그러면 이때부터 유사한 일들은 기계적으로 이런 사고를 기반으로 처리할 뿐 다른 방식은 생각하기 힘들다. 또 아픈 이별을 경험했거나 사랑하는 사람에게 큰 상처를 받았던 사람은 본능적으로 사랑을 의심하고 새로운 감정을 받아들이는 데 어려움을 겪는다.

이처럼 정형화된 사고가 당신의 판단을 좌우한다. 줄곧 실패만 했던 사람은 좋은 기회가 눈앞에 찾아와도 또다시 실패할까 봐 망설이기만 하다가 기회를 놓쳐버린다. 그러나 반대로 늘 성공을 경험해왔던 사람은 도전을 두려워하지 않고 성공이 그리 어려운 일이라고 생각하지 않는다. 그래서 한번 성공한 사람이 다른 새로운 분야에서 또다시 성공을 거두기 쉽다.

자신의 약점을 감추는 것과는 조금 다르지만 마케팅 영역에서도 종종 사용되는데, '헝거 마케팅'이 그것이다. 헝거 마케팅은 일부러 제품의 생산량을 제한해 공급이 부족한 것처럼 보이도록 함으로써 점점 제품의 가격을 높이는 방식이다. 이런 마케팅 방식은 브랜드의 이미지를 높일 뿐만 아니라 더 많은 이윤을 얻는 장점이 있다. 서양에서는 헝거 마케팅이 굉장히 성행하고 있으며, 아시아에서도 활용하는 기업이 많아지는 추세다. 흔히 기업에서 '한정판' 제품을 출시해 사람들의 관심을 끄는 방식이 대표적인 헝거 마케팅 사례다.

하지만 조금만 냉정하게 생각해보면 오늘날처럼 물질이 풍부한 시대에 공급 부족 현상은 거의 일어나지 않는다. 그런데도 왜 물건을 사려고 긴 줄을 설까? 이런 경우는 정말로 제품 수량이 부족해서가 아니라 기업에서 구매를 유도하기 위해 헝거 마케팅 전략을 이용하는 것일 가능성이 높다.

사실 이런 전략은 일상생활에서도 자주 활용된다. 부자들은 나쁜 사람들의 표적이 되거나 주변 사람들이 돈을 빌려달라고 할까 봐 오히려 허름하게 꾸미고 다닌다. 반면에 가난한 사람들은 돈이 없다고 무시당하지 않으려고 오히려 화려하게 꾸미고 다닌다. 그러므로 겉모습이 초라하다고 해서 반드시 가난한 것은 아니고 화려하다고 해서 부자라고 단정 지을 수도 없다. 거짓으로 자신을 꾸며야 하는 현실이 조금 슬프기도 하지만 생존하려면 반드시 알아두어야 할 전략이기도 하다.

Chapter 03

상대의 생각을
움직이고 싶다면

상대방이 내 말을 따르게 하고 싶다면

세계 전쟁사를 살펴보면 아주 작은 힘으로도 큰 승리를 거둔 사례를 자주 볼 수 있다. 이들의 공통점은 기회를 적절하게 활용해 주도권을 장악했다는 것이다. 덕분에 능동적으로 움직이고 약자에서 강자의 위치로 올라갈 수 있었다. 반면에 강자였던 자는 방심하는 찰나에 주도권을 빼앗기고 물에 빠진 개처럼 낭패를 당했다. 이처럼 승패를 좌우하는 가장 큰 요소는 상대방을 이끌어 가는가, 아니면 상대방에게 이끌려 가는가다.

이것이 전쟁에만 해당하는 말로 여겨지는가. 사실 인생보다 더한 전쟁터는 없다. 당신이 어떤 일을 할 때 늘 남들에게 이끌려 다닌다면 결코 큰일을 할 수 없다. 당신이 아무리 말단직원이어도 상사가 과제를 주기 전까지 무엇을 해야 할지 모르고 있다면 결코 승진할 수 없다. 늘 한 박자씩 느리고 상사가 무슨 일을 하려는지 제때 이해하지 못하는데 당신 같으면 승진을 시켜주고 싶겠는가. 해고당하지 않으면 다행이다.

상대방을 이끌어 가야 한다는 말은 다른 사람의 인생을 마음대로 좌지우지하라는 뜻이 아니라 자신의 인생을 더 잘 이끌어 가라는 뜻이다. 사람은 누구나 약점을 지니고 있다. 그런 약점을 잘 활용한다면 언제라도 상황을 역전시킬 수 있다. 예를 들면, 성격이 급한 사람에게는 자극법을 사용하고, 탐욕스러운 사람에게는 그가 좋아하는 무언가를 쥐어주는 식이다. 상대가 좋아하거나 기피하는 것으로 유혹하거나 공격한다면 당신에게 걸려들 것이다. 이런 방법은 정치계에서도 흔히 사용되는데, 정치인들의 사생활, 추문 등을 손에 넣는 사람은 주도권을 잡고 상대방을 움직인다. 미국 대통령선거에서는 이렇게 먼저 주도권을 장악한 사람이 승리하는 경우가 많다.

1976년 미국 대통령선거 당시, 민주당에서는 에드워드 케네디와 카터가 후보로 출마해 경합을 벌였다. 에드워드 케네디는 집안의 재력과 형 존. F. 케네디 대통령의 명성, 다년간의 참의원 경력 등으로 승리를 확신했다. 반면에 농부 출신이었던 카터는 주지사를 지내기는 했지만 에드워드 케네디와 경쟁하기에는 여러모로 부족했다.

그런데 당시 미국인들은 '워터게이트' 사건에 여전히 민감한 반응을 보였는데, 영민한 카터는 이 사건에 연루되었던 그의 행적과 존. F. 케네디의 약점을 잡아 그를 공격했다. 그는 존. F. 케네디가 대통령 역임 당시 백악관 내 여성 직원들과 부적절한 관계를 맺었다고 주장 했다. 심지어 한 여성은 한 신문사에 케네디 대통령과의 관계를 폭로 하기도 했다. 이것은 모두 케네디 가문의 이미지를 실추시키려는 전 략이었고, 카터는 이로써 민심을 잡으려고 애썼다. 결국 에드워드 케 네디는 경선 불출마를 선언하기에 이르렀다.

1980년, 에드워드 케네디와 카터는 다시 한 번 경합을 벌였다. 당 시 현직 대통령이었던 카터는 1966년에 케네디를 공격했던 방법은 더 이상 소용없으리라 판단한다. 그래서 그는 신문기자를 불러 에 드워드 케네디가 물에 빠진 여자 친구를 구하지 않았던 사건을 언급 하며, 이런 사람이 어떻게 대통령 같은 중책을 맡겠느냐고 말했다. 이로써 에드워드 케네디는 다시 한 번 카터에게 주도권을 빼앗기고 만다.

매번 카터의 손에 놀아나다니 에드워드 케네디도 참 불쌍한 사람 이다. 그는 두 차례 모두 상대에게 주도권을 빼앗겨 경쟁에서 패하고 말았다. 인간관계에서 이런 상황은 매우 흔하게 발생한다. 사실 남을 해치려는 의도는 없어도 자신을 방어하다 보면 그것이 공격으로 이 어진다. 남들의 꼬투리를 잡는 사람들의 목적은 상대를 자신이 원하 는 대로 움직이기 위함이다. 이런 약점은 상대가 억지로 만들어낸 것 일 수도 있다. 물론 어떤 것은 진실일 수도 있지만 대부분 뜬소문에 불과하다. 그러나 진실이나 거짓이라도 상대의 약점을 잡은 사람이 주도권을 잡는 것은 확실하다.

물론 스스로 자신의 약점을 상대방에게 흘리는 경우도 있다. 생각 없이 흘린 이야기, 말실수 모두 상대방에게 당신을 공격할 구실을 제공하며, 당신은 어쩔 수 없이 피동적인 입장이 되고 만다. 이런 경우에는 어떻게 해야 다시 주도권을 잡을지 생각하며 상대방의 약점을 노려야 한다. 상대의 허점을 찾지 못할 경우에는 법이 허용하는 범위 내에서 그의 허점을 만들어야 한다. 남들에게 끌려가고 있다면 다시 주도권을 잡을 방법을 생각해내야 한다. 그래야만 싸움에서 이길 수 있다.

인생은 바둑을 두는 것과 같아서 게임을 이끌어 가는 사람이 승리를 거둔다. 그런데 상대방이 무슨 생각을 하는지 알기 힘들 때가 많다. 열 길 물속은 알아도 한 길 사람 속은 모른다는 말이 있지 않은가. 그러니 사람들과 교류할 때는 되도록 말은 적게 하고 많이 듣는 편이 낫다. 말실수를 해서 상대방에게 약점을 잡힐 위험을 줄이기 위해서다. 사람을 사귈 때는 신중하게 행동하고 자신의 속내를 너무 빨리 드러내지 않도록 해야 한다. 정말 친한 사람들이 아니라면 속마음을 드러내지 않는 것이 좋고, 더구나 개인 SNS상에 비밀을 올려놓는 등의 행동은 삼가야 한다. 상대방이 어떤 꼬투리를 잡아 당신을 공격해 올지 모르는 법이다.

가장 흔히 이용되는 약점은 불륜이나 성추문 등이다. 일단 정치공방이 일어나면 이런 문제들이 가장 먼저 파헤쳐져 상대방을 공격하는 무기로 사용된다. 단, 이런 전략을 사용할 때는 소문의 사실 여부와 증거를 정확히 파악해야 한다. 그러지 않으면 괜히 당초의 목표도 이루지 못하고 역으로 고소당할 수 있다. 그러므로 소문이나 뒷담화 등으로는 상대방을 진정으로 움직이기 힘들다는 사실을 명심해야 한다. 진실이 모든 것을 이기는 법이다.

소문은 적게 사용하는 대신 상대방의 약점을 만들어낼 수 있다. 가장 좋은 시기는 상대가 방심하고 있을 때다. 이때 당신은 자신의 진짜 의도를 최대한 숨기고 접근해 상대방이 부지불식간에 당신의 작전에 빠져들게 해야 한다.

1930년대, 중국에서 25사단 사단장과 중국 서남부의 귀주성 주석을 겸임하고 있던 왕자례는 겉으로는 장제스에게 복종하는 것처럼 보였지만 사실 귀주를 손에 넣고 장제스의 세력이 유입되는 것을 막았다. 장제스는 귀주를 장악하기 위해 왕자례를 내쫓으려고도 했지만 그는 한 발도 물러서지 않았다. 그래서 장제스는 '범을 산으로부터 유인해내는 작전'을 펼쳤다.

1935년 5월의 어느 날, 장제스는 우한에서 만주 군벌인 장쉐량에게 자신을 도와줄 것을 부탁한다. 그리고 다음 날 장제스는 전용기를 타고 귀주성 북부의 구이양으로 향하고 장쉐량 역시 개인 비행기 편으로 그곳으로 갔다. 구이양에 도착한 후 장제스는 왕자례에게 장쉐량과 잠시 놀러 온 것이라고 말한다. 다음 날 왕자례는 귀주 군정위원들과 함께 우한으로 돌아가는 장제스를 배웅하러 공항에 나왔다. 장제스의 전용기가 이륙한 뒤 장쉐량이 왕자례에게 말했다.

"형님, 제가 직접 조종하는 비행기를 타보신 적 없으시죠? 한번 타보세요. 구이양의 아름다운 풍경을 하늘에서 감상하게 해드릴게요."

왕자례는 아무런 의심도 없이 비행기에 올랐고 비행기는 이륙하자마자 북쪽으로 직행했다. 왕자례는 자신이 속았다는 것을 알았지만 이미 어쩔 수 없는 상황이었다. 장제스는 왕자례가 공산당 척결에 힘쓰지 않는다는 것을 명분으로 곧바로 중앙군을 귀주에 파병했다.

왕자례는 우한에 도착한 뒤 다시 난징으로 송환되었다. 장제스는 그에게 군사참의원에 자리를 하나 내주고 난징에 머물도록 했다. 장제스는 자신의 측근을 귀주성 주석으로 임명하고 왕자례의 측근들은 모두 없앴다. 또한 그의 군대를 새롭게 개편하면서 왕자례와 관련된 군관들을 대부분 해임했다. 이때부터 귀주 역시 장제스의 세력 범위 안에 들었다.

장제스는 그야말로 권모술수의 고수였다. 그는 장쉐량을 활용해 왕자례가 방심하도록 만든 다음 비행기에 태웠고, 그가 공산당 척결에 가담하지 않은 것을 빌미로 잡았다. 이로써 장제스는 왕자례로부터 주도권을 잡았고 그의 세력을 끊임없이 확장해나갔다. 장제스가 훗날 잘못된 길을 선택하기는 했지만, 이런 사례를 보면 그가 뛰어난 인재였다는 사실은 인정하지 않을 수 없다.

위대한 사람들을 살펴보면 대부분 사람을 움직이는 능력이 뛰어나다. 현대 사회에서도 이런 능력은 중요하다. 당신을 따르는 사람들이 많을수록 당신의 영향력은 더 커진다. 반면에 그저 다른 사람들의 의견에 이끌려 다니기만 한다면 그들의 영향력에서 벗어날 수 없다. 당신의 머릿속은 그런 사람들의 생각이 마음껏 뛰어다니는 운동장일 뿐이다.

우리는 누군가를 조종하거나 누군가로부터 조종당하는 시대에 살고 있다. 이때 한마디 말로도 군중을 움직이는 사람은 심리학의 대가라고 부를 만하다. 그들은 수십 년 동안 심리학을 연구한 박사들보다 대단한 능력을 지니고 있다.

상대방이 원하는 것을 던져주는 것이나, 상대방의 약점을 잡는 것이나 모두 다수의 경험으로 검증된 비법이다. 우리는 살면서 다양한 사람들과 관계를 맺으므로 사람의 심리를 잘 알아두어야 한다. 사람의 심리를 파악하는 것이 주도적이고 행복한 인생을 사는 방법이다.

현실적으로 상대방의 약점을 잡는 것보다 그가 원하는 것을 내어주는 편이 훨씬 쉽다. 약점을 잡는 것이 왜 어려울까? 바보가 아닌 이상 사람은 모두 자신의 흠과 약점을 가리고 숨기려고 하기 때문이다. 특히 고수들일수록 자신의 약점이 드러나지 않도록 더 치밀하게 숨기는 법이다. 이들의 약점을 찾느니 하늘의 별을 따는 것이 쉬울지도 모른다.

그렇다고 방법이 없는 것은 아니다. 바람이 새지 않는 벽은 없다는 말도 있지 않은가. 아무리 치밀한 사람도 언젠가는 허점을 보일 것이다. 그 순간을 기다리고 있다가 포착해야 한다.

그렇다면 상대의 허점을 잡는 구체적인 방법은 무엇일까? 일반적으로는 다음과 같은 두 가지 방법이 있다. 모든 상황에서 통한다고 말할 수는 없지만 다급할 때 유용한 팁이다.

첫째, 상대방을 당황시켜 속내를 드러내도록 한다.

심문관들도 종종 이런 방법을 사용해 용의자들의 범죄사실을 털어 놓게 한다. 용의자들이 저지른 범죄의 일부분을 먼저 언급하고 모든 것을 다 알고 있다는 것처럼 겁을 줌으로써 실토하도록 한다. 그러면 당황한 용의자들은 사실대로 모든 내용을 털어놓고 스스로 증거를 제시하기도 한다. 이처럼 고의로 상대방을 당황시켜 원하는 것을 얻는 방법은 좋은 전략이다.

둘째, 덫을 만들어 놓고 상대방을 유혹한다.

당신이 상대방의 약점의 일부분을 이미 장악했더라도 결정적인 때를 기다려야 한다. 이럴 때는 상대방이 자기도 모르게 빠져드는 덫을 만들어 놓는 방법이 있다. 이런 전략의 핵심은 정확한 시기를 포착하는 데 있다. 너무 조급하게 움직이면 상대방이 눈치를 채고 방비할 수도 있다. 그렇다고 너무 느긋하게 있으면 상대방에게 도망갈 수 있는 여유를 준다. 시간과 환경을 효율적으로 이용하는 것이 무엇보다 중요하다. 적절한 시기에 정확하게 상대방의 허를 찔러야 한다. 또한 상대방이 당신의 전략을 눈치 채지 못하도록 모습을 숨겨야 한다. 그런 다음 상대방을 유혹한다. 상대방이 넘어오도록 하려면 어떻게 해야 할까? 상대방이 탐욕스럽다면 그에게 이득이 되는 것을 주고, 명예를 중요시한다면 그를 칭찬하고 띄워준다. 어떤 것이라도 그에게 독이 되는 것을 주고 그것에 점점 빠져들게 한다면 그를 당신이 원하는 대로 움직일 수 있다.

사람은 누구나 자신이 좋아하는 것이 있고 약점도 있다. 그것을 이용하는 것은 남을 해치기 위함이 아니라 자신을 보호하기 위해서다. 인생을 살아가다 보면 사람의 마음을 조종하는 기술을 어쩔 수 없이 배운다. 사람의 심리를 꾸준히 연구하고 성공에 이르기 위해 부지런히 노력한다면 당신이 하는 모든 일에서 큰 성과를 거둘 수 있다.

허점을 드러내지 않는 체계적인 사고

풀리지 않는 문제 하나가 계속 당신의 발목을 잡고 놓아주지 않는다면 어떻겠는가? 미쳐버릴 것이다. 그런데 유능하고 똑똑하다는 사람들도 풀리지 않는 문제 때문에 괴로울 때가 있다. 왜 잘 나가던 사람들도 이렇게 슬럼프에 빠질까? 원인은 이들도 가끔씩 두뇌의 퓨즈가 끊기고 사고방식에 허점이 드러나는 때가 있기 때문이다. 보통 이런 상황에 처했을 때 사람들은 기존의 사고방식에 따라 문제를 해결하려고 한다. 하지만 위기의 순간에 일반적인 사고는 아무런 도움이 되지 않는다.

풀리지 않는 문제에 직면했을 때는 체계적인 방법에 따라 다양한 시각에서 문제를 바라보고 해결책을 찾아야 한다. 그동안 나쁘게만 봐왔던 일이 정말 나쁜 일이라기보다는 사실은 내가 제대로 이해하지 못했던 일일 수도 있고, 인생이 극심한 혼란에 빠진 것 같지만 사실은 잠시 해결 방법을 찾지 못해 방황하는 것일 수도 있다. 모든 것은 우리 머릿속에 사고의 허점이 존재하기 때문이다.

캐나다 우주항공국에서 우주비행사를 우주로 보내는 계획을 준비 중이었다. 그런데 준비를 모두 마쳤을 즈음 그들은 한 가지 중요한 사실을 보고받았다.

'우주비행사들이 무중력 상태에 있을 때는 볼펜을 사용할 수 없음.'

그래서 그들은 10년에 걸쳐 총 120억 달러를 투자해 무중력 상태뿐만 아니라 영하 300도에서도 사용할 수 있는 볼펜을 개발했다. 하지만 러시아에서 같은 보고를 받았을 때 그들은 이 문제를 캐나다만큼 복잡하게 해결하지 않았다. 그들은 볼펜 대신 연필을 사용하는 것으로 문제를 해결했고 투자비용도 고작 1달러밖에 들지 않았다.

사람들은 사고 과정에서 무의식적으로 정해진 틀에 갇히고 만다. 이는 정형화된 사고방식에 따른 필연적인 결과다. 지금 우리는 정보가 매일같이 폭발적으로 늘어나는 시대에 살고 있다. 그러므로 세상의 모든 지식과 경험을 소유할 수 있는 사람은 없다. 다시 말해, 인간의 사고에는 비교적 큰 면적의 사각지대가 존재할 수밖에 없다는 뜻이다. 심리학적으로 분석해보면 사람은 누구나 선택적 주의력을 갖고 있다고 한다. 선택적 주의력이란 자신의 취미, 가치관, 경험과 관련된 일에 더 많은 주의를 기울이는 것을 의미한다. 나머지 부분은 관심의 사각지대에 놓여 주목받지 못하거나 그대로 잊힌다. 책을 집중해서 읽고 있으면 창밖에서 지저귀는 새소리가 들리지 않고 생각에 잠겨 길을 걷다 보면 지나가는 사람들을 하나도 보지 못하는 것처럼 말이다. 이런 현상은 모두 사고의 사각지대 때문에 생긴다.

경쟁에서 상대를 제압하는 방법

개인뿐만 아니라 기업들도 사고의 사각지대 현상에 빠지면 큰 곤경에 처한다. 대표적인 예가 노키아다. 노키아는 인터넷시대에 걸맞은 새로운 사고방식을 갖추지 못해 업계에서 설 자리를 잃고 마이크로소프트에 헐값에 인수되었다.

노키아의 최고경영자를 지냈던 올리 페카 칼라스부오는 이렇게 말했다.

"하룻밤 사이에 애플·구글·마이크로소프트 등의 기업이 우리의 경쟁 상대가 되었다."

일반 휴대전화가 스마트폰으로 진화하는 동안 노키아는 내내 깊은 잠에 빠져 있었다. 그들의 사고방식은 과거의 성공에 취해 인터넷의 발전 추세와 변화를 보지 못했다. 사실 애플·구글·마이크로소프트와의 경쟁은 이미 오래 전에 시작되었지만 선택적 주의력의 영향으로 노키아는 자신의 하드웨어 기술에만 주목했을 뿐 시대의 큰 흐름을 읽지 못했다. 인터넷기술이 빠르게 발전하면서 각종 소프트웨어가 주를 이루고 하드웨어는 일종의 도구로 전락했다는 사실을 몰랐다. 노키아가 역사 속으로 사라진 원인은 사고의 사각지대 때문이다. 그들은 적군이 자신의 집 대문을 부수고 들어왔을 때에야 깊은 잠에서 깨어났다. 하지만 안타깝게도 때는 이미 늦었다.

경영학적인 측면에서 본다면 사람들은 '현상 유지'라는 사고의 사각지대 현상에 빠지기 쉽다고 한다. 사람들은 일반적으로 어떤 일을 시작하려고 할 때 현재의 상황과 비교하곤 하는데, 새로운 것 혹은 사건이 현재의 것보다 현저히 월등하지 않으면 현상을 유지하려고 한다. 도전이나 새로운 변화를 원하지 않는다는 뜻이기도 하다. 기업의 리더가 이런 사고의 사각지대를 갖고 있다면 시대의 흐름에 조금씩 뒤처지다가 결국 낙오할 것이다. 실제로 카메라 필름 업계를 주름잡던 코닥은 디지털시대로의 변화에 제때 대응하지 못해 경쟁에서 점차 밀리고 말았다.

경험이 풍부하다는 것은 자랑할 만한 일이다. 하지만 과거의 경험에 얽매여 새로운 지식과 기술을 받아들이지 못한다면 경험은 전진을 방해하는 장애물일 뿐이다. 기업의 경영자로서 사업의 새로운 돌파구를 찾고 싶다면 사고의 장벽을 깨뜨리고 새로운 분야를 과감히 뛰어드는 용기가 절실하다. 새로운 사고방식으로 사고의 사각지대를 없애야 새로운 기회가 찾아온다.

사고의 사각지대를 없애는 방법에는 어떤 것들이 있을까?

첫째, 사고의 사각지대를 없애고 싶다면 완전히 새로운 사고방식이 필요하다. 그러려면 주변에서 벌어지고 있는 모든 문제들을 한 자도 빠짐없이 모두 머릿속에 입력해야 한다. 여기서 반드시 명심해야 할 점은 당신이 관심 있는 문제들만 고르는 것이 아니라 모든 내용을 머릿속에 담아야 한다는 사실이다.

둘째, 사고의 사각지대를 없애려면 문제를 정확하게 보고 기회를 포착하는 능력을 키워야 하는데, 이때 무엇보다 절실한 것은 끈기와 인내심이다. 때로는 어떤 기회가 찾아왔는데 당장에 돌아오는 보상이 적어 고민하는 경우도 있다. 하지만 단기간에 큰 보상을 얻는 일은 그리 쉽게 찾을 수 없다. 그러므로 자신의 직관과 현실을 잘 고려해 최적의 답안을 찾아야 한다.

셋째, 사각지대를 없애고 체계적인 사고를 하고 싶다면 자신의 논리를 나무의 가지를 그리듯 그림으로 표현해보는 방법을 활용해본다. 먼저 큰 문제를 줄기로 표현하고 이에 수반되는 작은 문제들을 줄기에서 뻗어 나가는 가지들로 그려나간다. 생각을 정리하며 가지의 수가 줄어들수록 판단력은 더 명확해진다.

요즘 시대는 기업인들이 회사를 경영하기 더 어려워졌다. 단순히 시간과 노력을 투자하는 것 외에도 체계적인 사고로 올바른 결정을 내리고 전략과 전술을 완벽히 통일시켜야만 노키아·코닥 등과 같은 전철을 밟지 않기 때문이다.

인터넷시대에는 체계적인 사고능력을 갖추는 것이 무엇보다 중요하다. 이런 사고능력은 당신이 얼마나 큰일을, 얼마나 많이 할 수 있느냐를 결정한다. 한 가지 문제만 바라보거나 문제의 한 면만 본다면 영원히 큰 그림을 그릴 수 없다. 체계적인 사고능력으로 쪼개지고 다원화된 세상을 하나로 연결해야만 문제의 핵심을 찾을 수 있다.

애플의 창시자 스티브 잡스는 혁신의 아이콘으로 불린다. 그의 사고방식은 일반적인 엔지니어들이 갖고 있는 것과는 확연히 달랐다. 그는 한 가지 기술을 한 가지 문제에만 적용하는 법이 없었다. 다시 말해 그에게는 체계적인 사고능력이 있었다. 그의 생각은 한 가지에만 국한되어 있지 않았기 때문에 MP3에 인터넷을 결합하고, 여기에 전화의 기능도 갖춘 아이폰과 아이패드를 창조할 수 있었다. 그가 만들어낸 작품 중 가장 위대한 것은 앱스토어인데, 이것이야말로 사람들의 수요를 정확히 예측한 발명품이라고 할 만하다. 현재 스마트폰에 가장 많이 사용되는 시스템은 구글의 안드로이드 시스템과 애플의 시스템이다. 빌 게이츠가 이끄는 마이크로소프트는 유독 이 영역에서만 두각을 나타내지 못했다.

그렇다면 중국인들은 무엇을 하고 있을까? 중국의 많은 노동력이 외국 브랜드 휴대전화 하드웨어를 만드는 데 투입되고 있는데 왜 저들과 같은 시스템을 만들지 못할까? 이 분야에서 중국의 결과물은 거의 제로에 가깝다. 이는 중국인들에게 흔한 사고방식 때문이다. 중국에서는 어렸을 때부터 한 번에 한 가지 일에만 전념하도록 교육을 받기 때문에 중국인들의 종합적인 사고능력은 많이 떨어지는 편이다. 반면에 서양 사람들은 유치원, 초등학교 때부터 체계적인 사고능력을 키우도록 교육을 받으며 수업시간에 발산적 사고와 연상능력을 마음껏 펼치도록 장려 받는다. 중국의 수업시간에 발산적 사고와 연상능력을 펼치는 아이들이 있다면 '주제에서 벗어났다'는 이유로 선생님께 야단맞을 것이다.

나라들끼리는 물론 개인의 인생에도 이런 차이는 존재한다. 왜 어떤 사람은 하는 일마다 성공하는데 어떤 사람은 무슨 일을 해도 실패만 거듭할까? 사실 한 가지 일을 성공시키지 못하는 사람이 다른 일을 한다고 성공한다는 보장은 없다. 특히 요즘같이 산업 간의 경계가 허물어지고 있는 시대에 한 가지 일을 성공시키려면 여러 가지 일을

경쟁에서 상대를 제압하는 방법

한꺼번에 처리해야 한다. 이런 상황에서 무슨 일을 해도 계속 실패만 하는 사람은 한 가지 일에만 집중하고 있기 때문이다. 반대로 하는 일마다 성공하는 이들은 체계적인 사고로 전혀 상관없어 보이는 일들 사이의 경계를 허물고 하나로 융합시키는 현대 사회의 성공 비결을 깨달은 사람들일 것이다.

인류의 사고방식은 끊임없이 변화하면서 발전하고 있는데, 현대 사회에서는 체계적인 사고방식이 가장 주목받고 있다. 체계적인 사고방식은 더 이상 한 가지 속성에만 국한되지 않고 대상들 간의 연결 관계와 각 요소들 간의 연결 관계로 복잡한 대상의 특성을 이해한다. 체계적인 사고방식은 나날이 그 중요성이 높아지고 있으며 스티브 잡스 역시 이런 사고방식으로 큰 성공을 거두었다.

체계적인 사고능력을 갖춘 사람은 산업 간의 경계를 자유자재로 뛰어넘는 종합적인 인재가 될 수 있다. 인터넷시대에 이런 능력은 선택이 아니라 필수다. 그러므로 시대의 흐름에 뒤처지거나 도태되지 않으려면 부지런히 이 과제를 완수해야 한다.

/ 3장 /

인생의
고비를
넘기는
비밀무기

인생의 고비는 사실 사고방식에 문제가 생겼을 때 다가온다.
최악의 순간에서도 생각을 바꿀 수 있는 능력을 갖고 있다면 위기 역시 기회로 만들 수 있다.

일은 당신 인생에서 대부분을 차지한다. 그러므로 의미 있다고 생각하는 일을 해야
만족감을 느낄 수 있다. 위대한 일을 할 수 있는 단 한 가지 방법은 그 일을 사랑하는 것이다.
아직까지 자신이 사랑하는 일을 찾지 못했다면 현실에 안주하지 말고 계속 찾아라.
모든 위대한 사랑과 마찬가지로 위대한 일은 세월의 흐름 속에 그 깊이를 더해간다.
그러니 성공을 손에 넣기 전에는 발걸음을 멈추지 마라.

-스티브 잡스

남이 아니라
내게 맞는 것부터

내게 가장 어울리는 길은 반드시 있다

사람은 각자 이 세상에서 유일무이한 존재다. 독일의 철학자 라이
프니츠는 이렇게 말했다.

"같은 나무의 그 어떤 나뭇잎도 다른 나뭇잎과 모양이 완전히 똑같
을 수는 없다."

마찬가지로 이 세상에는 당신과 완전히 똑같은 사람은 없다. 당신
의 모습, 성격, 사고방식 모두 세상에 단 하나뿐인 특별한 것이다. 그
런데 왜 많은 이들이 이렇게 특별한 자신을 놔두고 다른 사람의 그림
자만 좇을까?

위대한 발명가이자 기업가였던 스티브 잡스는 일찍이 이렇게 말했다.

"당신이 하는 일을 사랑해야만 위대한 성과를 얻을 수 있다. 자신이 좋아하는 일을 아직 찾지 못했다면 멈추지 말고 계속 찾아라. 자신의 속마음을 자신이 가장 잘 알듯이 그 일을 찾는다면 당신의 마음이 가장 먼저 알아차릴 것이다."

모든 인생의 목표는 결국 자신의 존재 가치를 드러내는 것 아닐까. 광고업계에서는 독특한 창의력으로 자신의 가치를 보여준다. 마찬가지로 인생도 남들과 똑같은 방식이 아닌 자신만의 독특한 방식으로 가치를 드러내야 한다. 사람에게는 각자 타고난 재능이 하나씩 있다. 그러므로 살면서 이런 재능을 소중하게 여기고 더욱 발전시키는 노력이 절실하다.

1978년에 출간한 데이비드 오길비의 자서전《피와 두뇌와 맥주》에는 이런 말이 나온다.

'내 인생은 다양한 공간에서 몇 단계에 걸쳐 완성되었다. 파리에서는 주방장으로 일했고, 스코틀랜드에서는 난로를 팔았으며, 할리우드에서는 여론조사를 했다. 또 정보기관에서 일했으며, 기독교의 한 종파인 아미시파 사람들과 농사를 짓기도 했다. 그런 다음 광고회사를 설립했다.'

그는 1949년, 38세에 뉴욕에 광고회사를 설립했다. 당시 그는 내

세울 만한 학벌이나 인맥도 없었고, 통장에는 겨우 6천 달러뿐이었다. 하지만 10년 후 그가 세운 회사 오길비 앤 매더는 전 세계 5대 광고대행사 중 하나로 성장했고, 29개 나라에 지사를 세웠으며, 천 명이 넘는 클라이언트와 8억 달러에 육박하는 수익을 거두었다.

각종 언론 매체에서 데이비드 오길비를 극찬하는 기사가 쏟아져 나왔다. 《타임》은 '그는 이 시대에 가장 영향력 있는 인물이다'라고 했고, 《뉴욕타임스》는 '그는 창의력으로 현대 광고계를 이끌고 있다'고 평가했으며, 《애드버타이징 에이지》는 '그는 예리한 통찰력과 전통적인 관념을 뒤엎는 과감함으로 광고업을 빛내고 있다'고 했다. 더구나 1982년, 프랑스 잡지 《렉스팡시옹》은 20세기 산업혁명을 이야기하면서 그를 아인슈타인·레닌·마르크스 등과 함께 20세기 산업혁명에 영향력을 미친 11명 중 한 사람으로 꼽았다. 심지어 그를 '현대 광고계의 교황'이라고 평가하기도 한다.

작은 식당의 주방장이었던 그가 현대 광고계의 교황이라는 칭호를 얻다니 정말 놀라운 발전이 아닌가. 그런데 광고 만드는 일에 소질이 있는 사람을 평생 주방에서만 일하도록 한다면 인생이 얼마나 무료하고 의미 없을까. 사람은 각자 자신에게 맞는 길이 있다. 이것저것 시도하고 부딪쳐보면서 자신의 잠재력을 찾아낸다면 데이비드 오길비처럼 자신에게 맞는 길을 찾을 수 있다.

세상 어딘가에는 나만의 무대가 반드시 준비되어 있다. 하지만 이런 무대는 당신이 적극적으로 찾을 때만 만날 수 있다. 좋아하지도 않는 일에 시간을 낭비하거나 새로운 일을 시작하기에 너무 늦었다

인생의 고비를 넘기는 비밀 무기

고 시도하지도 않고 포기해서는 안 된다. 당신이 시작할 마음만 있다면 영원히 늦지 않는다. 데이비드 오길비가 광고회사를 설립했을 때의 나이는 38세였다. 중년에 가까운 나이였지만 그의 인생은 그 순간 시작되었다. 38세를 아무것도 다시 시작할 수 없는 나이라고 규정해 버린다면 당신이 할 수 있는 일은 무덤을 지키는 것뿐이다.

늘 남들이 하는 대로 따라 하는 사람은 점점 개성을 잃다가 나중에는 자신의 진짜 모습마저 잃는다. 아무 생각 없이 지극히 단순한 일을 반복하다 보면 창의력과 상상력은 점점 사라진다. 또 당신의 모습은 네모인데 동그라미인 사람을 따라 한다면 아무리 열심히 노력해도 계속 어긋나고 심신은 지쳐 갈 것이다. 당신이 원하는 삶이 이런 것인가.

누구나 성공하고 유명해지고 싶어 한다. 부자는 아니더라도 최소한 가난해지고 싶은 사람은 없다. 이때 가장 효과적인 방법은 모습을 360도 바꿔버리는 것이 아니라 좋아하는 일이 무엇인지, 자신에게 어떤 재능이 있는지 찾아내는 것이다. 당신의 모습이 네모라면 굳이 동그라미 모양으로 변할 필요는 없다. 내면의 소리에 귀를 기울인다면 조금 멀리 돌아가더라도 결국은 자신의 길을 찾을 수 있다.

많은 사람들이 중도에 포기하고 주어진 재능과 사명을 낭비하며 살아가는 것에 비해 자신의 길을 찾은 사람은 행복하다. 우리는 언제 어디서나 유일무이한 자신의 모습을 잘 지켜나가야 한다. 하지만 인간은 태생적으로 무리지어 살기 좋아하는 동물이기 때문에 어떤 무리에 속해 있어야만 안정감을 느낀다. 이럴 경우 문제는 시간이 흐르다 보면 같은 무리의 사람들끼리는 사고방식이 비슷해지고 개인의 독립적인 사고능력은 점차 잃는다는 것이다.

예를 들어보자. 당신이 속한 기관 혹은 회사에 10명 이상의 사람들이 있다면 분명 작은 무리가 생겨날 것이다. 이때 당신이 어떤 무리에도 속해 있지 않을 경우 당신은 독립적인 인격과 사고방식으로 일을 처리할 것이다. 하지만 일단 무리에 속하고 나면 당신의 생각은 무리 사람들과 점점 비슷해지고, 언제부터인가 다른 사람의 사고방식에 따라 일을 처리하는 자신과 마주한다. 그러면 당신은 무리에 속해야 하지만 자신의 생각을 자유롭게 표현할 수 없음에 좌절감과 무력감을 느끼고 인생의 막다른 길에 놓인 것 같은 생각에 빠진다. 이것은 몹시 위험하다.

그렇다면 어떻게 해야 자신의 사고방식을 되찾고 인생의 막다른 길에서 벗어날 수 있을까? 먼저 어떤 무리에 들어갈 때 자신의 개성과 사고방식을 얼마나 희생해야 하는지, 그렇다면 그럴 만한 가치가 있는 곳인지 등을 정확하게 이해해야 한다. 가장 중요한 것은 속하고자 하는 무리의 사고방식이 자신의 개성이나 인생 목표와 부합하는지 알아보는 것이다. 전혀 부합하지 않는 곳이라면 나와 맞는 무리를 찾아보는 것이 좋다.

사람이 사는 목적이 편안한 무리를 찾는 데 있지는 않다. 오랫동안 안정감을 누리다 보면 나태해지고 위축되기 쉽다. 자신이 일생 동안 어떤 일을 하고 싶은지, 어떤 무리가 자신의 열정을 키울지, 어떤 무리가 자신을 성장시켜줄지 알아보는 것은 매우 중요하다.

이때 활용할 수 있는 효과적인 도구 중 하나가 인터넷이다. 직업이

인생의 고비를 넘기는 비밀 무기

나 동아리 모임을 선택해야 할 때 인터넷 검색으로 무리의 특성이나 추구하는 목표가 자신과 잘 부합하는지 등의 정보를 수집할 수 있다. 또 이미 무리에 속해 있는 선배들을 찾아 당신의 생각과 고민을 이야기해보는 것도 좋다. 십 년의 공부보다 선배들의 한마디 조언이 더 효과적이기도 하다. 혹시나 당신의 포부나 계획이 잘못되었다면 그들의 도움을 받아 수정할 수 있으니 말이다.

스티브 잡스는 이렇게 말했다.

> "당신에게 주어진 시간은 한정되어 있다. 그러니 다른 사람을 위해 살거나 그들의 생각이 당신을 좌우하도록 놔두지 마라. 가장 중요한 것은 자신의 내면에 귀를 기울이고 직감을 따르는 것이다. 자신의 내면과 직감만이 가장 진실한 생각이기 때문이다. 다른 것들은 모두 중요하지 않다."

내면의 소리에 집중하고 자아를 잃어버리지 않는다면 성공은 그리 멀리 있는 것이 아니다. 하늘에서 당신에게 내려준 재능을 십분 활용해 성공하는 것만이 인생을 헛되이 살지 않는 길이다.

특별하다고 해서 잘못된 것은 아니다

세상을 살면서 특별하다는 것은 좋은 일이기도 하지만 많은 위험이 따른다. 그러므로 특별하게 살고 싶다면 세상 사람들의 시선과 압박에 과감히 맞서야 한다. 사람들은 자신과 비슷한 부류와 함께 있기를 좋아하기 때문에 특별한 사람이 나타나면 다른 부류로 인식하고 배척한다. 특별한 사람은 십자가형을 당한 예수처럼 고통을 감내해야 하는지도 모른다.

예수는 제자들을 데리고 설교 여행을 다니며 많은 이들을 고통에서 구해내는 기적을 보여주었다. 그는 남들이 감히 하지 못하는 일을 해냈고 통치자와도 과감히 맞섰다. 이런 행위는 매우 특별한 것이었고 많은 오해를 불러와 그를 위험에 빠트렸다. 사람들은 그를 십자가에 못 박으라 요구했고, 특별했던 그의 삶은 이렇게 비극적인 결말을 맞이했다.

하지만 정말 비극적인 결말이었을까? 예수의 제자들은 여전히 세계 곳곳에 분포해 있고 그의 영향력은 시간이 흘러도 사그라지지 않았다. 반면에 당시 예수를 비난하고 배척했던 일반 사람들은 어떻게 되었는가? 그들은 먼지처럼 아무 흔적도 남기지 않고 사라져버렸다.

특별한 사람은 남들과 다르고 정신이 나간 것처럼 보이지만 세상은 이런 사람들을 필요로 한다. 이들이 없었다면 인류는 아무런 발전도 없이 지금껏 원시 상태에 머물러 있었을 것이다. 특별한 사람들은 조약돌로 잔잔한 수면을 가르듯 세상에 놀라운 변화를 일으켰다.

스티브 잡스는 이렇게 말했다.

"여기 미친 사람들이 있습니다. 사람들은 이들을 단순히 미친 사람으로 보지만 우리는 그들에게서 천재성을 봅니다."

특별한 사람들이란 원대한 꿈이 있고 독립적인 사고능력을 가진 이들이다. 80퍼센트의 사람들은 모두 비슷한 생각을 갖고 있고 20퍼센트의 사람들만이 남들과 다르게 생각한다. 그런데 결국 성공하는 이들은 이 20퍼센트다. 그러므로 당신이 성공한 20퍼센트의 사람들 무리에 속하고 싶다면 남들과 다르게 생각하는 능력을 키워야 한다.

비즈니스 세계에서 기업의 특별함은 포지셔닝에 따라 결정된다. 모든 분야에서 두각을 드러내는 기업은 없으며, 반드시 한 가지 분야 혹은 한 가지 제품에 집중해야 성공할 수 있다. 남들이 하는 사업이 잘 된다고 해서 아무런 차별화도 없이 무작정 따라 한다면 결코 경쟁력을 갖춘 기업으로 키울 수 없다.

미국에 관을 주로 제작하는 기업이 있었다. 이들은 자기네들이 제작한 관은 물이나 이물질이 새어 들어가지 않는다고 대대적으로 광고했다. 포지셔닝 개념의 창시자이자 마케팅전략의 대가인 잭 트라우트는 이 소식을 듣고 관을 제작하는 공장을 직접 참관하기로 했다.

그런데 그가 도착했을 때 공장 안에서 요란한 기계음이 들려왔다. 그가 책임자에게 이것이 무슨 소리냐고 묻자 책임자는 관에 이물질이 새어 들어가는지 시험하는 소리라고 대답했다. 그러자 잭 트라우트가 빙그레 웃으며 말했다.

"그리고 보니 당신네들의 광고 전략은 정말 대단하오! 사실 소비자들은 관에 들어가 땅에 묻히고 나면 물이 새어 들어간다고 한들 아무

말도 하지 못하지 않겠소."

당신이 한 기업의 리더라면 자사의 제품을 다른 기업과 차별화하는 것이 무엇보다 중요하다. 미국의 이 기업은 전 세계에서 유일하게 물이 새어 들어가지 않는 관이라고 홍보하며 업계에서 독보적인 위치를 선점했다.

남들과 다른 특별함은 치열한 경쟁 속에서도 자신의 길을 찾게 도와준다. 그런데 동종업계들의 경쟁이 날로 치열해지면서 이제 웬만한 특별함은 어디에나 존재하는 흔한 것이 되었다. 그렇다고 다른 사람들의 뒤꽁무니만 따라다니다 보면 상황은 더욱 악화된다. 반드시 자신의 핵심 경쟁력을 찾아 경쟁에서 살아남아야 한다.

비즈니스 세계에서뿐만 아니라 개인의 인생에도 특별한 포지셔닝 전략이 절실하다. 자신의 생각을 리드하고, 주어진 재능을 적극 활용하며, 남들과 다른 특별함을 발휘한다면 어떤 분야에서도 최고가 될 수 있다.

세계의 위대한 인물들을 살펴보면 그들은 대부분 타고난 천재가 아니었지만 한 분야에서만큼은 뛰어난 재능을 발휘했다. 예를 들어 오바마 대통령은 정치에서, 이소룡은 무술에서 두각을 나타낸 것처럼 말이다. 데이비드 베컴은 축구장에서는 스타지만 마이클 잭슨과 노래 실력을 비교한다면 형편없을 것이다. 스티븐 스필버그는 영화계에서는 천재로 통하지만 워런 버핏과 투자 내기를 한다면 속옷 한 장 건지기 힘들 것이다.

타이거 우즈는 전 세계에서 가장 뛰어난 골프 선수 중 한 명이다.

하지만 그의 유년 시절은 현재의 명성만큼 화려하지 않았다.

당시 그의 집은 형편이 어려워 밥을 배불리 먹는 것조차 어려웠고, 그에게 골프란 돈 있는 사람들의 게임에 불과했다. 그런데 그런 그가 어떻게 골프선수가 되었을까? 어린 타이거 우즈는 부모님의 경제적인 부담을 줄여 드리려고 시간이 날 때마다 골프장에서 손님들의 공을 주워 오는 아르바이트를 했는데, 골프장에 있는 시간이 많다 보니 저절로 골프를 익혔다. 그러면서 그는 학교에 입학하기도 전 9홀에 48타라는 놀라운 성적을 보여주었고, 다섯 살 때는 《골프 다이제스트》라는 잡지에 보도되기도 했다. 부모님은 이런 그의 재능을 묻히게 두지 않고 골프를 계속 하도록 격려하며 지원해주었다.

이후 그는 18살에 당시로서는 최연소의 나이로 미국 아마추어 골프 챔피언십에서 우승을 거두었고, 1997년에는 세계 최고 선수로 등극했다. 그는 공식 데뷔한 지 고작 42주 만에 1위의 자리에 오르며 스포츠 역사상 가장 빠른 성장을 보여주었다.

오바마 대통령에서 타이거 우즈까지 이들의 유년 시절은 결코 평탄하지 않았다. 하지만 이들은 이런 상황에 좌절하지 않고 각자의 분야에서 뛰어난 재능을 발휘하며 최고가 되었다. 타이거 우즈가 당초 골프장에서 특별한 재능을 찾지 못했다면 오늘날 같은 성공은 누리지 못했을 것이다. 그러므로 모든 분야에서 잘하려고 애쓰지 말고 자신이 가장 자신 있는 분야에서 특별함을 발휘하고 최고가 되도록 해야 한다.

어떻게 하면 특별한 사람이 될 수 있을까?

먼저 자신의 특징을 잘 알아야 한다. 심리학적으로 보면 모든 사람들이 비슷비슷한 특징을 갖고 있는 것 같지만 자세히 들여다보면 그 사람만의 두드러진 특징이 있다고 한다. 예를 들어 아인슈타인 하면 뛰어난 두뇌가, 마릴린 먼로 하면 섹시함이, 이소룡 하면 무술이 떠오르는 것처럼 말이다. 하지만 안타깝게도 많은 사람들이 자신의 특징을 제대로 알지 못한 채 평생을 흐지부지 보낸다. 노년이 다 되어 이를 깨달은 사람들은 왜 젊은 시절에 진작 열심히 알아보지 않았는지 후회한다. 사는 동안 자신을 대표하는 상징을 찾고 남들과 다른 특별함을 찾아낸다면 언제 어디서라도 사람들의 주목을 받을 수 있다.

다음으로 한 가지 일에 집중해야 한다. 사람들은 일이 조금만 순조롭게 풀려도 자신의 능력을 과대평가하고 무엇이라도 성공할 수 있으리라 믿는 경향이 있다. 하지만 어떤 일이라도 한 가지에 집중해 10년 넘게 내공을 쌓아야만 진정한 성공이라고 말할 수 있다. 심리학에 '배제 원칙'이라는 중요한 법칙이 있는데, 이는 한 사람이 동시에 두 개의 일을 할 수 없다는 뜻이다. 시간을 여러 가지 일에 낭비하다 보면 결국 아무것도 얻지 못한 채 주어진 재능마저 발휘하지 못한다.

사람 역시 기업의 제품처럼 핵심 경쟁력이 있어야 한다. 향이 좋아 인기가 많았던 치약 브랜드가 있었다. 그런데 인기가 많아지자 이 회사에서는 본래의 핵심 경쟁력이었던 향은 간과한 채 유행에 따라 브랜드를 계속 확장시켰고 결국 그들의 제품은 아무 개성도 없는 보통 치약이 되고 말았다. 이로써 향이 좋아서 이 브랜드의 치약을 선택했던 많은 고객들을 잃었고 현재 고작 0.8퍼센트의 시장점유율만 차지하고 있을 뿐이다. 이처럼 개인이거나 기업이라도 자신의 특별함을 버리고 남들과 똑같이 되려고 하면 결국 큰 어려움을 만나고 만다.

성공하고 싶다면 특별한 일을 해야 한다. 그리고 이 특별한 일에는 당신의 재능과 흥미가 뒷받침되어야 한다. 당신의 특별함을 찾았다면 축배를 들어라. 당신은 이미 성공으로 가는 길 위에 있는 것과 마찬가지니 말이다.

역경에서 전략적으로 사고하라

역경은 끝이 아니라 도약하는 기회다

인생을 살다 보면 누구나 크고 작은 어려움을 만난다. 그런데 어떤 사람은 조그만 어려움에도 주저앉아 일어나지 못하는가 하면 또 어떤 사람은 고난을 겪으면 겪을수록 더욱 단단해지는 사람이 있다. 이들의 차이는 무엇일까?

어려움에 처했을 때 제대로 극복할 수 있느냐는 그 사람이 가진 사고방식에 달렸다. 역경은 여정의 종착점이 아니라 기적이 창조되는 시작점이라는 사실을 명심해야 한다. 그런데 이렇게 긍정적으로 생각하려면 특별한 사고방식뿐만 아니라 대범함을 지녀야 한다. 그렇다 보니 역경을 극복하고 새로운 기회를 얻는 사람은 소수고 대부분의 사람들은 어려움에서 헤어 나오지 못한다.

성공한 사람들은 고난이 닥칠수록 더 열심히 싸우겠다는 의지를 불태운다. 사람은 누구나 성공을 꿈꾼다. 그런데 한 번의 시도로 실패 없이 성공한다면 좋겠지만 현실은 그렇게 녹록하지 않다. 스티브 잡스조차도 여러 역경의 순간들을 극복하고 나서야 성공의 자리에 올랐다. 그는 자신이 세운 애플에서 퇴출당하고 능력을 인정받지 못하는 힘든 순간들이 있었지만 포기하지 않고 최선을 다해 앞으로 나아갔다.

스티브 잡스는 이렇게 말했다.

"인생을 살다 보면 때로는 벽돌로 뒤통수를 맞은 것 같은 기분이 들 때가 있다. 하지만 결코 자신감을 잃지 마라. 내가 끊임없이 전진하는 이유는 지금 하고 있는 일을 사랑하기 때문이다. 인생에서 평생의 반려자를 찾는 것처럼 일에서도 당신의 최고의 사랑을 찾아야 한다. 일은 당신 인생에서 대부분의 시간을 차지한다. 그러므로 의미 있다고 생각하는 일을 해야 만족감을 느낄 수 있다. 위대한 일을 할 수 있는 단 한 가지 방법은 그 일을 사랑하는 것이다. 아직까지 자신이 사랑하는 일을 찾지 못했다면 현실에 안주하지 말고 계속 찾아라. 모든 위대한 사랑과 마찬가지로 위대한 일은 세월의 흐름 속에 그 깊이를 더해간다. 그러니 성공을 손에 넣기 전에는 발걸음을 멈추지 마라."

그의 말에서 무엇이 느껴지는가? 열정이다. 아무리 큰 어려움에 빠져도 열정만 있다면 계속 전진하면서 새로운 기회를 찾을 수 있다. 역경의 순간에 인생의 돌파구를 찾고 싶다면 창의적인 사고방식은 물론이고 지금 하고 있는 일에 흥미와 열정이 있어야 한다. 열정이 없으면 아주 작은 시련에도 자신감을 잃고 포기하고 만다. 큰 포부와 신념을 가진 사람에게 역경이란 마음을 단련시키는 훈련에 불과하며 저항력을 길러 성공의 목적지에 더 빨리 다다르게 해준다.

역경은 실패의 동의어가 아니다. 오히려 그 이면에는 엄청난 기회가 숨겨져 있다. 케네디 대통령은 위기라는 단어에는 위험과 기회, 이두 가지 뜻이 모두 들어 있다고 설명했다.

"희망에서 기쁨을 얻고, 역경에서 인내를 배운다."

정치권이나 경제권이라도 늘 순탄할 수만은 없다. 위기의 순간이 닥쳤을 때 좌절과 절망은 피할 수 없다. 하지만 그렇다고 해서 그대로 주저앉아서는 안 된다. 이런 위기를 도전이라고 생각하고 사고방식을 전환한다면 위기 국면을 기회로 바꾸고 나아가 자신의 운명을 바꿀 수 있다.

모두가 알다시피 경제위기는 수많은 기업과 상인들의 악몽이다. 그런데 같은 부자들이라고 해도 경제위기라는 역경 속에 무너져 재기하지 못하는 사람들이 있는가 하면 아무리 큰 위기가 닥쳐도 제자리를 지키거나 오히려 더 큰 돈을 버는 사람들도 있다. 이들이 위기

인생의 고비를 넘기는 비밀 무기

속에서 돈을 버는 방법은 두 가지다. 부자 혹은 서민들을 상대로 사업을 벌이는 것이다. 영국은 빈부격차가 특히 심한 나라인데, 금융위기가 닥쳤을 때 부자 순위에 이름이 올랐던 사람들 대부분이 이런 방법으로 부를 유지했다. 그중에는 계속해서 부자들에게 사치품을 제공하는 사람들도 있었고, 중산층 혹은 서민들과 경제위기의 어려움을 함께 나누며 그들에게 특혜를 주는 이들도 있었다.

예를 들어, 1차 경제위기가 닥쳤을 때 호텔업에 종사하는 데이비스는 영국 교외에 30여 개의 호텔을 운영하고 있었다. 그런데 경기가 어려운 상황에서도 그의 호텔은 여전히 최고급 서비스를 제공했고, 샌드위치 한 개의 가격이 100파운드로 기네스북에 오를 만큼 비쌌지만 판매량에는 영향이 없었다. 한편, 펍 체인인 제이디 웨더스푼의 경영방식은 조금 달랐다. 이 펍에서는 소시지와 계란 그리고 감자튀김만으로 간단히 구성된 세트메뉴를 저렴한 가격에 제공해 서민들의 부담을 줄여주었다. 이로써 창립자이자 이사회 의장인 마틴의 몸값은 경제위기 이후 4천만 파운드나 뛰었다.

억만장자들의 사고방식은 일반인들과는 확실히 다르다. 그래서 어떤 위기 상황이 닥쳐도 쉽게 무너지지 않는다. 그러므로 이들과 같은 억만장자가 되고 싶다면 부지런히 뛰어다닐 생각만 하지 말고 차분히 앉아 사고방식을 바꾸는 연습을 해야 한다. 부자들의 사고방식을 가질 수 있을 때 비로소 부자가 될 수 있는 희망이 생긴다. 그렇지 않으면 아무리 쉬지 않고 일해도 모두 소용이 없다.

역경의 순간에 당신은 절망감에 사로잡혀 헤어 나오지 못하는데 누군가는 똑같은 위기 상황을 기회로 삼아 큰돈을 번다면 억울하지 않겠는가. 그러니 사고방식을 바꾸지 않을 이유가 없다.

인간은 만족을 모르는 동물이며, 누구나 성공하고 싶어 한다. 그래서 시련이 닥쳤을 때 모든 사람들의 마음속 깊은 곳에는 굴복하지 않으려는 의지가 숨어 있다. 하지만 막무가내로 버틴다고 해결되는 일은 아니다. 사고방식을 바꾸고 무엇보다 성숙한 마음을 지녀야 한다. 중국 최대 가전업체인 하이얼그룹의 최고경영자 장루이민은 이렇게 말했다.

"겨울의 혹독한 추위에서 살아남을 수 있다면 봄에 가장 아름다운 꽃을 피울 것이다."

그렇다. 역경 속에서 쓰러지지 않고 살아남는다면 곧 인생의 봄날을 맞이할 수 있다. 스스로 포기하지 않는 한 역경은 우리를 무너뜨릴 수 없다. 올바른 목표를 세웠는데 크고 작은 시련 때문에 포기한다는 것은 너무 안타까운 일이다. 차가운 얼음과 뜨거운 불을 견뎌내야만 예리한 검이 완성되는 것처럼 역경은 우리 마음을 더욱 단단하게 단련시켜준다. 역경 속에서 쓰러질 것인가 위업을 달성할 것인가는 온전히 당신의 생각에 달렸다.

지금 이 순간 당신의 사업 혹은 인생에 위기가 닥쳤다면 당황하거나 조급해하지 말고 생각의 변화라는 중대한 결정을 내리자. 순간의 선택이 남은 일생을 바꿀 수 있다.

인생의 고비를 넘기는 비밀 무기

역경은 평범한 사람도 위대하게 키운다

건강지수, 지능지수, 감성지수, 재정지수는 한 사람의 수준을 평가하는 중요한 지표다. 그런데 이 네 가지 지수 외에 한 가지가 더 있다. AQ, 즉 역경지수가 그것이다. 이것은 역경에 처했을 때의 반응을 보는 것으로, 시련과 좌절을 이겨내는 능력을 나타낸다. 역경지수는 한 사람의 능력을 평가하는 데 결코 간과할 수 없는 부분으로 삶의 질을 결정하는 중요한 요소이기도 하다.

좌절에 관해 프랑스의 문호 발자크는 이렇게 말했다.

"약자에게 좌절은 깊은 수렁이지만 강자에게는 더 높은 곳으로 올라가는 디딤돌이다."

그의 말처럼 역경은 한 사람을 파괴할 수도 반대로 성장시킬 수도 있다. 똑같은 위기가 닥쳤을 때 역경지수가 높은 사람은 시련에 무너지지 않고 긍정적인 마음가짐으로 문제를 대면함으로써 최적의 해결 방법을 찾을 수 있다. 반면에 역경지수가 낮은 사람은 절망감에 빠져 허우적거리다가 결국 아무것도 이루지 못한다. 그러므로 성공하려면 전문적인 기술도 중요하지만 시련에 과감히 맞서 싸울 수 있는 패기와 용기가 절실하다.

그녀는 빈민가 출신의 흑인이었고, 사생아였으며, 미혼모였다. 거기다 뚱뚱해서 남들이 거들떠볼 일은 전혀 없었다. 하지만 지금 그녀는 전 세계 시청자들이 사랑하는 방송인이자 가장 영향력 있는 여성 중 한 명이기도 하다. 이 말을 들으면 누구나 그녀의 이름을 떠올릴 것이다. 오프라 윈프리가 그녀다.

그녀의 유년은 악몽 그 자체였다. 미국 내에서 인종차별이 극심하던 때에 흑인으로 태어난 것도 모자라 집안은 너무나 가난했다. 더구나 그녀는 미혼모의 딸이었다. 그녀의 어머니는 어린 딸을 집에 두고 늘 먼 지역으로 직장을 찾아다녀야 했고, 아버지는 그런 모녀에게 한 푼의 양육비도 보내주지 않았다. 그런 그녀에게 위안이라면 외할머니뿐이었다. 하지만 그마저 오래 가지 못했다. 외할머니가 그녀를 더 이상 돌볼 수 없자 엄마에게 보내졌지만 2년 후 아버지 밑에 있어야 했고, 1년 후에 다시 어머니에게 가야만 했다.

그것은 그녀를 지옥으로 몰아넣은 시작에 불과했다. 아홉 살 때 사촌오빠에게 성폭행당한 것도 모자라 이후 어머니의 남자친구와 친척들에게 끊임없는 성적 학대를 받았다. 그럴수록 그녀의 생활은 비참해졌다. 14살 때 미혼모가 되었고, 그마저 태어난 아기는 눈을 뜨지도 못한 채 2주 만에 죽고 말았다. 이후 마약과 알코올로 얼룩진 것은 무리가 아닐 정도였다. 하지만 지금 그녀의 유년과 청소년 시기로 그녀를 탓하는 사람은 아무도 없다. 오히려 그런 상황을 이겨낸 그녀를 어느 누구보다 존경하고 있다.

지금 그녀는 세계적인 방송인이지만, 처음 뉴스 진행자가 되었을 때 어느 누구도 그녀가 지금처럼 되리라고는 예상하지 않았다. 뉴스 진행자의 생명인 발음의 정확성이 떨어졌고, 감정에 휩쓸리기 일쑤

인생의 고비를 넘기는 비밀 무기

였으며, 방송에 어울리지 않은 말과 행동으로 윗사람에게 꾸중을 듣기 일쑤였다. 방송국 간부들은 그녀의 외모와 머리 모양이 거슬린다고 질책하기도 했다. 외모 면에서도 그녀는 낙제생이었다. 하지만 지금 그녀는 미국에서 가장 영향력 있는 방송인이자 세계에서 개런티가 가장 비싼 여성으로 자리매김했다. 그리고 그녀는 최고의 재산을 가진 억만장자이기도 하다.

누구보다 암울한 시절을 보냈고, 누구도 그녀의 재능을 인정해주지 않았을 때 그녀가 자신마저 놓았다면 오늘날과 같은 일은 결코 일어나지 않았을 것이다. 인기와 존경, 돈 모두를 얻지 못했을 것이고, 모든 사람들이 꿈꾸는 '아메리칸 드림'의 대명사가 되지도 못했을 것이다. 역경에 굴복했다면 그녀는 전 세계 여성들이 가장 닮고 싶어 하는 여자이자 함께하고 싶고 그처럼 되고 싶어 하는 꿈의 대상이 되지도 못했을 것이다.

한 기자가 그녀에게 이처럼 성공한 비결을 물었고, 그녀는 자신의 십계명 중 하나를 짚어 한마디로 답했다.

"결코 포기하지 마세요."

파나소닉의 창립자 마쓰시타 고노스케는 역경을 이렇게 말했다.

"역경은 인간에게 소중한 단련의 기회를 준다. 시련을 이겨낸 사람만이 진짜 강한 사람이다."

역경은 인생 혹은 사업의 성공 여부를 결정하는 분수령이다. 생사의 갈림길에서 무사히 난관을 지나간다면 당신은 성공한 사람들이 누리는 명예와 기쁨을 얻을 것이고, 난관을 이겨내지 못한다면 실패한 사람들이 겪는 수난과 좌절을 경험할 것이다.

영화배우를 꿈꾸는 사람들에게 실베스터 스텔론은 우상 같은 존재다. 하지만 그가 오늘날 같은 성공을 누린 것은 특별히 운이 좋다거나 똑똑했기 때문이 아니라 누구보다 역경을 잘 이겨냈기 때문이다.

그는 성공하기까지 무려 1,850차례의 실패를 경험했다.

실베스터 스텔론은 미국 뉴욕에서 태어났다. 어린 시절 그는 특별히 뛰어난 것이 없는 문제 청소년이었다. 주변 친구들 모두 그가 결국 감옥에서 생을 마감할 거라고 말할 정도였다. 그런데 나이를 먹을수록 그는 자신이 연기에 관심이 있다는 사실을 깨달았고, 마이애미 대학교 연극학과에 입학했다. 그러나 대학을 졸업하고 나서 그의 연기 생활은 순탄치 않았고, 주로 엑스트라 같은 단역에만 섭외가 들어왔다.

배우로서의 꿈을 이루기 위해 그는 할리우드에 있는 영화사 500곳을 추려 자신이 직접 창작한 극본을 들고 찾아갔다. 그런데 첫 번째 방문에서 500개의 영화사 중 단 한 곳에서도 그를 받아주지 않았다. 두 번째, 세 번째 방문도 마찬가지였다. 하지만 그는 포기하지 않고 네 번째 방문을 시작했고, 드디어 351번째 영화사에서 그의 극본을 훑어보고는 두고 가라고 말을 했다.

며칠 후, 영화사 사장이 직접 연락을 해와 투자하겠다고 한 것은 물

인생의 고비를 넘기는 비밀 무기

론 그에게 남자 주인공을 맡아달라고 부탁했다. 이렇게 해서 탄생한 영화가 〈록키〉다. 이 영화로 실베스터 스탤론은 할리우드의 스타가 되었다.

노르웨이의 극작가 입센은 이렇게 말했다.

"진정한 강자는 순탄함 속에서 어둠의 그림자를 보고, 역경 속에서 밝은 빛을 찾으며, 자신의 목표를 계속 바로잡는다."

또 다른 현자의 말이다.

"역경은 뜻이 있는 사람의 성공의 발판이며 훌륭한 인품의 근원이다."

실베스터 스탤론은 자신의 경험으로 이를 증명했다. 그는 무려 1,850여 차례의 거절에도 좌절하지 않고 자신의 꿈을 지켰다. 이런 불굴의 정신이 오늘날 그를 할리우드 나아가 전 세계의 스타로 만들었다.

원래 인생사의 80 내지 90퍼센트는 내 마음대로 되지 않는 법이다. 사람은 누구나 태어나는 순간부터 각종 좌절과 시련을 경험한다. 미국의 경제지《석세스》는 매년 실패를 딛고 재기한 위대한 기업가들을 소개한다. 이들에게는 공통된 특징이 한 가지 있는데, 아무리 큰 시련이 닥쳐도 포기하지 않고 긍정적인 태도로 역경을 극복해나간다는 것이다.

지금까지의 내용을 정리해보면 역경지수가 성공을 좌우하는 가장 중요한 요소라고 해도 과언이 아니다. 그렇다면 어떻게 해야 역경지수를 높일 수 있을까?

첫째, 두려움을 없애는 것이다. 사람은 모두 약한 존재며, 처음부터 시련에 맞서 싸울 용기와 패기를 지니고 태어나는 사람은 없다. 그러므로 성공하려면 역경 앞에서 위축되거나 두려워하지 않는 강한 모험정신을 길러야 한다.

둘째, 한 가지 일에 집중해야 한다. 세상이 점점 복잡해질수록 사람들은 더 많은 유혹에 시달리는데, 이는 불필요하게 정력을 낭비하도록 해 성공을 방해한다. 역경지수를 높이려면 먼저 눈앞에 일어난 일에 집중해야 한다.

<blockquote>
Chapter 03

인생의 역경을
이겨내야 할 때
</blockquote>

사고의 틀을 깨고 나오기

누군가 당신에게 이런 질문을 한다면 어떻게 대답하겠는가?

'단체사진을 찍을 때 사진사가 셔터를 몇 번이나 눌러야 모든 사람이 눈을 감지 않고 나올 수 있을까?'

이 문제를 접한 사람들은 대부분 고개를 저으며 '모르겠다'고 대답하거나 '아무리 셔터를 많이 눌러도 눈을 감은 사람이 꼭 한 명은 있을 것이다'라고 대답했다.

수학자 닉 스벤슨과 물리학자 피어스 반스는 이 문제를 연구해 재미있고 독특한 연구를 한 과학자들에게 수여하는 이그노벨상을 수상했다. 이들이 연구로 얻은 결론은 다음과 같았다. 사람이 눈을 감는 횟수는 1분에 10회 정도며, 매번 4분의 1초 정도 걸린다고 한다. 이를 기준으로 계산해보면 단체사진을 찍는 사람이 20명 이하일 때 눌러야 하는 셔터 횟수는 총 인원을 3으로 나눈 값이고, 50명 이상일 때는 셔터를 아무리 많이 눌러도 반드시 한 사람은 눈을 감는다.

닉 스벤슨과 피어스 반스의 연구는 사진사들이 단체사진을 잘 못 찍는 이유를 증명해주었다. 하지만 정말 그런 것일까?

이런 연구 결과에도 불구하고 문제를 뒤집어 생각하기 좋아하는 한 사진사는 단체사진을 잘 찍는 비결을 알아냈다. 이 사진사는 단체사진을 찍기 전에 모든 사람들에게 눈을 감은 채 렌즈를 향해 미소를 짓게 시켰다. 그리고 눈을 감고 다같이 '하나, 둘, 셋'을 외치는데, '셋'을 외치는 순간 눈을 뜨도록 한 것이다. 이런 방법을 이용해 찍은 단체사진에는 눈을 감은 사람이 단 한 명도 없었고 사람들의 표정도 아주 자연스러웠다.

이 사진사가 단체사진의 문제점을 해결한 비결은 일반적인 사고의 틀에서 벗어나 생각했기 때문이다. 사고방식은 사람이 대상을 인식하는 방식이자 모든 생각의 요소가 종합된 것으로써 일정한 방법과 절차를 거쳐 표현되는 정형화된 생각 양식이다. 일반적으로는 사람들이 문제를 관찰, 분석, 해결하는 규격화된 심리 구조를 의미한다. 사람은 제각각 자기만의 논리와 심리 구조를 갖고 있는데, 이런 것들이 현실생활에서 응용되면서 행동의 차이를 보인다. 문제를 해결하는 방법 역시 사고방식으로 표현된다.

인생의 고비를 넘기는 비밀 무기

단체사진의 문제점을 해결한 사진사가 사용한 방법은 '역행적 사고방식'이다. 사람들은 사진을 찍기 전에 당연히 눈을 크게 뜨고 준비된 상태로 기다려야 한다고 생각한다. 하지만 단체사진의 경우 인원이 많고 준비시간이 길기 때문에 사진사가 셔터를 누르는 순간 참지 못하고 눈을 감아버리는 사람들이 많다. 그래서 이 사진사는 '역행적 사고방식'을 이용해 눈을 뜨고 있는 순간과 눈을 감고 있는 순간의 순서를 바꾸었고, 문제를 해결했다.

많은 사람들이 실패의 그늘에서 벗어나지 못하는 이유는 자신의 사고방식을 정확히 바라보지 못하고 뒤집어 생각하는 능력이 부족하기 때문이다. 역행적 사고방식으로 문제의 해결 방법을 찾는다면 아무리 큰 어려움을 만나도 당황하지 않고 차근차근 해결해나갈 수 있다.

미국의 한 작은 마을에 존이라는 남자가 잡화점을 운영하고 있었는데, 장사가 잘 되지 않아 가게는 늘 적자 상태였다. 그는 다른 사업을 해야겠다고 결심했지만 창고에는 재고가 아직 많이 남아 있었다. 그는 재고를 처리하려고 가게 문 앞에 물건의 가격을 모두 내려 판매한다는 광고를 붙였다.

'본 가게는 업종 변경으로 곧 문을 닫으려고 합니다. 남아 있는 물건들을 저렴한 값에 가져가세요.'

하지만 한 달이 지나도 재고는 줄어들 생각을 하지 않았다. 쌓여 있는 물건들을 보며 그가 탄식했다.

"이런 상태가 계속된다면 본전을 되찾기는커녕 집세조차 벌지 못

나만의 무기

하겠어."

그러던 어느 날, 친구인 제이크가 찾아와 근심에 빠져 있는 그의 얼굴을 보고 연유를 물었고, 그의 사정을 들었다.

친구는 1분 정도 가만히 생각하더니 그에게 물었다.

"물건을 얼마에 내놓았어?"

존이 한숨을 쉬며 대답했다.

"전에는 50퍼센트 할인된 가격에 내놓았는데 이제 당장 집세부터 해결해야 하니 80퍼센트까지 할인된 가격으로 내놓을 생각이야."

가격을 듣자 친구는 그에게 자신이 열흘 안에 물건을 모두 팔아주겠다고 장담하고는 물건을 모두 들고 떠났다. 7일 째 되는 날, 제이크가 다시 돌아왔다. 존은 친구가 당연히 물건을 다 팔지 못했을 거라고 생각했다. 하지만 제이크는 빈손이었고 심지어 거의 모든 물건을 50퍼센트 할인된 금액보다 높은 가격으로 팔았다.

제이크에게는 도대체 어떤 묘책이 있었을까? 사실 제이크와 존의 차이는 서로 다른 광고 문구에 있었다. 더 많은 사람들의 주목을 끌기 위해 제이크는 이런 광고 문구를 써 붙였다.

'본 가게는 장사가 잘 되지 않아 열흘 안에 물건을 모두 처분하려고 합니다. 첫째 날은 정가로, 둘째 날은 10퍼센트 할인, 셋째 날은 20퍼센트 할인 …… 마지막 날은 공짜로 물건을 드리겠습니다!'

제이크가 광고를 붙이자 많은 사람들이 호기심에 구경왔지만 첫째 날에 물건을 산 사람은 아무도 없었다. 둘째 날이 되자 몇몇 사람들이 10퍼센트 할인된 가격에 필요한 물건을 사갔다. 셋째 날이 되자 사람들은 좋은 물건들은 이미 10퍼센트 할인된 가격에 모두 팔려나갔다는 사실을 깨닫고 20퍼센트 할인된 가격에 그나마 좋은 물건들을 사갔다. 소문은 마을 전체로 퍼져 넷째 날이 되자 더 많은 사람들이 물건을 사러 왔다. 좋은 물건들은 이미 다 팔렸지만 가격이 어제보다 저렴해졌기 때문에 많은 사람들이 물건을 사갔다. 다섯째 날에는 마을 사람이 모두 물건을 사러 왔고, 드디어 여섯째 날 반나절이 지나기도 전에 물건은 모두 팔리고 없었다.

존은 광고 문구를 바꾸는 것만으로 이렇게 큰 변화가 있을 줄은 생각도 하지 못했다. 사실 모든 성공 비결은 이처럼 간단하다. 사고방식을 조금만 바꾸면 더욱 효과적으로 문제를 해결할 수 있다. 몇 년 혹은 몇 십 년 동안 열심히 노력했는데도 인생에 아무런 변화가 없다면 분명 당신의 사고방식에 문제가 있다. 이럴 때는 잠시 멈추고 어디에 문제가 있는지 알아보고 사고방식을 조정한다면 원하는 바를 더욱 쉽게 얻을 수 있다.

그렇다면 사고방식을 바꾸는 것이 과연 어려운 일일까? 어떤 사람에게는 굉장히 쉬운 일이지만 사실 많은 사람들이 어려움을 느끼는 일이다. 이렇게 어려워하는 가장 큰 이유는 사고방식이 정형화된 틀에 갇혀 경직되어 있기 때문이다.

이럴 때 사용하는 방법은 세 가지가 있다. 첫째, 사고의 틀을 깨트리고 기존과는 다른 각도와 순서로 문제를 바라본다. 둘째, 사고방식을 바꾸기 어려운 이유 중 하나는 너무 이성적으로 생각하려고 하기 때문이다. 그래서 때로는 아무런 제약 없이 생각하는 시간을 가져야 한다. 셋째, '나'의 사고방식을 상상해본다. 여기에서의 '나'는 한 사회의 나일 수도 있고 드넓은 우주 속의 나일 수도 있다. 경계가 없는 무한한 상상 공간은 사고의 폭을 넓혀준다.

정치가거나 기업의 리더라도 성공한 사람들을 살펴보면 무조건 열심히 해서 성공한 경우는 없다. 이들은 매일 일반인들과는 비교도 할수 없을 만큼 많은 문제들을 해결해야 하지만 하루 종일 눈코 뜰 새바쁘기는커녕 훨씬 여유롭다. 비결은 유연한 사고방식에 있다. 하루종일 정신없이 뛰어다니는 사람들은 사실 자신에게 닥친 문제를 해결하지 못하는 사람들이다. 언제라도 변화할 준비가 되어 있는 유연한 사고방식이야말로 문제를 해결하는 가장 효과적인 무기다.

인생은 짧은데 평생 한 가지 사고의 틀에 갇혀 있는 것은 너무나안타까운 일이다. 사람의 사고는 우리에 갇혀 있는 사자와 같다. 우리에서 탈출하지 못하고 깊은 잠에 빠져 있다면 평생 사람들의 구경거리만 될 뿐이다. 굳게 잠긴 우리를 부수고 뛰쳐나와야만 내 안에 숨겨진 잠재능력을 발휘하고 성공할 수 있다.

가능성은 언제 어디라도 열어두어라

사업을 하면서 혹은 일상생활에서 어려움을 만났을 때 마음이 초조해지면서 어디론가 숨고 싶은 생각이 들지 않는가? 이런 생각이드는 것은 당연하다. 사람은 본래 해로운 것은 피하고자 하는 심리가 있기 때문에 시련이 닥쳤을 때 일단 그 상황에서 벗어나고 싶어 한다.

하지만 이것이 자연스러운 현상이라고 해도 피하는 것으로는 문제를 해결할 수 없고 그렇다고 문제가 저절로 없어지는 것도 아니다. 그러므로 도망치고 싶은 마음이 굴뚝같아도 정신을 가다듬고 문제와 싸워야 한다. 어려움에 끝까지 맞서 싸우고 불가능하다고 여겨지는 일도 포기하지 않고 최선의 결과를 내는 사람은 남들보다 더 많은 성공의 기회를 누린다. 아무리 보잘것없는 사람도 시련을 극복해나가면서 큰 인물로 성장하는 것이다.

역사 속의 위대한 인물들은 불가능하다고 여긴 문제를 어떻게 바라보았을까?

나폴레옹은 이렇게 말했다.

"내 사전에 불가능은 없다."

아르키메데스는 이런 말을 남겼다.

"내게 지렛대를 주면 그걸로 지구를 들겠소."

그저 그런 일반인이었다면 이 말들은 거만한 사람이 함부로 지껄이는 잘난 척에 불과했을 것이다. 하지만 이들은 혁혁한 공을 세운 역사 속의 위대한 인물들이다. 그들은 불가능한 문제에 도전하는 용기와 남들과 다른 특별한 사고방식이 있었기에 위대해졌다. 또한 그들은 실질적인 성과로 이 세상에 불가능한 일은 없다는 사실을 증명해냈다.

다른 사람이 생각해내지 못한 아이디어를 생각해내고 불가능하다고 여겨지는 전략도 과감히 활용하는 사람에게 해결할 수 없는 문제는 없다.

사고방식을 바꾸면 불가능한 일도 현실로 만들 수 있다. 100퍼센트 성공한다고 확신할 수는 없지만 최소한 80퍼센트 이상은 가능하다. '자동차의 아버지'라고 불리는 헨리 포드는 자신의 경험으로 이 사실을 증명했고, 그의 이야기는 지금까지도 불가능한 꿈을 좇는 미국의 청년들에게 희망을 심어주고 있다.

현재 우리가 타고 다니는 자동차의 실린더는 여덟 개가 일반적이다. 하지만 초기의 자동차는 실린더가 두 개밖에 없었다.

어느 날, 포드자동차의 창시자 헨리 포드는 연구원들에게 이렇게 말했다.

"이제부터 실린더가 네 개 달린 자동차를 개발해봅시다."

포드의 제안에 연구원들은 모두 똑같은 반응을 보였다.

"불가능합니다."

그가 다시 말했다.

"그것이 가능한 일이거나 불가능한 일이라도 여러분이 할 일은 불가능한 일을 가능한 것으로 만드는 것이오."

그렇게 1년이 흘렀고 아무 성과도 내지 못한 연구원들은 실망스러운 표정으로 포드에게 말했다.

"죄송합니다만 실린더가 네 개 달린 자동차는 불가능합니다."

그러자 그가 화를 내며 말했다.

"당장 연구소로 돌아가 연구를 계속하시오. 내년까지는 무슨 일이 있어도 실린더가 네 개 달린 자동차를 개발해내란 말이오!"

인생의 고비를 넘기는 비밀 무기

그 다음해에도 연구원들은 아무런 성과도 없이 포드를 찾아왔다.

"죄송합니다만 실린더가 네 개 달린 자동차를 만든다는 건 정말로 불가능합니다."

이번에도 그는 크게 화를 내며 말했다.

"이런 무능한 사람들을 봤나! 내년까지 이 자동차를 만들어 오지 않으면 당신들을 모두 해고할 거요! 그리고 내 앞에서 한 번만 더 불가능하다고 말하는 사람은 당장 쫓아낼 테니 그런 줄 아시오!"

연구원들은 불가능하다고 생각해 이 일을 하고 싶지 않았지만 일자리를 보전하려고 울며 겨자 먹기로 연구에 몰두했다. 그런데 놀랍게도 반년이 채 지나지 않아 실린더가 네 개 달린 자동차가 개발되었다.

포드가 연구원들에게 물었다.

"자네들은 실린더가 네 개 달린 자동차를 개발하는 게 불가능한 일이라고 말하지 않았소? 그런데 어떻게 성공한 거요?"

개발 총책임을 맡고 있는 연구원이 대답했다.

"사실 처음에는 실린더가 네 개 달린 자동차 개발이 있을 수 없는 일이라고 생각했습니다. 하지만 지난 반년 동안 저희 모두는 생각을 바꿔 이것이 가능한 일이라고 믿으면서 개발에 매진했습니다."

포드자동차는 어떻게 실린더가 네 개 달린 자동차 개발에 성공했을까? 가장 큰 이유는 실린더가 네 개 달린 자동차 개발이 불가능하다는 생각을 버렸기 때문이었다. 연구원들이 개발이 가능할지 불가능할지를 논하느라 실린더가 네 개 달린 자동차를 어떻게 개발해야 할지에 몰두하지 않았다면 자동차의 역사는 새롭게 쓰였을 것이다.

이 이야기는 사업에 성공하고 싶다면 사고방식부터 바꿔야 한다는 교훈을 전해준다.

이 세상에는 불가능한 일이란 없다. 다른 사람들이 불가능하다고 여기는 일에 과감하게 도전하고 잠재능력을 발휘하는 사람은 불가능도 현실로 바꿀 수 있다. 인류의 달 착륙은 원래 신화에나 나올 법한 이야기였지만 인류는 끊임없는 연구와 도전으로 달에 착륙하는 데 성공했다. 또 오늘날 전 세계 사람들은 인터넷이라는 도구를 통해 하나로 연결된다. 이는 과거에 상상할 수도 없던 일이었다.

그러나 세상에 불가능한 일이 없다고 해서 바다를 육지로 만드는 등 자연의 질서에 위배되는 일을 해서는 안 된다. 반드시 객관적인 규율이 허락하는 범위 안에서 자신의 꿈을 마음껏 펼쳐야 한다.

불가능하다고 여겨지는 일을 만났을 때 무조건 안 된다고만 생각하지 말고 자신에게 자신감과 용기를 불어넣어보자. 어떤 일을 시작하기도 전에 불가능을 먼저 생각한다면 그 일은 해보나마나 실패로 돌아간다. 왜냐하면 일을 할 때 어떻게 하면 문제를 제대로 해결할까를 생각하는 것이 아니라 어떻게 하면 이 일이 실현 불가능하다는 사실을 증명할까에 온 정신을 쏟기 때문이다. 그러면 결국 자신이 만든 사고의 함정에 빠지고 만다.

제2차 세계대전 당시, 미군은 한 업체에 군용 낙하산 제작을 의뢰했다. 병사들의 안전과 직결되는 것이었으므로 미군 측은 제조업체에 안전을 100퍼센트 보장하는 낙하산을 만들어달라고 부탁했다. 하지만 제조업체 측에서는 연구와 토론 끝에 안전도 100퍼센트는 불가능하며 최고 99.9퍼센트까지만 보장한다는 결론을 내렸다. 이 말은 천 개의 낙하산 중 하나는 불량일 수 있다는 뜻이었다.

서둘러 낙하산을 제작해야 했기에 미군은 안전도 100퍼센트를 포기하는 대신 한 가지 제안을 했다. 그것은 낙하산을 공급하기 전에 무작위로 하나를 골라 업체 측 검사 직원이 직접 매고 뛰어내리는 시험을 해달라는 것이었다. 그런데 미군의 이런 요구가 뜻밖의 기적을 만들었다. 검사 직원은 불량 낙하산 때문에 자신이 목숨을 잃는 일이 없도록 매우 신중하게 검사했고, 마침내 이 업체는 불량 제품이 하나도 없는 100퍼센트 안전한 낙하산을 공급했다.

'사지에 몰아넣어야만 비로소 승리할 수 있다'는 말은 무슨 뜻일까? 낙하산 검사 직원의 사례를 보면 답을 얻을 수 있다. 그는 목숨이 달린 일 앞에서는 불가능이란 없다는 사실을 몸소 보여주었다. 불가능하다고 생각되는 일이 많다는 것은 당신이 그만큼 절박하지 않다는 뜻이다. 누군가 머리에 총부리를 겨누고 불가능하다고 여겨지는 일을 해결하라고 명령한다면 당신은 분명 방법을 찾아낼 수 있을 것이다.

인생은 절박함이 없으면 자신의 능력이 얼마나 뛰어난지 영원히 알 수 없다. 영화 속에서도 주인공이 모든 것을 잃고 극한의 상황에 처하면 숨겨져 있던 잠재능력이 드러나고 아무리 강한 적도 거뜬히 물리쳐 승리를 거두는 장면을 흔히 볼 수 있다. 사람들이 성공하지 못하는 이유 중 하나는 자신을 극한의 상황에 빠지게 할 만큼 모질지 못하기 때문이다. 자신에게 모질수록 이 세상은 더 나은 모습으로 변하고 자신에게 관대할수록 세상은 더 참담해진다.

성적이 늘 형편없는 중국 축구를 보고 누군가 한 가지 해결책을 제시했다. 사형수들 중에 선수들을 뽑아 훈련시킨 다음 경기에서 승리해야만 석방시켜주고 패배하면 즉시 사형에 처하도록 하는 것이다. 이런 조건을 내건다면 목숨 걸고 뛰지 않을 사람이 어디 있겠는가. 물론 이것은 가설에 불과하지만, 한 가지 교훈을 제공한다. 자신의 한계를 생각하지 말고 불가능하다고 말하지 마라.

사실 불가능하다고 말하는 것은 자신의 실패를 남에게 핑계 대는 것일 뿐이다. 어려움과 끝까지 싸워보겠다는 정신과 혁신적인 사고방식만 있다면 불가능한 문제도 최선의 해결 방법을 찾을 수 있다. 그러므로 성공하고 싶다면 우선 불가능이라는 걸림돌을 치우고 전력을 다해 자신이 목표한 방향으로 전진해야 한다.

'세상에 불가능한 일은 없다'는 긍정적인 마인드를 가지면 정말로 불가능을 극복할 수 있다. 이런 마음가짐을 가졌다면 당신은 이미 성공에 한 걸음 더 가까이 다가간 것이나 마찬가지다.

A라고 말하는 것 같지만 B를 말하고 있다

이 글을 시작하기 전에 먼저 당신에게 문제를 하나 내겠다. 대화의 앞부분을 보고 아래 네 개 중 그 다음 이어질 대답으로 가장 재미있다고 생각하는 것을 고르면 된다.

화창한 어느 주말 존스 씨는 옆집 사는 스미스 씨가 잔디를 정리하는 것을 보고 물었다.

"스미스 씨, 오후에 제초기를 사용할 예정입니까?"

스미스 씨가 대답했다.

"네, 그렇습니다."

그렇다면 다음에 이어질 존스 씨의 대답은 무엇일까?

A: "그럼 사용하신 다음에 제가 빌릴 수 있을까요?"

B: "잘 됐네요! 그럼 오후에 골프채는 필요 없으시죠? 제가 빌릴 수 있을까요?"

C: "아이고, 저는 지난번에 제초기를 잘못 밟아서 얼굴을 크게 다칠 뻔 했잖아요."

D: "새들이 자꾸 와서 저희 집 풀씨들을 먹네요."

이 문제는 세계적인 뇌 전문지 《브레인》에 소개된 것으로, 인간의 좌뇌와 우뇌가 유머를 처리할 때 어떻게 작용하는지를 알아보기 위해서였다. 유명한 신경학자인 프라티바 샤미와 도널드 스터스 박사는 재미있는 대답을 고르는 방법을 이용해 인간의 뇌를 시험하기로 했다.

이들은 다양한 사람들을 대상으로 시험한 후 다음과 같은 연구 결과를 얻었다. 건강한 뇌를 가진 사람은 유머감각도 풍부해서 대부분 B를 선택했고, 우뇌에 손상이 있는 사람, 특히 전두엽 쪽에 손상이 있는 사람은 B보다는 C를 훨씬 더 많이 선택했다.

이 문제의 정답이 B라는 말을 들었을 때, 되묻는 사람도 있을 것이다.

"도대체 제초기와 골프채가 무슨 상관이란 말입니까?"

그러나 건강한 뇌를 가진 사람이라면 존스 씨가 스미스 씨에게 오후에 제초기를 사용할 것이냐고 물은 진짜 목적은 골프채를 빌리기 위해서였다는 사실을 이해할 것이다. 존스 씨는 스미스 씨가 인색한 사람임을 알았고, 골프채를 직접 빌려달라고 했다면 자신이 사용해야 한다고 빌려주지 않았을 것이 분명했다. 그래서 존스 씨는 제초기를 빌리는 것처럼 꾸며 상대방을 함정에 빠뜨렸다. 스미스 씨가 오후에 제초기를 사용한다는 것은 곧 오후에 골프채를 사용하지 않는다는 뜻이고, 그는 내키지 않아도 골프채를 빌려줄 수밖에 없다. 이로써 존스 씨는 우회적인 사고방식으로 골프채를 빌리겠다는 목적을 달성했다.

일상적인 대화에서도 이런 상황은 자주 나타난다. 당신은 상대방이 A를 말하고 있는 것처럼 생각하지만 사실 그는 진짜 목적인 B를 말하고 있는지도 모른다. 이때 A를 곧이곧대로 믿는다면 당신은 머지않아 상대에게 속았다는 사실을 깨달을 것이다. 왜 이런 일이 일어났을까? 그것은 당신이 상대방의 우회적인 사고방식이 만들어낸 함정에 빠졌기 때문이다.

우회적인 사고방식이란 사고가 직선의 형태로 뻗어나가는 것이 아니라 일반적인 사고의 루트를 벗어나 구불구불한 곡선의 모양으로 뻗어나가며 원하는 목적을 달성하는 것을 의미한다.

은행장의 바지를 벗긴 노부인의 이야기를 살펴보자.

한 노부인이 50만 달러가 든 가방을 들고 맨해튼의 한 은행으로 들어갔다. 은행장이 노부인을 VIP룸으로 안내하며 말했다.

"부인께서 평생 모은 돈입니까?"

"아니오. 내가 평소 내기하기를 좋아하는데 어떤 내기라도 걸기만 하면 이긴다오. 이것도 방금 전 내기에서 이겨 딴 돈이라오."

"어떤 내기라도 모두 이길 수 있다고요? 그건 말도 안 됩니다."

"그렇게 생각하오? 그럼 내일 아침에 당신 고환이 네모나게 변한다는 것에 이 50만 달러를 모두 걸겠소!"

은행장은 돈이 가득 든 가방을 보며 흔쾌히 내기에 응했다. 노부인이 떠난 후 은행장은 수시로 자신의 고환을 확인하며 자신이 분명 내기에서 이길 것이라고 확신했다.

다음 날 아침 일찍 노부인이 잘 차려입은 변호사와 함께 은행을 찾아왔다.

"여기 있는 변호사가 당신의 고환을 확인할 거요."

"제 고환은 동그랗습니다."

그는 바지를 벗어 자신의 고환을 꺼내 보였고, 노부인이 만져보며 말했다.

"그렇군요. 이 내기는 내가 진 것 같군요."

그런데 이때 변호사가 얼굴이 새파래져서는 벽에 머리를 박기 시작했다. 은행장이 깜짝 놀라며 연유를 물었다.

"사실 이곳에 오기 전에 부인과 150만 달러를 걸고 내기를 했습니다. 당신이 부인 앞에서 바지를 벗고 고환을 만지게 해준다는 걸 걸고 말이에요."

비즈니스 세계에서 이런 사고방식은 더욱 빈번하게 사용된다. 경쟁 상대가 A라는 방법으로 손해 보는 장사를 하는 것처럼 보이지만 실은 B로써 더 큰 돈을 벌어들이고 있을 수도 있다. 비즈니스 고수라면 상대의 이런 우회적인 전술을 알아차려야 한다. 사실 인터넷시대의 비즈니스 모델이 이렇다. A라는 곳에서 이익을 얻을 수 없다면 한곳에만 매달릴 것이 아니라 이익을 창출하는 B를 찾아 A의 모자란 부분을 채울 수 있다.

주변을 자세히 살펴보면 모든 것이 다면성을 지니고 있다는 사실을 알 수 있다. 표면적으로 보았을 때 전혀 관련이 없어 보이는 것들도 가만히 들여다보면 연관성을 찾을 수 있다. 예를 들어 A라는 문제를 만났는데, 어떤 방법을 써도 잘 풀리지가 않는다면 A에만 집중해 있지 말고 과감히 내려놓은 뒤 B라는 문제를 먼저 해결해보려고 한다. 이렇게 하면 마치 A 문제를 회피하는 것처럼 보이지만 B 문제를 해결하는 과정에서 우연히 A 문제와의 연관성을 찾을 수 있고 B의 답을 찾았을 때 A 문제의 답은 저절로 얻는다.

한 젊은 건축가가 모 지역의 부동산업자의 의뢰를 받고 빌딩을 설계했다. 빌딩이 모두 지어졌을 때, 이 부동산업자는 빌딩 주변의 인도를 설계해달라고 부탁했다. 그런데 그는 인도가 빌딩 전체의 미관을 해치지 않으면서도 효율적이어야 하고 무엇보다 최소한의 비용으로 설계되어야 한다고 요구했다. 그러자 젊은 건축가는 부동산업자의 요구에 어디에서부터 손을 대야 할지 몰라 고민했다.

고민하던 건축가는 머리를 식히려고 근처 공원으로 산책을 갔다. 공원 관리자가 그의 근심스러운 표정을 보고 먼저 말을 걸어왔다. 이에 건축가가 자신의 고민을 털어놓자 관리자가 웃으며 말했다.

"간단한 문제네요. 빌딩 주위에 풀을 심으세요. 여름이 지나고 나면 당신의 고민이 해결될 겁니다."

건축가는 공원 관리자의 말에 감탄하며 그의 말대로 했다.

건축가가 고민하던 문제는 인도 설계인데 공원관리자는 풀을 심으라고 말했다. 겉으로 보았을 때 이 두 가지 일은 전혀 상관없는 것처럼 보이지만 우회적인 사고방식으로 분석해보면 밀접한 관련이 있다. 주변 공원의 풀밭을 살펴보면 많은 사람들이 지나가서 만들어진 길을 볼 수 있는데, 여기에는 가장 가까운 길로 지나가려는 사람들의 습성이 반영되어 있다. 건축가가 빌딩 주변에 풀을 심어 놓자 사람들은 풀밭 위로 걸어 다니기 시작했고, 사람들이 많이 지나다닌 길에는 선명한 흔적이 남았다. 건축가는 이를 통해 가장 효율적인 동선을 찾을 수 있었고, 풀밭에 난 흔적을 따라 인도를 만들었다.

기하학에서는 두 점 사이의 직선거리가 가장 가깝다고 말한다. 하지만 일상생활에서, 특히 문제를 해결할 때는 곡선 혹은 꺾인 선의 거리가 더 짧을 때가 많다. 그러므로 성공하려면 무엇보다 우회적인 사고방식으로 문제를 해결하는 법을 배워야 한다.

성공하고 싶어 하는 사람들은 대부분 가장 쉽고 가까운 길로 가고

자 한다. 특히 잔꾀가 많은 이들이 그렇다. 하지만 이들은 서로간의 연결 관계를 보지 못하기 때문에 결코 큰 사람이 될 수 없다. 지혜로운 사람은 가장 가까운 길로 가야 가장 빨리 성공할 수 있다고 생각하지 않는다. 때로는 조금 돌아가는 길이 가장 빠른 길일 수도 있다.

그러니 성공하고 싶다고 해서 매일 풀리지 않는 일을 손에 붙들고 있지 말고 밖으로 나가 시야를 넓히고 다양한 사람들을 만나는 편이 낫다. 일단 시기가 무르익으면 그동안 쌓아 온 경험과 능력이 성공으로 가는 가장 빠른 길을 안내해줄 것이다.

인생의 고비를 넘기는 비밀 무기

4장

조직에서
두 각 을
나타내는
법

조직은 긴밀한 협력과 뜨거운 경쟁이 공존하는 곳이다. 조직에서 두각을 드러내야만
더 우수한 자원과 기회를 얻을 수 있으며 더 크게 성장할 수 있다.

독일군이 바보가 아닌 이상 가이드에 제시된 정답을 모를 리가 있습니까.

그들은 낮은 고도에서 고사포를 쏘며 우리 비행기가 높은 곳으로 올라가기를 유도할 것입니다.

그러니 조종 가이드에 따라 높은 고도로 비행한다면 그들의 덫에 걸리는 꼴입니다.

하지만 그는 유연하게 대응했습니다. 대응 방법이 다양할수록

위기에서 벗어나는 가능성도 높아지고, 적에게 공격을 가할 기회도 얻을 수 있습니다.

Chapter 01

평범한 것일수록
먼저 거부하라

전문가의 말이라고 맹신하지 마라

세상은 점점 더 거대하고 복잡해지고 있는데, 한 사람에게 주어진 시간과 능력은 한계가 있으므로 누구라도 사회 모든 분야의 지식을 이해하는 것은 불가능하다. 그래서 사람들은 이런 부족함을 보충하려고 해당 분야의 전문지식을 갖춘 전문가들의 도움을 받는다. 아무래도 전문가의 조언에 따르면 시행착오도 적고 훨씬 더 수월하게 목표에 도달할 수 있기 때문이다.

그렇다고 해서 전문가들을 무조건 맹신해서는 안 된다. 부족한 점을 채워주고 조언을 아끼지 않는 전문가들을 존경하고 감사해야 하는 것은 맞지만 누구의 관점이라도 한 번쯤 의심해야 한다.

의심에 관해 프랑스의 작가 발자크는 이렇게 말했다.

"모든 발명은 물음표에서 시작되었다."

또한 프랑스의 철학가 데니스 디드로는 이렇게 말했다.

"의심은 철학의 첫 걸음이다."

이들의 말에 따르면 인류의 발전이 의심으로부터 시작되었다고 해도 과언이 아니다. 이처럼 의심한다는 것은 매우 중요하고 값진 일이다.

그렇다면 의심한다는 것은 무엇을 의미할까? 의심은 두 가지로 나눌 수 있다. 첫 번째는 사람 혹은 대상에 품는 근거 없는 의심이고, 두 번째는 어떤 사람의 관점에 의문을 품고 이유와 근거를 제시하는 합리적인 의심이다.

중국의 사상가 후스는 이렇게 말했다.

"사람은 근거를 제시할 수 있는 말만 해야 한다. 근거가 일곱 개밖에 없는데 여덟 가지를 말해서는 안 된다는 의미다."

여기에서 다루고자 하는 내용은 이 두 번째 의심에 관해서다. 아무리 명성 높은 전문가라고 해도 그들의 관점을 맹신하기보다는 자기자신만의 독립적인 사고능력을 유지하며 의심의 끈을 놓지 말아야한다.

미국의 한 대형 병원 수술실에서 중요한 수술이 시작되었다. 수술은 그 지역에서 실력이 가장 뛰어나다는 의사가 집도를 맡았고 젊은간호사가 옆에서 보조했다. 간호사는 이날 처음으로 이 권위 있는 의사의 보조를 맡았다. 수술은 아침 8시에 시작해 밤 10시가 될 때까지 이어졌고 수술실 안에 있는 의료진은 모두 지칠 대로 지쳐 있었다.

수술이 어느 정도 마무리 되자 의사가 젊은 간호사에게 환자의 상처를 봉합하라고 지시했다.

이때 간호사가 의사에게 조심스럽게 말했다.

"선생님, 수술할 때 분명히 거즈를 13장을 사용했는데 12장밖에 꺼내지 않았습니다."

하지만 의사는 대수롭지 않다는 듯 말했다.

"내가 이미 다 검사했네. 환자의 몸속에는 아무것도 남아 있지 않아."

간호사가 계속 머뭇거리자 의사가 다그치며 말했다.

"긴 수술로 다들 지쳐 있고 환자도 휴식이 필요하다네. 전문가인 내가 잘 아니 이만 상처를 봉합하게."

간호사는 굽히지 않고 소리쳤다.

"선생님께서 잘못 알고 계신 겁니다. 수술할 때 분명 거즈를 13장 사용했습니다."

하지만 의사는 간호사의 설명에도 아랑곳하지 않고 계속해서 상처를 봉합하라고 지시했다.

"명망 높으신 분이 어떻게 이렇게 무책임하십니까?"

간호사는 곧 울음이 터질 것 같은 목소리로 소리쳤다. 그제야 의사는 미소를 지으며 손에 숨겨 놓았던 13번째 거즈를 꺼내 보였다. 그리고 수술실에 있는 모든 사람에게 말했다.

"이 사람은 내가 본 간호사들 중에 가장 믿을 만한 사람이오!"

사람들은 전문가의 말이라면 무조건 믿고 따르기를 좋아한다. 학

201

조직에서 두각을 나타내는 법

생이라면 선생님의 말을, 환자라면 의사의 말을, 직장인이라면 사장님의 말을 무조건 신뢰할 것이다. 또 자신이 좋아하는 스타나 특정 분야의 장기를 가진 사람의 말을 맹신하는 사람도 있다. 그러나 이런 사람들의 말과 행동이 모두 옳을까? 사실 모든 것은 그들의 권위가 만들어낸 허상에 불과하다. 그러니 반드시 독립적인 사고와 경험으로 사실 여부를 검증해봐야 한다.

일반적으로 전문가의 말이나 행위는 믿을 만한 것으로 간주한다. 하지만 분명히 알아두어야 할 것은 전문가들도 모두 사람이라는 점이다. 게다가 이렇게 나날이 복잡해지는 현대 사회에 가짜 전문가들은 또 얼마나 많겠는가. 권위 있는 전문가라고 해도 그렇다고 아무런 의심 없이 믿었다가는 평생 잘못된 길을 걸을 수도 있다. 그러므로 독립적인 판단력을 갖고 전문가들의 권위에 의심을 품을 수 있어야 온전히 자신의 길을 걷고 성공할 수 있다.

그리스의 철학가이자 과학자였던 아리스토텔레스는 일찍이 이런 말을 했다.

"가벼운 포환과 그보다 열 배 무거운 포환을 동시에 높은 곳에서 떨어트리면 무거운 포환이 먼저 땅에 떨어지고 그 속도는 가벼운 포환보다 열 배 빠르다."

당시 그의 말에 의심을 품는 사람은 아무도 없었다. 하지만 이탈리아의 과학자 갈릴레이는 아리스토텔레스가 내세운 관점에 의혹을 제기했다. 당시 그의 나이는 25살에 불과했지만 권위 있는 전문가라고 해서 무조건 맹신하지 않았다.

갈릴레이는 이렇게 생각했다.

'아리스토텔레스의 관점이 정확하다면 두 개의 포환을 함께 묶어 떨어트릴 경우 속도가 느린 포환이 속도가 빠른 포환의 낙하를 지연시킬 것이고, 그렇다면 무거운 포환이 하나 떨어질 때보다 속도가 느려진다. 하지만 다른 측면에서 생각해보면 두 개의 포환을 함께 묶어 떨어뜨리면 그보다 더 무거운 포환이 떨어지는 것과 같다. 아리스토텔레스는 무거운 포환이 가벼운 포환보다 빨리 떨어질 것이라고 했으므로 그렇다면 기존 것보다 더 무거운 포환의 낙하속도가 기존의 무거운 포환보다 빨라야 하는 것 아닌가.'

한 가지 사실을 서로 다른 각도에서 분석해보니 상반된 두 개의 결론이 나왔다. 그는 이런 의심을 품고 여러 차례 실험했고, 포환의 중량이 서로 다르더라도 동시에 떨어뜨리면 동시에 땅에 떨어진다는 결론을 얻었다. 다시 말해 포환의 낙하속도는 중량과 상관없다는 뜻이다.

그는 이런 깨달음을 자신의 제자들에게 발표하지 않고 피사의 사탑에서 직접 실험하기로 한다. 이 소식을 들은 사람들은 그가 감히 아리스토텔레스의 권위에 도전하려 한다고 비웃었다.

실험 당일 많은 사람들이 피사의 사탑 주변에 몰려들었다. 어떤 사람은 대놓고 그에게 욕설을 퍼부었다.

"정말 고집스러운 사람이군. 분수도 모르고 날뛰다니!"

하지만 두 개의 포환이 동시에 땅에 떨어지는 순간 사람들은 그의 말이 사실이었음을 깨달았다. 사람들은 이렇게 외쳤다.

조직에서 두각을 나타내는 법

"아리스토텔레스 같은 권위적인 학자의 말도 틀릴 때가 있구나."

이처럼 누구나 옳다고 말하더라도 의심은 인류의 발전을 이끄는 원동력이다. 인류는 끊임없는 의심으로 진실과 거짓을 구분하고 새로운 지식을 창조해왔다. 선조들의 생각이라면 무조건 옳은 것이라고 믿고 새로운 관점도 생각도 없이 살아왔다면 인류는 오늘날처럼 발전할 수 없었을 것이다.

세계적으로 성공한 사람들을 살펴보면 대부분 전문가의 권위에 도전하기를 두려워하지 않았다. 이들 덕분에 오늘날 인류는 풍부하고 다채로운 인터넷시대에 살고 있다. 인터넷시대에는 무엇보다 개인의 창의력과 독립적인 사고능력을 높이 산다. 그러므로 전문가의 말을 맹신하기보다는 자신의 생각과 관점을 분명히 드러낸다면 스스로 권위 있는 전문가가 될 수 있다. 전문가를 맹신하는 사람일수록 자아를 잃어버리기 쉽고 의심하고 권위에 도전하는 사람일수록 성공하는 법이다.

그러나 세상이 워낙 험하다 보니 의심의 중요성을 알면서도 전문가의 말에 의존한다. 게다가 어렸을 때부터 남이 시키는 대로만 살아왔던 사람이라면 더더욱 전문가의 말에 의심을 품기 어렵다. 이런 사람들이 갖고 있는 관성적인 사고는 감히 새로운 생각이나 행동을 하는 것을 방해하고 결국 평생 아무것도 이루지 못하는 비극을 낳는다. 반면에 창의적으로 생각하기 좋아하는 사람들은 반항심리가 강해 전문가의 권위에도 과감하게 도전하고 끊임없는 의심으로 상대방의 사고의 허점을 찾아내며 자신만의 새로운 관점을 제시한다.

앞서 언급했던 젊은 간호사와 갈릴레이는 모두 독립적이고 혁신적인 사고방식을 가진 사람들이다. 필름업계의 거물이었던 코닥은 혁신적인 사고능력 없이 방심하고 있다가 권위에 도전한 디지털업계에 자리를 내주고 말았다. 현대사회에서는 끊임없는 혁신이 일어나고 있다. 독립적이고 창의적인 사고능력으로 권위에 도전하는 사람만이 이 사회에서 성공할 수 있다.

물론 여기에서 말하는 의심은 아무런 근거도 없는 막무가내식의 추측이 아니라 과학적인 근거를 가진 생각을 의미한다. 새로운 문제를 제기하는 것은 단순히 문제를 해결하는 것보다 훨씬 더 어렵고 중요한 일이다. 새로운 관점이나 문제를 제기하는 것은 문제를 해결할 때보다 방대한 상상력과 창의력을 필요로 하기 때문이다.

평범하고 무미건조한 인생을 변화시키고 사업에 성공하고 싶다면 그동안 절대적이라고 믿었던 권위에 의심을 품고 새로운 사고방식으로 문제를 분석하고 해결해야 한다.

한 가지 답만 갖고 있는 것은 위험하다

1 더하기 1이 몇이냐고 물어본다면 대부분의 사람들이 2라고 대답할 것이다. 하지만 이것이 유일한 정답일까? 남편과 아내가 만나 아이가 태어나면 셋이 된다. 임산부와 임산부가 만나면 1년이 채 지나기 전에 넷이 된다. 새끼를 임신한 양 두 마리가 만나면 어떻게 될까?

양이 새끼를 몇 마리를 낳을지 모르지만 대략 다섯 마리씩만 낳는다고 해도 총 12마리가 된다. 그러므로 1 더하기 1이라는 질문의 답은 한 가지가 아니라 무한한 가능성으로 가득 차 있다.

사람들은 왜 한 가지 정답에 자신의 생각을 가두려고 하는가? 대부분이 한 가지 정답만 찾는 과정 속에 성장해왔기 때문이다. 예를 들어, 학교를 다닐 때 자신의 답이 교과서에 제시된 정답과 다를 경우 자신의 답을 포기하고 정답을 선택하도록 강요받았다. 그리고 선생님들도 오직 정답을 따르는 학생만 모범생으로 인정하고 자신의 답을 고집하는 학생은 고집스럽고 학습능력이 떨어진다고 평가했다. 결국 정답을 똑똑히 기억하고 있는 학생들이 시험에서도 좋은 성적을 거두었다.

하지만 미국의 학교 수업시간에는 한 가지 정답이란 있을 수 없다. 선생님은 수업이 시작되면 칠판에 한 가지 주제를 써 놓고 학생들이 토론하도록 한다. 또 학생들 각자가 내놓은 답을 칠판에 적기도 한다. 선생님은 수업이 끝날 때까지 학생들에게 정답을 제시하지 않는다. 학생들이 정답이 무엇이냐고 물으면 웃으며 이렇게 대답할 뿐이다.

"네가 생각하는 답은 무엇이니? 네 대답이 문제의 정답이란다."

미국은 이런 교육법으로 수많은 노벨상 수상자와 훌륭한 기업가들을 배출해냈다.

어떤 사고방식을 갖느냐에 따라 결과가 달라진다. 그런데 어떤 사람의 머릿속이 부모님이나 선생님이 주입시켜준 정답으로 가득 차 있다면 그의 일생 역시 부모님과 선생님의 굴레에 갇혀 있을 것이다.

나만의 무기

정답이 한 가지가 아니라면 용기 있게 자신의 답을 찾아 나서는 것이 인생의 참된 의미 아닐까.

최근에는 점점 더 많은 사람들이 정답은 한 가지가 아니라는 새로운 사고방식을 지지하고 있다. 어째서 같은 문제에 여러 가지 답이 있을까? 그것은 사람마다 문제를 바라보는 방식이 다르기 때문이다. 이때 우리가 수학적인 사고방식으로 문제를 판단한다면 편협한 정답이 나올 수 있다. 그러므로 생각의 틀을 넓히고 싶다면 한 가지 답에 만족하지 말고 다양한 각도에서 관찰하고 여러 가지 답을 내놓는 것이 좋다.

제2차 세계대전 당시 미군은 세계적으로 우수한 조종사를 양성하기 위해 유명한 심리학자 길퍼드에게 전문적인 심리테스트를 개발하도록 했고, 이 테스트를 통과하느냐 여부로 조종사를 선발했다. 그런데 이 테스트를 통과해 선발된 조종사들은 조종기술은 모두 뛰어났지만 전쟁터에서 사망률이 높았다. 반대로 테스트에 통과하지 못하고 전쟁터에서 베테랑 조종사들에 의해 선발된 조종사들은 의외로 훌륭한 성과를 냈고 전투에서 모두 승리했다.

왜 전문적인 테스트를 통과한 조종사들이 직감으로 선발된 조종사들보다 성적이 좋지 못했을까? 길퍼드는 이 점을 의아하게 생각하고 베테랑 조종사들에게서 그 답을 찾으려고 했다. 하지만 그들도 어떤 차이 때문인지 알 수 없었다. 베테랑 조종사들이 그에게 건의했다.

"다시 각자의 방식대로 조종사들을 선발하고 관찰하면서 답을 찾아보는 건 어떨까요?"

조직에서 두각을 나타내는 법

다시 이루어진 선발 과정에서 베테랑 조종사들은 후보생들에게 이런 질문을 던졌다.

"비행 도중 독일군이 당신의 비행기에 고사포를 발사한다면 어떻게 할 것인가?"

첫 번째 후보생이 대답했다.

"더 높은 고도로 비행하겠습니다."

이것은 조종 가이드에 제시된 정답이었다.

두 번째 후보생이 대답했다.

"구름을 찾아 그 속으로 숨겠습니다."

베테랑 조종사가 다시 물었다.

"구름을 찾지 못하면 어떻게 할 텐가?"

후보생이 대답했다.

"그러면 그들이 있는 방향으로 돌진해서 맞서 싸우겠습니다."

결국 두 번째 후보생이 합격했다.

"독일군이 바보가 아닌 이상 조종 가이드에 제시된 정답을 모를 리가 있습니까. 그들은 낮은 고도에서 고사포를 쏘며 우리 비행기가 높은 곳으로 올라가기를 유도할 것입니다. 위쪽에 더 강력한 미사일이 기다리고 있으니까요. 그러니 조종 가이드에 따라 높은 고도로 비행한다면 그들의 덫에 걸리는 꼴입니다. 하지만 두 번째 후보생은 상황에 따라 유연하게 대응했습니다. 대응 방법이 다양할수록 위기에서 벗어나는 가능성도 높아지는 법이죠. 또 의외로 적에게 공격을 가할 기회도 얻을 수 있습니다."

나만의 무기

이 이야기를 읽고 조종 가이드에 제시된 정답을 곧이곧대로 대답한 첫 번째 후보생이 바보 같다고 생각될 수도 있다. 그러나 누구나 어떤 문제에 직면하면 가장 간단하고 효과적인 방법을 먼저 찾는데, 그것은 수많은 사람들의 검증을 거친 '표준답안'일 가능성이 높다. 이렇게 표준답안대로 생각하는 데 익숙해지면 우리 두뇌는 생각하는 것을 멈추고, 새로운 답안을 찾으려고 하지 않는다.

그러므로 한 가지 정답에 의존하는 것은 위험하다. 이런 정답은 이미 많은 사람들에게 알려지고 확인된 사실을 바탕으로 만들어진 것이다. 즉, 과거의 경험을 응집한 것이지 새로운 대상을 혁신적으로 탐색한 것은 아니다. 당신이 한 가지 정답을 찾는 데 익숙해진다면 당신의 인생은 더 이상 희망이 없다. 죽을 때까지 그저 정해진 길에 따라 살아가야 하기 때문이다.

아마 이렇게 살고 싶은 사람은 아무도 없을 것이다. 그렇다면 생각을 바꿔 다양한 각도에서 문제를 생각하는 법을 배워야 한다. 오늘부터라도 생각의 틀에서 벗어나는 연습을 해보자.

어떻게 해야 다양한 답을 찾을 수 있을까? 지식은 창의성의 바탕이 된다. 그러므로 창의성을 기르고 싶으면 먼저 다양한 지식을 습득해야 한다. 그런 다음 쌓은 지식을 토대로 창의적으로 생각하고 주변을 탐색하는 능력을 길러 습득한 지식과 결합한다. 무수히 다양한 답안은 이렇게 탄생한다.

남을 좇기보다 최초가 되려고 노력하라

이 세상에 실패한 사람들은 모두 그저 그런 평범한 사람들이지만 성공한 이들은 각자 자신만의 고유한 특징을 지니고 있는 비범한 사람들이다.

고대 로마의 철학가 세네카는 이런 말을 남겼다.

"평범함을 위해 살지 마라."

남들과 똑같은 평범한 인생을 살고 싶은 사람은 없다. 사람이라면 누구나 특별한 인생을 살고 싶어 한다. 그렇기 때문에 성공한 사람들은 제2의 누군가가 되려고 노력하기보다는 자신이 최초가 되기 위해 노력했다.

'일단 해보라! 제2의 누군가가 되지 말고 최초의 내가 되어라!'

이것은 스포츠 브랜드 나이키의 유명한 광고 문구다.

나이키의 창업자 필 나이트는 평범하기를 거부한 인물이다. 그는 아주 오랫동안 포브스지의 미국 10대 부자 명단에 이름이 올라 있었던 성공한 기업가다. 하지만 사람들이 잘 모르는 사실이 있다. 평범하기를 거부한 이 대단한 인물이 사실은 아주 평범한 운동선수였다는 것을 말이다.

그는 미국의 한 평범한 가정에서 태어났다. 그는 여느 남자 아이들과 마찬가지로 어렸을 때부터 공놀이 등의 운동을 좋아했다. 그래서 그의 대학 시절 꿈은 세계적인 육상선수가 되는 것이었지만 안타깝게도 성적이 좋지 않아 이 분야에서 주목을 받지 못했다. 대신 그는 학업에 더욱 몰두했고, 대학 졸업 후 군대에 입대했다가 다시 스탠퍼드대학교에 들어가 공부를 계속했다.

그러던 어느 날, 교수가 학생들에게 특정 회사의 발전 목표를 제정하고 시행 가능한 마케팅 방안을 만들어 오라는 과제를 냈다. 이 과제는 그의 영감을 불러일으켰다. 그는 평소 관심이 있었던 운동화 시장을 분석했고, 운동화 관련 마케팅 방안으로 논문을 썼다. 그는 이 논문을 쓰면서 자신이 정말 하고 싶은 일이 무엇인지 깨달았다.

자신의 꿈을 실현하기 위해 1964년, 대학 시절 육상부 코치였던 빌 보워먼과 함께 '블루리본 스포츠'를 설립해 일본에서 제작된 운동화를 판매하기 시작했다. 창업 초기에는 자금 사정이 좋지 않아 점포를 집 삼아, 물건을 운반하던 트럭을 사무실 삼아 일해야 했다. 그럼에도 불구하고 그에게는 '아디다스를 뛰어넘겠다'는 야심찬 꿈이 있었다. 그는 브랜드 이미지를 높이기 위해 자신이 만든 운동화에 승리의 여신을 뜻하는 '나이키'라는 상표를 붙였다.

1972년, 나이키 브랜드의 첫 운동화가 공식 출시되었다. 그리고 그와 모든 직원들의 노력으로 1980년 나이키는 아디다스를 꺾고 미국 스포츠용품 시장 1위에 오른다.

고작 10년도 안 되는 짧은 시간 동안 평범한 대학생이었던 그는 어떻게 성공한 기업가로 성장할 수 있었을까? 그것은 그가 평범한 인생을 거부하고 아무리 어려운 상황에서도 꿈을 포기하지 않았기 때

조직에서 두각을 나타내는 법

문이다. 비록 시작은 미약했지만 그는 반드시 경쟁 상대를 꺾고 업계의 선두주자가 될 수 있다는 믿음을 버리지 않았다.

세상은 평범한 사람들로 가득하고, 그중에서 두각을 나타내는 사람은 극히 소수다. 누구나 특별하게 살고 싶다는 생각은 한 번쯤 해보았더라도 현실의 벽을 뛰어넘지 못하고 평생 자신의 꿈과는 상관없는 일을 하며 살아간다. 하지만 한 번뿐인 인생인데 평범하게 사는 것에 만족할 것인가? 왜 당신의 진짜 꿈을 좇으려고 하지 않는가. 물론 특별한 재능을 가진 천재가 아니라면 성공으로 가는 길은 더욱 멀지도 모른다. 하지만 이것이 평생 평범하게 살아도 된다는 핑계가 될 수는 없다.

성공한 사람들의 대열에 들어가고 싶다면 어떤 일이 있어도 꿈을 포기하지 말고 성공의 기준에 자신을 맞춰야 한다. 다시 말해, 성공해서 위대한 인물이 되고 싶다면 일반인들과 똑같이 생각해서는 안 되며, 자신의 모습을 철저히 변화시켜야 한다는 의미다.

아리스토텔레스 소크라테스 오나시스라는 이름을 들어본 적 있는가? 이름만 들어도 이 사람이 결코 평범한 인물은 아니라는 생각이 들지 않는가. 그의 부모가 이름에 위대한 철학자들을 따온 것은 그만큼 위대한 인물로 성장했으면 하는 바람에서였다.

아리스토텔레스 소크라테스 오나시스는 부모님의 기대를 저버리지 않으면서도 자신의 꿈을 이루기 위해 노력했다. 그래서 자신의 인생 목표를 큰 소리로 외치고 다녔다.

"나는 부자가 되려고 태어났다!"

그는 예전에는 그리스의 영토였던 터키 서부의 이즈미르라는 지역에서 태어났다. 그의 부모는 담배사업을 했는데, 어린 아들의 견문을 넓혀주려고 비즈니스 자리에 항상 데리고 다녔다. 하지만 얼마 후 이즈미르는 터키에 점령당했고, 그의 가족은 터키의 포로로 붙잡혔다. 그의 가족은 엄청난 보석금을 내고 풀려났지만 담배사업은 포기해야 했다.

목숨을 구하기 위해 그의 가족은 그리스로 도망쳤다가 다시 아르헨티나로 이주했다. 그는 아르헨티나에서 운 좋게 용접공으로 취직했다. 어린 나이에 하루에 열 시간 넘게 일해야 하는 고된 직업이었지만 그는 언젠가 성공하겠다는 믿음의 끈을 결코 놓지 않았다.

그는 용접공으로 일하면서도 끊임없이 사업 기회를 모색했다. 그런 와중에 그는 아르헨티나 담배시장에 현지 담배와 남미 담배만 유통되고 있는데 소비자들은 이렇게 강렬한 향의 담배를 좋아하지 않는다는 사실을 알아냈다. 그는 이렇게 생각했다.

'그렇다면 향이 부드러운 그리스 담배를 아르헨티나에 가져와 팔면 어떨까?'

이것은 그를 부자로 만들어줄 절호의 기회였다. 그는 철저한 계획을 세우고 자신의 사업을 시작했다.

창업 초기, 그는 현지 담배에 적응하지 못하는 그리스인들을 상대로 담배를 판매했다. 그런데 그리스인들의 영향으로 아르헨티나 사람들도 점점 부드러운 향을 가진 그리스 담배를 좋아했고, 그리스 담배를 피우는 것이 마치 유행처럼 번졌다. 이런 현상이 나타나자 그는

조직에서 두각을 나타내는 법

사업을 확장시켰고, 1년이라는 짧은 시간 동안 100만 페소를 벌어들였다.

당시 100만 페소면 한 사람이 평생 여유롭게 먹고 살 수 있을 만큼 큰돈이었다. 하지만 그는 자신의 원대한 목표와는 아직 거리가 멀다고 생각했다. 그는 담배 판매에서 영역을 넓혀 담배 무역과 운수업을 시작했고 금세 30만 달러를 벌었다. 이후에는 양모·가죽·곡물 등 상품 무역에까지 사업을 확장했다.

1930년, 그는 그리스 제품의 최대 수입상이 되어 있었다. 아르헨티나에서 그의 영향력이 커지자 그리스 정부는 그를 부에노스아이레스의 그리스대사관 영사로 임명했다. 이로써 그는 성공한 사업가와 외교관이라는 두 가지 신분을 누렸고, 더 많은 정재계 인사들과 만날 수 있었다.

얼마 후 세계 경제위기의 여파로 각국의 무역이 큰 타격을 입었다. 특히 해상 운수 무역이 원활하게 이루어지지 않아 거대한 화물선들이 제 기능을 하지 못했고, 선주들에게 거액의 경제적 손실을 안겨주었다.

그의 사업 역시 경제위기로 타격을 입었지만 그는 결코 좌절하지 않았고 오히려 경제위기 속에서 새로운 비즈니스 기회를 찾았다. 그는 경제가 침체되어 있을 때 저렴한 가격에 물건을 사놓았다가 경제가 회복된 다음 비싼 가격에 되팔면 큰돈을 벌리라 생각했다. 그래서 자신의 모든 자금을 사람들이 기피하는 해운업에 쏟아 붓기로 결정하고 2만 달러라는 저렴한 가격으로 선박 여섯 척을 사들였다. 당시 이를 지켜본 사람들은 모두 그가 제정신이 아니라고 손가락질했다.

하지만 그의 선택은 정확했다. 시간이 지나자 경제는 조금씩 회복되기 시작했고, 저렴한 가격에 매입한 선박 여섯 척은 그에게 엄청난 부를 가져다주었다. 이로써 그는 세계 해운산업의 거물로 떠올랐다.

그의 부모가 그에게 독특한 이름을 지어주면서부터 평범하지 않은 인생은 이미 예견되었는지도 모른다. 살면서 여러 시련과 좌절이 있었지만 그는 성공할 수 있다는 믿음을 포기하지 않았다.

"나는 부자가 되려고 태어났다!"

얼마나 패기 넘치고 자신감 있는 말인가. 남들과 똑같은 평범함에서 벗어나고자 했던 그의 노력은 결국 그를 세계적인 부자의 대열에 오르게 했다.

짧고 한 번뿐인 인생을 특별하게 살려면 평범함을 거부해야 한다. 그렇다면 평범함에서 벗어나는 방법은 무엇일까? 평범함을 거부하는 것은 인생을 살아가는 일종의 방식으로 행동으로 옮기는 것이 무엇보다 중요하다. 당신이 정치권에 몸담고 있다면 대통령이 될 수 있다고 믿어야 하고, 비즈니스계에 몸담고 있다면 일류 기업가가, 과학계에 몸담고 있다면 노벨상 수상자가 될 수 있다고 믿어야 한다.

이런 생각은 과대망상이 아니다. 당신이 인생의 길을 정했다면 그것에 책임을 져야 한다. 사람들 틈에서 대충 살고 말 거라면 이 세상에 태어난 의미가 무엇이겠는가. 당신이 배우가 되겠다고 결정했다면 언젠가 아카데미상을 수상하겠다는 원대한 목표를 가지기를 바란다.

평범함을 거부하는 데 무슨 이유가 필요하단 말인가. 그래도 이유

조직에서 두각을 나타내는 법

를 찾으라면 우리가 죽는 그 순간 후회의 눈물을 흘리지 않기 위해서다. 인생은 한 번 살다 가는 것이므로 주어진 시간을 낭비해서는 안 된다. 평범한 인생을 산다는 것은 수억 수천만 개의 복제품과 마찬가지로 생명의 가치를 잃어버리는 것이다.

신은 인간에게 건강한 신체와 명석한 두뇌를 내려주었다. 하지만 우리는 이런 선물로 어떤 일을 했는가? 혹시 위대한 사업은커녕 자신의 가족들도 먹여 살리지 못하고 있는 것은 아닐까. 그렇다면 정말 비극적인 인생이다.

성공하겠다는 의지를 갖고 평범함에서 벗어나는 노력을 기울여야 한다. 평범함은 그림자처럼 언제라도 우리 뒤를 따라다닌다. 하지만 평범함에 익숙해진다는 것은 내가 이미 늙었으며 조용히 죽음을 기다리겠다고 선포하는 것이나 다름없다. 벌써부터 죽음을 준비하고 싶은 사람은 아무도 없다. 그렇다면 왜 시도해보려고 하지 않는가. 당신에게는 운명을 바꾸고 위대한 일을 이룰 충분한 능력이 있는데도 말이다.

왜 나만 항상
희생양이 될까

군중심리의 함정에서 벗어나야 할 때

군중심리 하면 우선 재미있는 일화가 하나 떠오른다.

미국 시카고에서 일어난 일이다. 한 남자가 길을 걷다 말고 갑자기 하늘을 쳐다보았다. 그러자 뒤에 있던 사람도 남자의 행동을 보고 똑같이 하늘을 쳐다보았다. 1분도 채 지나지 않아 거리에 있던 모든 사람들이 고개를 들어 하늘을 쳐다보았다. 첫 번째 남자가 고개를 내리고 주위를 살펴보았을 때 모든 사람들이 하늘을 쳐다보고 있는 것을 보고 옆에 있는 사람에게 무슨 일이 있느냐고 물어보았다. 사람들은 자신이 왜 그런 행동을 했는지 영문을 몰라 서로 쳐다볼 뿐이었다.

사실 남자가 길을 걷다가 갑자기 하늘을 쳐다본 이유는 코피가 났기 때문이었다. 그런데 주변에 있던 사람들은 남자가 고개를 들자 무슨 일인지도 모르고 따라서 고개를 들어 하늘을 쳐다본 것이다.

이 일화는 맹목적으로 다른 사람을 따라 하려는 사람들의 군중심리를 잘 보여준다. 군중심리란 일반적으로 '대세에 따른다'는 의미로, 심리학에서는 이를 '밴드왜건 효과'라고 부른다. 개인이 설득이나 강압 등으로 무리로부터 영향을 받았을 때 자신의 관점을 의심하거나 행동을 변화시켜 다른 사람들과 똑같아지려는 것을 의미한다. 심리학에서는 이런 행위가 사람들의 관성적인 사고에서 비롯된다고 말한다. 물론 누군가 좋은 행동으로 모범을 보여 사람들에게 영향을 준다면 군중심리도 긍정적인 것으로 평가할 수 있다. 하지만 대부분의 경우 군중심리는 사람들을 나태해지게 만들고 독립적인 사고능력을 잃게 만든다.

연구에 따르면 여행쥐라고 불리는 레밍은 집단행동을 잘하는 동물 중 하나라고 한다. 그래서 레밍 한 마리가 무엇인가에 놀라 절벽에서 뛰어내리면 다른 레밍들도 모두 뛰어내린다. 그런데 레밍과 마찬가지로 사람들도 주변의 영향을 받아 맹목적으로 다른 사람들의 행위나 생각을 따라가는 경우가 많다. 이런 사람들의 군중심리를 이용해 범죄를 저지른 대표적인 사례가 있는데, 미국에서 발생했던 '폰지 사기' 사건이 그것이다.

찰스 폰지는 이탈리아에서 태어나 1903년 미국으로 이민을 왔다. 그는 새로운 투자자로부터 받은 돈으로 기존 투자자에게 수익금과

이자를 지급함으로써 사람들에게 돈을 벌고 있다는 믿음을 심어주었고, 이런 식으로 더 많은 투자자들을 끌어들였다.

1919년, 그는 증권투자 회사를 등록하고 투자자들을 끌어 모으려고 40퍼센트가 넘는 수익을 약속했다. 물론 그는 새로운 투자자의 돈으로 기존 투자자들과의 약속을 이행했다. 최초의 투자자가 거액의 수익을 얻었다는 소식이 전해지자 더 많은 사람들이 투자 행렬에 동참했다. 그러다 새로운 투자금으로 기존 투자자들의 수익금을 더 이상 지불할 수 없을 때야 비로소 그의 사기 행각은 낱낱이 드러났다. 하지만 돈은 이미 바닥이 난 상태였고 투자자들은 '폰지 사기' 사건의 희생양이 되었다.

폰지 같은 사기꾼들은 돈이라면 무조건 최고로 아는 사람들의 심리를 잘 파악하고 있다. 첫 번째 투자자가 거액의 수익금을 얻었다는 소식을 들었을 때 사람들은 돈의 유혹을 뿌리치지 못하고 덫에 빠져들고 말았다. 이들은 사기 주최자의 세뇌를 받아 생각의 노예가 되었고 다른 사람들까지 세뇌시키기에 이르렀다. 이로써 폰지의 사기 행위는 순식간에 많은 사람들에게 퍼져나갔다.

최근 몇 년간 중국 등에서 성행하고 있는 피라미드식 다단계 조직 역시 '폰지 사기' 수법을 그대로 이용한 것이다. 이들은 일반 사람들이 갖고 있는 심리적 약점을 이용해 밝은 미래만을 보여주고 그 뒤에 숨겨진 위험은 철저히 감춤으로써 다른 누군가의 성공에 희생양이 되도록 만든다.

다른 사람의 성공에 희생양이 되고 싶지 않다면 독립적인 사고능력을 키워 군중심리의 함정에 빠지지 않도록 해야 한다. 개인뿐만 아니라 기업 역시 크게 성공하고 싶다면 관리자는 창의적이고 독립적인 사고로 기업을 이끌어 나가야 하고 무엇보다 유행을 좇거나 다른 기업의 제품을 모방하는 것에서 벗어나야 한다.

1952년 전후, 일본의 도시바전자는 첫 번째 위기를 맞았다. 당시 도시바에서 생산하는 선풍기 판매가 부진해 엄청난 재고가 쌓였고, 전 직원들이 판매에 나섰지만 판매 부진은 쉽게 해결될 기미가 보이지 않았다.

그러던 어느 날, 이시자카 타이조 회장이 사무실에서 이 문제를 고심하고 있는데 한 직원이 회장실 문을 두드렸다. 그는 타이조 회장에게 선풍기 색깔을 바꾸면 어떻겠느냐고 건의했다. 회장은 당시 선풍기 색깔이 대부분 검은색이었기 때문에 직원의 건의가 돌파구를 찾는 데 도움이 되리라고 생각했다.

이듬해 도시바는 기존의 선풍기 색깔을 변경해 하늘색의 선풍기를 출시했다. 선풍기는 출시되자마자 큰 인기를 끌었고, 두 달 만에 수십만 대가 팔려나갔다. 이때부터 선풍기는 다양한 색깔로 출시되었고, 이는 시각적으로도 시원했을 뿐만 아니라 인테리어 효과도 뛰어났다.

선풍기 색깔을 바꾸자고 건의한 직원은 일반적인 사고의 틀에서 벗어나 선풍기의 새로운 이미지를 창조했다. 이렇게 간단한 방법을 왜 다른 사람들은 생각하지 못했을까? 사람들은 대부분 검은색 선풍기에 익숙해져 다른 색깔의 선풍기는 생각하지 못했기 때문이다. 이것이 다른 사람들의 사고방식을 맹목적으로 따를 때 생기는 위험이다. 이럴수록 점점 사고의 타성이 생기고 혁신적으로 생각하는 데 어려움을 느낀다.

남들과 똑같은 생각에서 벗어나려면 터무니없는 생각을 하는 것을 주저해서는 안 된다. 그래서 마크 트웨인은 이렇게 말했다.

"새로운 생각을 하기 좋아하는 사람을 보고 사람들은 그가 어떤 생각을 내놓기도 전에 분명 터무니없는 생각을 내놓을 거라고 말한다."

성공한 사람들의 가장 큰 성공 요인은 혁신적인 사고를 잘 활용하고 다른 사람들이 뭐라고 해도 흔들리지 않기 때문이다. 반면에 실패하는 사람들은 주관이 없이 남들이 하는 대로 따라 하다 보니 결국 자신이 원하는 일을 실행하지 못하기 때문에 실패하는 것이다.

물론 살다 보면 여러 가지 현실적인 제약이 있지만 그렇다고 자아를 잃고 아무 의미 없이 살아가서는 안 된다. 오히려 시련이 찾아왔을 때 자기 자신을 더 정확히 알고 독립적이고 혁신적인 사고능력을 갖도록 해야 한다. 창의력은 현실의 여러 가지 문제들을 해결하는 유용한 무기다. 그런데 다른 사람의 생각에 따라 살아가는 데 익숙해진 사람들은 누군가 효과적인 방법을 제시해주기만을 우두커니 기다리고 있다. 하지만 다른 사람이 제시해주는 방법은 당신을 희생양으로 삼으려는 함정일 가능성이 많다.

군중의 선택이 반드시 옳다는 법은 없다. 진리는 소수 사람들의 생각에서 나오는 경우가 더 많다. 그러므로 자신의 운명을 바꾸고 성공하고 싶다면 군중심리의 함정에서 벗어나 나만의 새로운 생각의 기준을 세워야 한다.

조직에서 두각을 나타내는 법

편견이 나를 벼랑 끝으로 몰고 간다

주변을 자세히 관찰하다 보면 이런 사실을 찾아낼 수 있다. 부자는 오만하고, 가난한 사람은 편견에 사로잡혀 있고, 지식인들은 도도하다. 그러므로 오만하지 않은 부자는 덕이 굉장히 많은 사람이고, 가난하지만 편견이 없는 사람은 곧 부자가 될 것이며, 지식인들 중에 도도하지 않은 사람은 해탈한 도인일 것이다. 이런 논리대로라면 가난하거나 사업이 잘 풀리지 않아 고민인 사람이라면 우선 편견에서 벗어나야 현재 겪고 있는 난관에서도 벗어날 수 있다.

사람마다 자라 온 환경이나 교육 수준이 다르므로 생각하는 방식도 다르기 마련이다. 그런데 이런 이유로 편견이 생긴다. 편견에 사로잡힌 사람은 어떤 일이 닥쳤을 때 나무만 보고 숲은 보지 못한다. 즉 일부분만 보고 전체는 보지 못하는 오류를 범한다.

일부분만 보고 전체를 평가해버리는 현상은 일상생활에서도 자주 발생한다. 예를 들어 상사가 한 직원을 굉장히 좋은 인상을 갖고 신뢰하고 있다면 누군가 그 직원의 단점을 지적할 경우 일부러 모함하는 것이라고 생각하고 귀담아 듣지 않는다. 반대로 상사가 어떤 직원에게 좋지 않은 인상을 갖고 있다면 그에게 아무리 훌륭한 능력이 있다고 해도 단점으로 치부해버린다. 또 다른 예로 젊은이들의 유행이나 옷차림이 마음에 들지 않는 노인들은 종종 게으르고 책임감이 없으며 낭비가 심하다는 등의 사실이 아닌 죄목으로 젊은이들을 비난하기도 한다.

이런 현상과 관련해 미국의 심리학자 데이비드 번즈는 다음과 같은 실험을 진행했다.

그는 한 남자의 사진을 두 그룹의 사람들에게 보게 했다. 그런데 사람들이 사진을 보기 전에 그는 첫 번째 그룹의 사람들에게는 사진 속 인물이 흉악한 살인범이라고 말하고 두 번째 그룹의 사람들에게는 아주 유식하고 선량한 학자라고 말했다. 그의 말에 영향 받은 사람들은 사진 속 남자에게 엇갈린 평가를 내놓았다.

첫 번째 그룹의 사람들은 그의 깊은 눈매에서는 잔인한 성격이, 앞으로 튀어나온 턱에서는 악행을 저지르고도 반성하지 않는 고집스러움이 느껴진다고 설명했다. 반면에 두 번째 그룹의 사람들은 그의 깊은 눈매에서 지식의 깊이가, 앞으로 튀어나온 턱에서는 강한 의지와 모험정신이 느껴진다고 설명했다.

분명히 같은 사람인데 어째서 이렇게 상반된 평가가 나온 것일까? 이것은 사람들의 편견이 만들어낸 결과다. 심리학에서는 이처럼 어떤 사람이나 상황을 평가할 때 선입관이나 고정관념 때문에 객관성이 결여되는 현상을 '헤일로 현상'이라고 한다. 이 현상은 미국의 유명한 심리학자 에드워드 손다이크가 처음 제시한 것으로, 구체적으로 어떤 사람과의 첫 만남에 강한 인상을 받으면 편견이 생기고 나중에 그 사람을 평가해야 할 때 사실과는 맞지 않는 평가를 내린다.

헤일로 현상은 다음과 같은 세 가지 문제점을 지니고 있다. 첫째, 장님이 코끼리를 만지듯 일부분으로 전체를 평가해버리는 오류를 범한다. 둘째, 아무런 관련도 없는 두 가지 특징을 마음대로 연결 지으려고 한다. 즉 이런 특징이 있는 사람은 분명 저런 특징도 있으리라고 제멋대로 생각해버린다. 셋째, 흑 아니면 백이라는 극단적인 평가를 내리게 한다.

그럼 편견에는 어떤 종류가 있으며 이런 편견이 사고방식에 어떤 영향을 미치는지 알아보자.

첫째, 경험에 의한 편견이다. 세상에는 수많은 경험주의자들이 있다. 이들은 어떤 문제를 이야기할 때 늘 자신 있는 목소리로 말한다.

"내 경험에 의하면 이렇게 하는 게 맞아!"

물론 경험은 수없이 많은 실패로써 얻은 결론임은 틀림없다. 하지만 경험이 성공으로 이끌어주는 유일한 방법은 아니라는 사실을 알아야 한다. 심지어 경험에만 의존할 경우 더 큰 실패를 경험할 수도 있다.

당나귀 한 마리가 등에 소금 짐을 이고 강을 건너다가 실수로 그만 강물에 빠져 소금이 모두 물에 녹아버리고 말았다. 당나귀가 다시 일어섰을 때 그는 짐이 훨씬 가벼워진 것을 알고 매우 기뻐했다. 그래서 그날 이후 당나귀는 강을 건널 때마다 일부러 넘어져 짐의 무게를 덜었다. 그러던 어느 날, 당나귀는 솜이 든 짐을 등에 이고 길을 떠났고 강가에 도착하자 이번에도 일부러 넘어져 물속에 빠졌다. 그런데 이게 웬일인가. 당연히 가벼워질 줄 알았던 짐은 가벼워지기는커녕 돌덩이처럼 무거워졌고 짐의 무게 때문에 몸을 일으키지 못한 당나귀는 그대로 물에 빠져 죽었다.

당나귀는 왜 물에 빠져 죽었을까? 그 원인은 경험을 지나치게 신뢰했기 때문이다. 경험에 의한 편견을 가진 당나귀는 기계적으로 그것을 반복했을 뿐 상황에 맞게 변화시키려는 노력은 기울이지 않았다. 경험은 중요한 자산이지만 상황이나 대상이 변했는데도 기존의 경험에만 의존해 일한다면 실패할 수밖에 없다. 경험은 양날의 검과 같아서 사람을 성공으로 이끌어 줄 수도, 실패로 빠트릴 수도 있다.

둘째, 이익으로 인한 편견이다. 이것은 이익관계로 인해 생기는 편파적인 생각을 가리키는 것이 아니라 사람 혹은 대상에 갖는 무의식적인 편견을 의미한다.

쇼핑몰에 옷을 사러 갔는데 똑같은 옷을 A라는 가게에서는 8만원에, B라는 가게에서는 8만5천원에 팔고 있었다. 그러면 당신은 B 가게의 가격이 5천원 더 비싸기 때문에 B 가게 사장이 더 큰 이익을 취하려는 악덕상인이라는 편견을 갖는다.

또 다른 예로 시장에 우산을 팔고 있는 할머니와 선풍기를 팔고 있는 할머니가 있었다. 그중 우산을 파는 할머니는 매일 비가 와서 우산이 잘 팔리기를 바랐고 선풍기를 파는 할머니는 매일 해가 쨍쨍 나서 선풍기가 잘 팔리기를 바랐다.

모든 사람은 무의식적으로 자신에게 이익이 되는 쪽으로 문제를 생각하고 또 모든 일들이 자신에게 이익이 되는 방향으로 이루어지기를 바란다. 사람의 본성이 이러므로 누구도 비난할 수는 없다. 다만 중요한 문제를 논할 때는 이런 편견에 사로잡히지 말고 본질을 파악함으로써 객관적인 판단을 내려야 한다.

셋째, 위치에 의한 편견이다. 당신이 어느 위치에 서 있느냐가 당신의 사고방식을 결정한다. 사람이 서 있는 위치에 따라 눈에 보이는 풍경도 다르기 마련이다. 즉 어디에 서 있느냐에 따라 문제를 바라보는 시각도 달라진다.

회사에서 관리자의 위치에 있는 사장은 직원들이 책임감이 없고 최선을 다해 일하지 않는다고 불만을 갖는다. 한편, 관리를 받는 위치에 있는 직원들은 사장의 요구가 지나치게 많은 것에 비해 월급은 적다고 불평한다. 사실 이런 생각의 차이는 각자 서 있는 위치가 다르기 때문에 생긴다. 회사에서나 일상생활에서 위치의 차이로 발생하는 편견을 없애려면 자신이 어떤 위치에 서 있는지 끊임없이 살피고 시야를 넓혀 본질을 정확하고 완전하게 이해해야 한다.

넷째, 문화에 의한 편견이다. 인간관계에서 서로 얼마나 잘 맞느냐는 두 사람이 얼마나 비슷한 문화 환경에서 살아왔느냐에 영향을 받는 경우가 많다. 같은 문제라도 민족, 지역, 국가 등 문화적인 영향에 따라 옳고 그름의 평가가 달라지기 때문이다.

한 중국 영화에 이런 장면이 나온다. 젊은 부부가 방에서 부부싸움을 하고 있다. 아내는 화를 참지 못하고 옷가방을 꺼내 짐을 싸고는 집을 나가버린다. 남편의 어머니는 아들이 상심한 것을 보고 마음이 아파 위로의 말을 건넨다.

"아들아, 너무 가슴 아파 하지 말거라. 엄마가 항상 네 옆에 있잖니."

이 장면을 본 중국 관객들은 대부분 어머니의 말에 감동받았을 것이다. 하지만 이 장면을 미국 관객들이 봤다면 박장대소했을 것이다. 이렇게 상반된 반응이 나오는 까닭은 중국인과 미국인 사이의 문화적인 차이 때문이다. 중국인들이 봤을 때 어머니가 건네는 위로는 충분히 이해할 만한 일이다. 하지만 미국인들은 부부 사이의 문제를 극히 사적인 문제로 여기기 때문에 두 사람을 제외한 누구도 개입할 수 없다고 생각한다.

편견에 대해 괴테는 이렇게 말했다.

"사람들은 자신이 본 것만큼만 알고 있다."

즉 사람들은 자신의 경험 혹은 알고 있는 것의 특징을 기준삼아 극단적인 사고방식으로 사람 혹은 대상을 판단하고 비교하기 좋아한다는 말이다. 그런데 이렇게 일부분으로 전체를 판단해버리는 사고방식은 자신도 모르는 사이에 사고의 함정에 자신을 빠지게 한다. 그러므로 사고의 함정에 빠지지 않으려면 편견에서 벗어나 전체를 아우르는 사고방식으로 문제를 바라봐야 한다.

편견을 떨쳐버리는 사람이야말로 성숙한 사고를 지닌 위인이다. 편견이 없는 사람은 다른 모든 사람과 원활한 관계를 맺고 어떤 일이라도 적극적으로 나서서 협조하므로 성공에 더 쉽게 다가갈 수 있다.

/ 5장 /

인맥을
넓히는
전략

친구가 많을수록 좋다는 것은 불변의 진리다. 나 홀로 사업을 이끌고 간다는 것은 매우 힘든 일이다.
따라서 인맥을 넓히는 것을 결코 소홀히 해서는 안 된다.

제가 이 우표를 태운 이유는 이 안에 엄청난 비밀이 숨겨져 있기 때문입니다.

이 비밀은 우표 한 장을 태웠을 때만 알 수 있죠. 지금부터 남은 우표 한 장을 경매에 부치겠습니다.

이 우표를 사는 분께 그 비밀을 알려드리도록 하죠. ……

비밀은 이 우표가 세상에 마지막 남은 페니 블랙 우표라는 사실이에요.

바로 전에는 두 장이었지만 이제 온 지구를 통틀어 하나밖에 없으니 그 가치는 어마어마하답니다.

Chapter 01

역행적으로
생각하고 행동하라

만약 내가 그라면 어떻게 했을까

"사고능력을 활용하는 것은 기업가나 과학자들에게 해당하는 일 아닌가요? 저 같은 일반인들은 일상생활에서 딱히 사고능력을 활용할 일이 없는 것 같아요."

이렇게 말하는 사람이 있을지도 모른다. 그러나 사람은 매일 끊임없이 사고하며 살아간다. 인간관계만 해도 그렇다. 사람은 누군가와 반드시 교류하며 살아가야 한다. 그런데 좋은 인연을 맺느냐 나쁜 인연을 맺느냐를 결정하는 것이 당신의 사고방식이다. 생각의 힘을 잘활용하는 사람은 어디를 가더라도 친구들이 가득하지만 생각하지 않

인맥을 넓히는 전략

고 살아가는 사람은 늘 혼자 고립되어 있다.

원활한 인간관계야말로 성공의 기본 요건이다. 그리고 인간관계를 넓히는 핵심은 입장을 바꿔 생각하는 데 있다. 즉 상대의 입장에 서서 문제를 생각한다면 서로 얼굴 붉히며 싸울 일은 절대 없다는 뜻이다.

입장을 바꿔 생각하는 사람들은 대부분 EQ, 즉 감성지수가 높은 편이다. 하버드대학교 심리학 박사이자 현 미국과학진흥협회의 연구원인 다니엘 고먼은 이렇게 말했다.

"IQ, 즉 지능지수가 높은 사람이 일의 성취도는 우수할지 몰라도 감성지수가 낮다면 개인적인 생활은 엉망일 것이다. 한 사람의 성공을 좌우하는 요소 중 지능지수는 고작 20퍼센트를 차지하고 기타 요소가 80퍼센트를 차지하는데, 그중에서 가장 중요한 것이 감성지수다. 지능지수가 아주 높은데도 좋은 기회를 만나지 못하는 것은 감성지수가 낮기 때문이다. 이들은 거침없고 충동적인 성격으로 수많은 사람들 사이에 고립되어 있을 가능성이 높다."

따라서 현대사회에서 성공하려면 무엇보다 감성지수를 높이고 입장을 바꿔 생각하는 연습이 절실하다.

그렇다면 입장을 바꿔 생각한다는 것은 무엇일까? 입장을 바꿔 생각한다는 것은 말 그대로 타인의 처지가 되어 생각하는 것이다. 살다 보면 누군가로부터 불쾌한 일을 당하거나 원하지 않는 오해를 살 수도 있다. 그런데 이런 일들을 계속 마음속에 담아둔다면 풀리지 않는 앙금이 되어 그 사람과는 영원한 적이 될 수밖에 없다. 그러나 상대방의 입장이 되어 이해하고 용서하려고 노력한다면 관계를 긍정적인 방향으로 발전시킬 수 있다.

영국 런던의 유명한 보석가게에서 일어난 일이다.

보석가게의 직원 마리는 고객에게 보석을 소개하다가 실수로 고가의 보석을 바닥에 떨어뜨리고 말았다. 마침 가게 안은 손님들로 북적이고 있었는데, 보석은 한 중년 남자의 발 아래로 굴러가더니 그 뒤로 종적을 감추었다. 보석을 찾지 못하면 그녀는 일자리를 잃는 것은 둘째 치고 평생 갚아도 다 갚지 못할 빚을 떠안아야만 했다.

그녀는 보석이 분명히 중년 남자의 손에 있을 것이라고 판단했다. 중년 남자의 행색이 실업자처럼 초라하게 보였기 때문이다. 그 남자가 정말로 실업자라면 의도적으로 보석을 숨기고 돌려주지 않을 가능성이 높았다.

잠시 후, 그녀는 남자 앞으로 조용히 다가가 눈물을 머금고 말했다.

"선생님, 요즘 일자리 구하기가 얼마나 힘든지 아시죠? 저는 여기에서 일한 지 이제 사흘밖에 안 되었어요."

그녀가 이 말을 세 번이나 반복했을 때 중년 남자는 뒤에 숨기고 있던 손을 뻗어 그녀의 손을 꼭 잡더니 이내 손을 놓고 뒤돌아 가게를 나갔다. 그녀의 손에는 잃어버린 보석이 놓여 있었다.

그녀는 왜 그에게 보석을 돌려달라는 말 대신 일자리를 구하기 힘들다고 말했을까? 사실 그녀는 남자와 자신만 아는 언어로 보석을 돌려달라고 부탁한 것이다. 그녀는 중년 남자가 보석을 가져간 사실을 다른 사람들에게 알리고 경찰을 불러 보석을 돌려받을 수도 있었다. 하지만 경찰에 신고하는 대신 상대방의 입장이 되어 해결 방법을

인맥을 넓히는 전략

생각했고 그의 마음을 움직여 보석을 돌려받았다. 그녀의 현명한 행동은 그 남자뿐만 아니라 그녀 자신을 구했다.

결국 입장 바꿔 생각한다는 것은 자신의 감정과 생각을 상대방과 연결해 그의 입장에서 진정한 소통을 해야 한다는 의미다. 이를 실천하는 사람은 넓은 인맥을 보유하고 사업을 경영하는 데도 두각을 나타낸다. 경영의 신이라 불리는 마쓰시타 고노스케가 그런 사람이었다.

파나소닉의 전신인 마쓰시타전기산업을 창업한 마쓰시타 고노스케가 하루는 레스토랑에서 중요한 손님들을 접대했는데, 동행한 여섯 사람은 약속이나 한 것처럼 모두 스테이크를 주문했다. 그는 손님들이 스테이크를 모두 먹을 때까지 기다렸다가 비서에게 스테이크를 요리한 주방장을 만나고 싶다고 했다.

"사장이 아니라 꼭 주방장을 불러오게."

그는 강조해서 말했다. 그런데 그때 그는 스테이크를 절반만 먹은 상태였고, 비서는 잠시 후에 굉장히 난감한 상황이 발생할 거라고 예상했다. 주방장은 손님이 찾는다는 말에 마음을 졸이며 따라왔다.

마쓰시타를 본 주방장이 긴장하며 물었다.

"혹시 스테이크에 무슨 문제라도 있었나요?"

마쓰시타는 웃으며 주방장에게 말했다.

"스테이크는 정말 맛있었소. 다만 내가 이렇게 절반만 먹은 이유는 나이가 여든이 넘으니 소화력이 예전 같지 않아서 그런 것뿐이오. 혹시라도 내가 남긴 스테이크를 보고 오해할까 봐 이렇게 불러서 직접 얘기해주는 거라오."

당신이 주방장이라면 그의 말을 듣고 어떤 감정을 느꼈겠는가. 이해받고 존경받았다고 생각하지 않을까. 초등학교도 마치지 못한 가난한 소년이 마쓰시타전기산업을 세우고, 이 회사를 파나소닉이라는 세계적인 기업으로 키운 비결은 상대방의 입장에서 생각하고 이런 방식으로 기업을 경영했기 때문이다.

마음이 넓은 사람이 사업도 크게 키운다. 그는 자신의 경영 방식을 이렇게 설명했다.

"나는 하루에도 수많은 결정을 내려야 하고 또 다른 사람들의 결정에 승인해주어야 합니다. 그런데 사실 내가 내린 결정과 승인들 중 40퍼센트만이 정말로 확신을 갖고 내린 것이고 나머지 60퍼센트는 그럭저럭 괜찮아 보이는 것들입니다."

왜 완전히 만족하지도 않는 결정에 승인해주느냐고 묻는 사람도 있을 것이다. 한 기업의 대표로서 그는 마음에 들지 않는 결정을 철회시킬 충분한 권력이 있었다. 하지만 그는 기업의 경영자라면 자신의 마음에 들지 않는 일들도 받아들여야 하고, 무조건 반대만 할 것이 아니라 한번 시도해보고 고쳐나가는 노력을 기울여야 한다고 생각했다. 또한 그는 이렇게 해야만 직원들이 더욱 열심히 일하고 긍정적으로 사고한다고 믿었다.

사람은 각기 다른 사회적 역할을 지니고 있고 특정 역할에 맞춰 타인과 교류한다. 그런데 사람들은 대부분 이렇게 자신의 역할에 초점을 맞춰 타인의 행위를 평가하다 보니 마음에 들지 않는 경우가 많다. 예를 들어 아들의 입장이었을 때는 아버지가 너무 엄격하다고 불

235

인맥을 넓히는 전략

만을 갖지만 결혼해서 자식을 낳아 보면 아버지가 왜 그렇게 엄격할 수밖에 없었는지 알 수 있다. 부하 직원의 입장이었을 때는 상사의 요구사항이 너무 많다고 생각하지만 나중에 승진해서 상사의 입장이 되고 나면 직원들이 기대치에 미치지 못한다고 한탄한다.

까다로운 잣대로 타인을 평가하는 사람들은 나중에 결국 혼자가 될 수밖에 없다. 하지만 입장 바꿔 생각하고 타인의 고통을 이해하려고 노력한다면 상대의 이해와 존경을 받을 수 있다. 이것이 인맥을 넓히는 가장 효과적인 방법이다.

스페인의 작가 발타자르 그라시안은 성공에 관해 이렇게 말했다.

"성공의 유일한 비결은 사람을 얻는 것이며, 그러려면 상대의 입장에서 서서 그 사람의 생각을 이해해야 한다."

입장을 바꿔 생각하는 것은 원만한 인간관계를 유지하는 비결이다. 물론 이런 비결을 터득했다고 해서 세상 모든 사람들과 친구가 될 수는 없지만 최소한 주변 사람들에게서만은 이해와 사랑을 받을 수 있다.

오해의 벽은 결코 오래 두지 마라

이 세상에 오해를 받고 싶은 사람은 아무도 없다. 하지만 사람마다 사고방식과 이해능력에 차이가 있기 때문에 인간관계에서 오해가 생기는 것은 막을 수 없다. 누군가와 오해가 생긴다면 어떻게 할까? 화가 나지만 속으로 삭히겠는가, 아니면 그 사람과 한바탕 싸움을 벌이겠는가? 많은 사람들은 오해의 상황이 발생했을 때 아무 일도 없었다는 듯 넘어가려고 한다. 하지만 이렇게 회피한다고 해서 문제가 해결되지는 않는다. 오해가 생겼을 때는 아무리 난처하고 까다로운 상황이라도 용기 있게 마주해야 한다.

오해는 가족이나 친구 사이 혹은 비즈니스 파트너와의 관계에서 언제라도 일어난다. 상대방이 당신을 오해했다면 즉시 조치를 취해 사실을 밝혀야 한다. 반대로 당신이 상대를 오해할 만한 일이 생겼다면 상대가 해명할 충분한 시간을 주어야 한다. 보이는 것이 전부라고 생각하고 결정을 내려서는 안 된다. 눈에 보이는 것은 표면적인 현상일 뿐 진실이 아닐 수 있기 때문이다. 이때 경솔하게 판단하고 행동한다면 더 큰 오해를 불러오기도 한다.

미국 알래스카에 한 젊은 남자가 살고 있었는데, 아내가 아기를 낳다가 죽어 혼자서 아기를 키워야 했다. 그런데 그는 일하랴 집안일을 하랴 바빴기 때문에 아기를 돌볼 시간이 없었다. 그래서 개 한 마리를 훈련시켜 아기 돌보는 일을 돕도록 했다. 똑똑한 개는 아기에게 젖병을 물어다 주는 등 주인이 바쁠 때 대신 아기를 돌봐주었다.

그러던 어느 날, 그는 건너 마을에 볼일이 있어 개에게 아기를 맡기고 외출했다가 폭설이 내려 돌아오지 못했다. 다음날 그는 불안한 마음을 안고 허겁지겁 집으로 달려갔다. 집에 도착했을 때 개가 기쁘게

인맥을 넓히는 전략

뛰어나와 주인을 맞이했다. 그런데 집으로 들어가 보니 사방이 피로 얼룩져 있고 아기는 보이지 않았다. 남자는 개의 입에 묻은 핏자국을 보고는 배고픈 개가 아기를 잡아먹은 것이 분명하다고 생각했다. 분노한 남자는 그 자리에서 개를 칼로 찔러 죽였다.

그때 고통스러운 개의 울음소리에 피로 얼룩진 카펫 밑에서 자고 있던 아기가 잠에서 깨어났다. 뭔가 이상하다는 생각이 든 그는 주위를 살펴보다가 구석에 놓여 있는 늑대의 시체를 보았다. 늑대의 입에는 개의 살점이 붙어 있었다. 충성스러운 개는 자신의 몸을 바쳐 아기를 구했지만 결국 주인에게 죽임을 당했다. 남자는 땅을 치며 후회했지만 비극은 이미 벌어진 후였다.

이런 일은 행동이 생각을 앞설 때 벌어진다. 그가 30초만이라도 냉정하게 생각하고 행동했다면 이런 비극은 벌어지지 않았을 텐데.

오해로 인해 둘도 없는 친구가 원수가 되기도 하고 가족들끼리 등을 돌리기도 한다. 사람은 누구나 기본적으로 착한 마음을 가지고 있지만 때로는 의심이라는 본능 때문에 오해가 생긴다.

오해가 생겼을 때 일단 회피하려고 하지 말고 그 즉시 해결하고 해소하려는 노력이 절실하다. 영국 빅토리아 여왕의 사례를 통해 오해를 해소하는 방법을 살펴보자.

빅토리아 여왕과 알버트 공은 누구나 부러워하는 잉꼬부부였다. 그러나 이렇게 금슬이 좋은 부부 사이에도 종종 오해가 생기기도 했는데, 그럴 때마다 빅토리아 여왕은 현명하게 대처해 오해를 풀었다.

어느 날 저녁, 왕궁에서 성대한 연회가 열렸다. 빅토리아 여왕은 왕궁을 찾은 손님들을 맞이하느라 정신이 없어서 남편을 미처 신경 쓰지 못했다. 아내가 자신을 전혀 신경 쓰지 않자 서운해진 알버트 공은 조용히 방으로 돌아왔다.

얼마 후 누군가 그의 방문을 두드렸다. 그가 냉랭한 목소리로 물었다.

"누구요?"

"여왕이요!"

알버트 공은 일부러 못 들은 척 침대에 누워 꼼짝도 하지 않았다. 빅토리아 여왕은 남편이 문을 열어주지 않자 돌아서서 연회장으로 돌아갔다. 그런데 몇 걸음 가지 않아 빅토리아 여왕은 다시 방문 앞으로 돌아왔다.

빅토리아 여왕이 다시 문을 두드리자 안에서 냉랭한 알버트 공의 목소리가 들렸다.

"누구요?"

빅토리아 여왕은 조금 전보다 부드러워진 목소리로 말했다.

"빅토리아요."

하지만 이번에도 남편은 문을 열어주지 않고 자는 척을 했다. 빅토리아 여왕은 조금씩 화가 나기 시작했다.

'이 나라의 여왕인 내게 문을 열어주지 않다니!'

빅토리아 여왕은 씩씩거리며 연회장으로 돌아갔다. 하지만 이번에도 몇 걸음 가지 않아 다시 방문 앞으로 돌아왔다. 그리고 다시 한 번 방문을 두드렸다. 알버트 공은 여전히 냉랭한 목소리를 말했다.

"누구요?"

그녀가 진심어린 목소리로 말했다.

"당신을 사랑하는 아내 빅토리아예요."

그러자 굳게 닫혔던 방문은 이내 활짝 열렸다.

오해가 생기는 이유 중 하나는 사람들이 자신을 낮추거나 조금이라도 손해 보려 하지 않기 때문이다. 빅토리아 여왕은 알버트 공의 물음에 두 번이나 '여왕이요', '빅토리아요'라고 대답했다. 이런 대답을 들은 남편은 그녀가 '여왕'이라고 자신을 무시한다고 오해했을 것이다.

'당신이 여왕이고 빅토리아면 다야! 문을 열어주나 봐라!'

문을 여는 데 두 번이나 실패하자 빅토리아 여왕은 남편이 두 사람의 관계는 평등하며 자신이 존중받고 있다고 느끼도록 자기 자신을 낮추었고 그리하여 부부 사이에 생겼던 오해는 말끔하게 해소되었다.

오해의 발단은 크게 두 가지로 나눌 수 있다. 첫째, 상대방 앞에서 신중하지 못한 언어나 행동을 했을 때다. 둘째, 사람마다 학력, 경력, 인생관, 가치관, 생활환경 등이 달라 동일한 문제도 다르게 바라볼 때다.

누군가 자신을 오해하고 있다면 나서서 해명해야 할까? 그렇다. 원수라면 당신의 말을 믿지 않을 테고, 친구라면 그 어떤 해명도 필요하지 않다는 말이 있기는 하지만 현실은 조금 다르다. 친구 사이에 오해가 생겼을 때 아무도 해명하지 않는다면 두 사람은 원수지간이 될 것이고 반대로 원수지간에 오해가 생겼을 때 솔직히 털어놓고 해명한다면 두 사람은 둘도 없는 친구가 될 수 있다. 무조건 회피하고 언급하기를 꺼려한다면 아주 작은 오해도 끔찍한 비극으로 자라날 수 있다.

따라서 명확하게 해명할 수 있는 오해라면 당장 그 자리에서 설명하고 푸는 것이 좋다. 정황을 설명하는 것만으로도 오해는 자연스럽게 해소될 수 있다. 그러나 당장 해명하기 힘들고 행동으로 보여줄 수 없는 오해라고 해서 조급해할 필요는 없다. 진심만 있다면 사실은 언젠가 증명될 테니 말이다.

인간미 넘치는 사람이 인간관계도 좋다

사회생활 경험이 많은 한 친구가 예전에 내게 이런 조언을 해준 적이 있다.

"인간미가 없는 사람은 가까이 하지 않는 게 좋아."

처음에는 이 말이 무슨 뜻인지 잘 알지 못했다. 하지만 사회에 몸담은 시간이 길어지고 이런저런 일을 경험하면서 친구의 말이 옳았다는 사실을 깨달았다.

이 세상에서 냄새는 아주 중요하다. 감자에서는 감자 냄새가 나야 하고, 오이에서는 오이 냄새가 나야 하며, 사람에게는 사람 냄새가 나야 한다. 오이에서 오이 냄새가 나지 않으면 오이라고 말할 수 없는 것처럼 사람에게서 사람 냄새가 나지 않으면 얼마나 무섭겠는가. 인간미가 없으면 세상은 잔혹한 학살과 전쟁으로 가득할 것이다. 제2차 세계대전을 생각해보라. 인간미라고는 찾아볼 수 없었던 히틀러 같은 인물이 잔인한 전쟁을 주도하지 않았는가.

사람은 완벽하지 않아도 되지만 인간미가 없으면 안 된다. 인간미가 없는 사람을 가까이하면 늘 조심해야 한다. 당신이 모르는 사이에 어떤 위험을 가할지 모르기 때문이다. 심리학에서는 인간미를 사람과 사이에 흐르는 진실한 감정으로 상대가 사랑과 관심을 받고 있다는 것을 느끼도록 하는 것이라고 설명한다. 결국 인간미는 인성 중에서 가장 부드럽고 따듯한 정신적인 힘이다.

영화배우이자 뛰어난 유머감각으로 유명한 윌 로저스는 한때 목축업에 종사했다. 그런 어느 날, 그가 기르던 소가 울타리를 뚫고 나가 인근 한 농가의 옥수수 밭을 엉망으로 만들어 놓았고, 이를 본 농부는 화가 나서 소를 죽였다. 당시 현지에서 통용되던 암묵적인 규정에 따르면 이런 경우 농부는 로저스에게 사과하고 일정 금액을 배상해 주어야 했지만 그는 아무것도 하지 않았다.

자신의 소를 마음대로 죽인 농부에게 화가 난 로저스는 수하를 데리고 농부의 집에 따지러 갔다. 때는 가을의 끝자락이어서 마차에는 고드름이 얼 정도였고 두 사람의 손발도 꽁꽁 얼었다. 이런 추위를 뚫고 어렵사리 농가에 도착했지만 마침 농부는 집을 비우고 없었다. 농부의 아내는 추위에 떨고 있는 손님들을 집 안으로 안내해 몸을 녹이도록 했다.

농부의 집은 매우 낡고 허름했다. 그리고 농부의 아내는 삐쩍 말라 있었고 다섯 아이들도 모두 밥을 제대로 먹지 못해 얼굴이 누렇게 떠 있었다.

　얼마 후, 농부가 집에 돌아왔다. 아내는 농부에게 저 두 분의 손님이 이 추위를 뚫고 찾아왔다며 설명했다. 농부는 로저스가 왜 방문했는지 모른 채 웃는 얼굴로 그에게 악수를 청하며 저녁식사를 하고 가시라고 말했다.

　로저스가 자신이 방문한 목적을 이야기하려는 때 농부가 미안한 표정을 지으며 말했다.

　"정말 송구하지만 대접해 드릴 것이 감자밖에 없네요. 원래 소고기를 먹을 수 있었는데 오늘 바람이 너무 세게 불어 아직 준비가 되지 않았습니다."

　아이들은 조만간 고기를 먹을 수 있다는 말에 기뻐서 펄쩍펄쩍 뛰었다.

　저녁을 먹으면서 로저스의 수하는 그가 언제쯤 소에 관한 이야기를 꺼낼까 기다렸다. 하지만 로저스는 아무 일도 없었다는 듯 농부 부부와 웃으며 이야기를 나눌 뿐이었다.

　저녁식사가 끝나고 두 사람이 돌아가려는데, 농부는 바깥 날씨가 낮보다 훨씬 추워졌다며 자고 내일 날이 밝을 때 가는 게 어떻겠냐고 만류했다. 그래서 로저스와 수하는 농부의 집에서 하룻밤을 보냈다. 다음날 아침, 농부의 아내는 정성껏 아침식사를 준비해주었고, 두 사람은 식사 후 농부 부부에게 작별을 고하고 길을 나섰다.

　돌아가는 길에 로저스의 수하가 물었다.

　"농부의 집을 찾아간 이유가 죽은 소 때문 아니었나요? 그런데 왜 그 일은 한마디도 언급하지 않으신 거죠?"

수하의 물음에 로저스는 웃으며 말했다.

"그래. 그 일을 따지러 찾아간 거였지. 그런데 농부 부부를 만나고 나니 생각이 바뀌더라고. 그들에게 소에 관한 이야기를 꺼내지 않기로 마음먹었지. 소야 다시 기르면 그만이지만 그들이 우리에게 베풀어준 따뜻한 온정은 쉽게 얻는 것이 아니거든."

인간미가 넘치는 사람은 가족과 친구들처럼 가까운 사람은 물론 낯선 사람들 혹은 서로 이익을 다투는 이들에게도 똑같이 온정을 베푼다. 이 이야기에서 로저스는 자신이 키우던 소를 잃었지만 대신 농부 부부의 따뜻한 환대에서 세상에서 가장 아름다운 인간미를 경험했다. 인간관계에서의 이런 인간미는 온정과 선량함 등 충만한 관심과 사랑의 표현이기도 하다.

베이징의 한 공연장에서 유명한 재즈 보컬 다이애나 크롤의 개인 콘서트가 열리던 날이었다. 사람들은 그녀를 보려고 공연장 앞에 줄을 서서 기다렸다.

공연이 시작되자 사람들은 숨죽여 그녀의 노래를 감상했다. 그런데 공연 중간쯤 한 아이의 울음소리가 차분했던 공연장의 적막을 깼다. 한창 공연에 집중하고 있던 관객들은 울고 있는 아이에게 따가운 시선을 보냈다. 모두들 다이애나 크롤이 공연을 중단하고 무대를 내려갈 거라고 예상했다. 하지만 뜻밖에도 그녀는 노래를 멈추고 부드러운 목소리로 말했다.

"우리 아가가 내 노랫소리에 잠이 깼나 보구나."

신기하게도 그녀의 따뜻한 말 한마디에 아이의 울음소리가 작아지더니 이내 그쳤다.

그녀는 갈등이 일어날 상황에서 인간미 넘치는 방식으로 문제를 원만하게 해결했다. 가수나 연주자라면 누구나 공연 중에 뜻하지 않은 소음으로 방해를 받은 경험이 한 번쯤 있을 것이다. 이때 공연자들이 보이는 반응은 제각각이다. 어떤 사람은 무대를 떠나버리기도 하고 또 어떤 사람은 공연을 중단하고 무대 아래로 원망스러운 눈빛을 보내기도 한다. 그러나 다이애나 크롤은 엄마 같은 부드러움으로 울고 있는 아이를 달래 이를 지켜보던 관객들을 감동시켰다.

'따뜻함이 차가움을 이긴다'는 말이 있다. 사람의 마음을 움직이려면 강압적인 힘보다 부드러운 감동이 필요하다는 의미다. 기업의 리더는 시종일관 차가운 모습만 보여줄 것이 아니라 때로는 따뜻함으로 직원들을 감동시켜 그들이 진심으로 자신을 따르도록 해야 한다.

인간미는 내면에서 우러나오는 타인에 대한 사랑과 존경이다. 다른 사람이 당신의 호의에 감사해하는 것, 타인의 어려움을 이해하고 잘못을 감싸주는 것 모두 인간미다. 우리가 살면서 접하는 모든 인간관계에는 인간미가 절실하다.

학창 시절에는 선생님·친구들과, 직장에서는 상사 혹은 부하직원들과, 가정에서는 배우자·친척·이웃들과 관계를 맺는다. 이런 관계 속에서 상대방을 진심으로 이해하고 문제가 발생했을 때 사랑과 포용으로 해결한다면 당신 역시 인간미 넘치는 사람이 될 수 있다.

내 안의 반항을
통제하는 기술

그가 당신에게 반기를 들었을 때

세상에서 가장 복잡하고 어려운 것이 사람의 마음이다. 누군가를 당신 편으로 만들고 싶은데 노력하면 할수록 그 사람이 점점 더 반대 편으로 멀어졌던 경험이 있는가. 물리학에서는 모든 작용에는 크기 는 같고 방향은 반대인 반작용이 존재한다고 한다. 마찬가지로 사람 과 사람 사이에도 작용과 반작용이 존재하며, 이런 작용력은 본능이 무의식적으로 반응하는 것이라고 한다.

그러므로 사람들이 반기를 드는 것은 어쩌면 본능적인 반항심리 때문이지 누군가에게 정말로 큰 원한 때문에 그런 것은 아니다.

수업시간에 선생님이 학생에게 말한다.

"딴짓 하지 말고 수업에 집중해!"

그러면 학생은 괜히 더 딴짓이 하고 싶어진다.

상사가 부하 직원에게 이렇게 말한다.

"근무시간에는 잡담하지 말고 일만 해!"

부하 직원은 이 말을 듣고 속으로 이렇게 생각한다.

'오늘 해야 할 일은 다 했는데 내가 뭘 하더라도 무슨 상관이야.'

아내가 남편에게 말한다.

"집에서 담배 좀 피우지 마세요!"

그러자 남편이 화를 내면서 말한다.

"내가 내 집에서 담배도 못 피워! 그러고도 내가 이 집안의 가장이라고 할 수 있어?"

심리학 전문가들에 따르면 사람들은 자신의 존엄성을 보호하기 위해 일부러 상대방의 요구와 상반된 행위나 태도를 보인다고 한다. 이것은 대부분 자신이 상대보다 강하다는 것을 보여주기 위함이거나 자신을 보호하려는 태도로, 이런 방식으로 자아의 독립성과 개성을 유지하려는 것이다. 사춘기 아이들에게 훈계하면 할수록 말을 안 듣고, 세상물정 모르는 신입사원들을 교육시키기 어려운 것은 이 때문이다. 이들의 개성은 이제 막 싹트기 시작해서 다듬어지고 단련되는 데 시간이 절실하다.

반항심리에 관해 러시아의 유명한 심리학자 플라토노프는 흥미로운 실험을 했다. 그는 자신의 책 《취미의 심리학》서문에서 독자들에

247

게 이렇게 당부했다.

'절대 제8장 제5절의 이야기를 먼저 읽지 마세요.'

그의 글을 읽은 사람들은 대부분 반항심리가 발동해 서둘러 8장 5절을 들춰보았을 것이다.

사실 작가의 진짜 의도는 사람들의 반항심리를 이용해 8장 5절의 내용을 더 주의 깊게 보도록 하는 것이었다. 그가 서문에서 단순히 8장 5절의 내용이 흥미로우니 자세히 읽어보라고 언급했다면 큰 주목을 끌지 못했으리라.

사람들은 일반적으로 알지 못하는 대상이 있으면 그것을 알고자 하는 욕망에 사로잡힌다. 그런데 이런 호기심이 명확한 이유 없이 제지당했을 때 반항심리가 발동해 더더욱 그 진상을 알고 싶어 한다.

부정적인 측면에서 보았을 때 반항심리는 일종의 획일적이고 극단적인 사고방식이다. 이런 사고방식으로는 본질을 객관적으로 인식할 수 없기 때문에 잘못된 방향으로 문제를 해결하고 만다.

몇 가지 예를 들어 보자. 서로를 알지 못하는 두 사람이 좁은 도로에서 마주쳤다. 한 사람이 상대방에게 길을 비켜달라고 말했지만 상대방은 이렇게 대답했다.

"내가 왜 당신에게 길을 비켜주어야 합니까? 이 길이 당신 것이라도 됩니까? 난 여기에 그대로 서 있을 거요!"

상대방은 아주 분명한 태도로 그의 부탁에 반기를 들었다. 그런데 실제로 많은 사람들이 그와 같은 대치 방식으로 문제를 해결하려고 한다.

아빠가 아이에게 잔소리를 할 때다.

"장난감을 바닥에 던지면 안 돼!"

아이는 아빠의 말이 떨어지기가 무섭게 장난감을 바닥에 내동댕이친다.

엄마가 두 살짜리 딸에게 이렇게 말한다.

"손가락을 빨면 안 돼!"

그런데 아이는 이때부터 더 자주 손가락을 입에 넣었다.

결국 모든 하지 말라는 명령은 그 일을 하도록 깨우쳐주는 역할을 한 셈이다.

'당신이 내게 어떤 일을 시키면 절대 하지 않을 것이다', '당신이 내게 어떤 일을 하지 못하게 하면 꼭 하고 말 테다'……. 사람들은 왜 이렇게 반대로 행동하기를 좋아할까? 명령과 위협을 받았을 때 내면의 반항심리가 고개를 들기 때문이다. 또 자신이 약하지 않다는 것을 증명하려고 일부러 상대방의 요구에 반하는 행동을 하기도 한다. 이런 반항심리가 반복해서 나타나다 보면 사고방식이 점점 편협해지고 행동이 극단적으로 변한다.

하지만 반항심리에 긍정적인 측면도 있다. 예를 들면 반항심리는 사람의 고정관념을 바꾸고 속박에서 벗어나 권위에 도전하도록 한다. 그 밖에도 타인의 반항심리를 잘 이용하면 거짓 '금기'를 통해 자신의 목적을 달성할 수도 있다.

에다노 유키오는 일본 민주당 내 가장 유명한 대변인이다. 그는 참의원 경선에 참여했을 때 공약으로 애써 유권자들의 마음을 사로잡으려고 하지 않았고 토론회 자리에도 나오지 않았다. 대신 공개적으로 이렇게 말했다.

"저는 여러분의 표가 필요 없습니다. 그러니 제게 투표하지 않으셔도 됩니다. 저는 조금도 당선되고 싶은 마음이 없으니까요."

그는 이런 말을 남기고 당당히 외국으로 떠나버렸음에도 불구하고 놀랍게도 굉장히 많은 표를 받아 의원직에 당선되었다. 전 국민의 반항심리를 이용한 고도의 전술이 아닐 수 없다.

타인의 반항심리를 이용하면 그 사람의 행위를 바꿀 수도 있다. 이런 기술을 터득하면 누군가 자신의 요구에 반기를 들었을 때 몇 마디 간단한 말로도 문제를 해결할 수 있다. 사람은 누구나 '당신이 시키는 건 절대 하지 않을 거야'라는 반항심리가 있기 때문이다. 그러나 누군가 당신의 반항심리를 이용해 비이성적인 행위를 하도록 만드는 것은 경계해야 한다.

여기서 반드시 강조할 점은 누군가의 '반항'은 진정한 반대가 아니라 일종의 자신을 보호하려는 행위라는 것이다. 그러므로 타인의 반항심리에 부딪혔을 때 그것을 반대 의견으로 치부할 것이 아니라 순종하게 만들어야 한다.

그렇다면 어떻게 반항을 순종으로 바꿀 수 있을까? 다음과 같은 네 가지 방법을 참고하도록 하자.

첫째, 설명은 적게 질문을 많이 한다. 누군가의 반항심리를 줄이려면 우선 예방이 중요한데, 시작부터 상대의 반항심리를 건드리지 않는 것이 좋다. 이야기를 나눌 때 일방적인 설명이 길어지면 상대방의 반항심리를 건드리기 쉽다. 반면에 의견을 구하면서 질문형으로 대화를 이끌어 가다 보면 상대방도 쉽게 받아들인다. 이 외에도 질문형 대화는 개방적인 소통 방식으로 자신의 관점이나 생각을 자유롭게 표현하므로 서로를 이해하는 데 도움이 된다.

둘째, 신뢰를 쌓아 반항심리를 줄인다. 사람은 누구나 자신이 신뢰하는 사람과 교류하고 그의 생각을 받아들이기 좋아한다. 누군가 당신을 신뢰한다면 반항심리는 저절로 줄어들 것이다. 그러므로 상대방이 당신에게 반기를 들지 못하도록 하려면 먼저 그의 신뢰를 얻어야 한다.

셋째, 상대방의 호기심을 자극한다. 사람이 어떤 것에 흥미를 가지면 호기심이 생기고 이런 경우에는 문제를 자발적으로 탐색하고 이해하려고 한다. 따라서 상대방의 반항심리를 억제시키려면 당신이 요구하려는 것에 먼저 흥미를 갖는 것이 중요하다.

넷째, 입장을 바꿔 생각한다. 상대방의 입장을 헤아리는 것은 인간관계에서 가장 중요한 부분이다. 타인과 교류하면서 대립 관계를 만들지 않으려면 입장을 바꿔 생각하고 상대방이 원하는 방식으로 소통해야 한다. 이렇게 하면 반항심리를 일으키지 않고 상대방과 순조롭게 교류할 수 있다.

아담과 이브가 금단을 넘지 않았다면

먼저, 금단의 열매가 무엇인지 알아보자.《성경》의 기록에 따르면 하느님이 창조한 에덴동산에 아담과 이브가 살고 있었다. 하느님은 아담과 이브에게 동산에서 나는 모든 열매를 먹어도 되지만 단 하나 선악과는 절대 먹어서도 만져서도 안 된다고 강조했다. 하지만 어느 날 뱀의 유혹을 받은 이브가 금단의 열매를 몰래 따먹었고 아담에게 도 맛을 보게 했다. 하느님은 이 사실을 알고 분노해 그들을 에덴동산에서 내쫓고 자손대대로 고통을 겪게 하셨다. 이로써 오늘날 금단의 열매는 법적으로 혹은 통속적으로 하지 못하도록 금지되어 있는 일을 의미했다.

인간의 본성은 참 희한하다. 금단의 열매는 먹으면 안 된다는 것을 알면서도 먹어보고 싶어서 다들 안달이 나니 말이다. 만지면 안 되는 것은 더 만지고 싶고, 가질 수 없는 것은 더 가지고 싶고, 알면 안 되는 것은 더 알고 싶은 것이 인간의 본성이다.

이런 현상에 대해 한 심리학자는 아이들을 대상으로 실험을 했다. 그는 쟁반 위에 마개를 씌운 불투명한 찻잔 다섯 개를 올려놓았다. 아이들은 처음에는 찻잔에 관심을 보이지 않았다. 그러자 그는 찻잔 하나에 사탕을 넣고 다시 마개를 씌운 다음 아이들에게 말했다.

"찻잔 안에 굉장히 중요한 물건이 들어 있으니까 절대 만지면 안 된단다."

그런 다음 그는 밖으로 나가 아이들의 행위를 관찰했다. 아이들은 그가 만지면 안 된다는 말이 떨어지기 무섭게 찻잔에 관심을 보이기 시작했다. 심지어 어떤 아이들은 조심스럽게 찻잔을 들어서 관찰하다가 제자리에 내려놓기도 했다.

실험 결과 엄격히 금지할수록 사람들의 반항심리는 더욱 강하게 나타나는 것을 알 수 있었다. 이것이 심리학에서 이야기하는 '금단의 열매 효과'다.

비즈니스 영역에서 이를 최초로 활용한 사람은 프랑스의 농학자 파르망티에다. 그는 독일에서 감자를 먹어보고 이를 프랑스에 들여오고자 했다. 그런데 종교계에서는 감자가 땅 밑에서 자란다는 이유로 이를 어둠의 열매라 여겼고, 의학계에서도 감자가 뿌리에 나는 종양 같다고 해서 사람들의 건강에 유해할 거라고 주장했다. 이런 근거 없는 주장 때문에 감자는 당시 사람들이 기피하는 불길한 식품 중 하나였다.

이처럼 감자가 유해하다는 인식이 이미 뿌리 깊게 자리 잡은 후라 파르망티에가 아무리 설명해도 프랑스 사람들을 설득하기는 힘들었다. 그러다 1787년, 그는 국왕의 허가를 받고 척박하기로 유명한 땅에 감자를 재배했다. 그리고 그는 국왕에게 무장한 병사들이 감자를 심은 땅을 보호해줄 것을 부탁했다. 매일 병사들이 철통같이 지키고 있는 것을 보자 사람들은 감자밭에 도대체 무엇이 있는지 너무나 궁금해 했다. 그래서 몇몇 사람들은 밤이 되어 병사들이 모두 철수한 틈을 타 몰래 밭에 들어가 몰래 감자를 훔쳐 와 자신의 집 정원에 심었다. 그렇게 매일 밤 감자밭에는 도둑들이 찾아왔다. 그러다 보니 어느새 집집마다 감자밭이 생겨났고, 파르망티에는 자신이 원하던 바를 이루었다.

금단의 열매 효과가 이렇게 크다 보니 이를 이용해 사람들의 마음을 움직이려는 정치인이나 기업인들도 많다. 이들은 사람들의 호기심을 적절히 이용해 아무런 흔적도 남기지 않고 자신의 목적을 달성하는 고도의 전략을 사용하기도 한다.

금단의 열매 효과는 일상생활에서 생각보다 많이 활용되고 있다. 예를 들어 영화제작사들은 '청소년 관람 불가'라는 제한을 두어 더 많은 관객들의 호기심을 자극한다. 이는 관람 기준에 부합하지 않는 관객을 제한하려는 것이기도 하지만, 더 크게는 반항심리를 자극해 더 많은 사람들이 영화를 보러 오도록 하기 위해서다. 과감한 성적 표현으로 세계를 떠들썩하게 했던 이안 감독의 영화 〈색계〉가 사람들의 주목을 받은 것도 이 덕분이었다.

금단의 열매 효과는 자녀교육에도 활용될 수 있다. 아이들은 천성적으로 호기심이 많기 때문에 이를 잘 활용하면 굉장히 큰 교육 효과를 얻을 수 있다.

친한 친구의 딸이 피아노를 배우고 싶다고 해서 학원에 등록했다. 그런데 1년 정도 지나자 딸아이는 피아노에 흥미가 떨어져 그만하고 싶다고 투정을 부리기 시작했다. 그러자 이 친구는 집에 멋진 피아노를 들여놓고 딸에게 이렇게 신신당부했다.

"이건 엄마 피아노니까 절대 만지지 마."

아이는 자신의 방으로 가서 이렇게 생각했다.

'엄마가 집에 안 계실 때 나가서 실컷 만져봐야지.'

엄마가 피아노를 만지지 못하게 하자 아이는 피아노가 너무나 치고 싶었다. 하지만 친구는 외출할 때면 피아노방 문을 꼭 잠그고 나가 아이가 절대 피아노를 치지 못하도록 했다. 결국 어느 날 딸아이가 울상을 지으며 엄마에게 말했다.

"엄마, 왜 저는 피아노를 만지지도 못하게 하는 거예요?"

그러자 친구가 물었다.

"너는 피아노가 재미없다고 그만둔다고 하지 않았니?"

다급해진 아이가 말했다.

"제가 언제요? 전 정말 피아노를 좋아해요! 피아노를 계속 배울 거예요!"

금단의 열매 효과를 아주 적절히 활용한 예다. 친구는 먼저 피아노를 사서 아이의 관심을 끈 다음 절대 만지지 못하도록 했다. 이렇게 피아노를 만져보지도 못하게 하자 아이의 호기심은 점점 더 커져갔고 자발적으로 다시 피아노를 배우게 하는 데 성공했다.

마르크스는 이런 말을 남겼다.

"모든 비밀에는 거부할 수 없는 매력이 있다."

세상에 많은 일들이 금지하려고 하면 할수록 통제하기가 더욱 어려워지는 법이다. 또 우리가 무엇인가 감추려고 하면 할수록 사람들은 그 일을 더욱 궁금해 할 것이고, 결국 어떤 방법을 써서라도 알아내고 만다. 좋은 일은 알려지지 않지만 나쁜 소문은 천 리를 간다고 하지 않던가. 금단의 열매 효과를 적절히 이용하면 일상생활에서나 사업을 할 때 큰 도움을 받을 수 있다. 단, 이때 금기를 활용해서 얻는 결과는 반드시 법률이 허용하는 범위 안의 것이어야 한다.

희소할수록 사람들이 더 찾는 이유

인류가 살아가는 데 필요한 물품은 크게 두 가지로 나눌 수 있다. 자유재와 경제재다. 자유재는 공기나 햇빛 등과 같이 대가 없이 얻는 것들이고, 경제재는 주택·자동차 등과 같이 반드시 대가를 지불해야 하는 것들이다. 우리 생활에 필요한 대부분의 물품은 이 경제재에 해당한다.

지구상의 자원은 유한하므로 사람들이 필요로 하는 경제재 역시 한정적이다. 다시 말해 유한한 경제재로는 사람의 무한한 욕망을 만족시켜주지 못하며 이로써 희소 현상이 생긴다. 하지만 모든 경제재가 희소한 것은 아니다. 보기 드물고 구하기 힘든 것들만 진정한 희소 물품으로 대중들의 구매욕을 불러일으킬 수 있다.

'물건은 희귀해야 비싸다'라는 말이 있다. 어떤 물건이 굉장히 희소하거나 희소해지기 시작할 때 가치가 더욱 높아진다. 소비심리학에서는 이런 현상이 사람들의 구매력을 높인다고 보고 이를 희소 효과라고 부른다. 즉 어떤 경제재의 구매 기회가 줄어들수록 그 가치는 점점 더 높아진다.

어떻게 물건의 희소함이 사람들의 구매행위에 영향을 주는 것일까? 심리학자들은 어떤 물건을 얻지 못하리라는 두려움이 동등한 가치의 물건을 얻을 수 있다는 희망보다 더 강렬한 작용을 한다고 말한다.

수많은 우표수집가들이 모인 우표 경매장에서 일어난 일이다. 모든 사람들의 시선이 단상 위에 놓인 우표 두 장에 쏠렸다. 이 우표는 1840년 영국에서 처음 사용된 1페니의 우표로, 세상에 두 장밖에 없는 페니 블랙 우표였다. 경매장의 열기는 점점 뜨거워졌고, 우표 가격은 이미 40만 달러까지 치솟아 역대 우표 경매 기록을 경신했다.

그런데 갑자기 경매장 한 구석에서 한 남자가 소리쳤다.

"200만 달러요!"

경매장에 있던 모든 사람들이 깜짝 놀라며 수군거렸다.

"어떤 정신 나간 놈이 돈이 남아도나 보군."

하지만 더욱 놀라운 일이 벌어졌다. 이 남자는 돈을 지불하고 우표 두 장을 받아 들더니 라이터를 꺼내 그중 한 장에 불을 붙여 태워버렸다. 남자의 행동에 주위에 있던 사람들은 모두 경악했다. 그러자 남자가 말했다.

"너무 놀라지 마십시오. 제가 이 우표를 태운 이유는 이 안에 엄청난 비밀이 숨겨져 있기 때문입니다. 이 비밀은 우표 한 장을 태웠을 때 비로소 알 수 있죠. 지금부터 남은 우표 한 장을 경매에 부치겠습니다. 이 우표를 사는 분께 그 비밀을 알려드리도록 하죠."

이렇게 해서 경매장 열기는 다시 한 번 달아올랐다. 사람들은 너도나도 더 높은 가격을 불렀고, 결국 이 한 장의 우표는 900만 달러에 낙찰되었다. 낙찰된 사람은 기뻐하며 단상 앞으로 나가 돈을 지불하고 우표를 받았다.

그는 우표에 숨겨진 비밀이 무엇인지 얼른 알고 싶었다. 조금 전 우표 한 장을 태웠던 남자가 그에게 다가와 속삭였다.

"비밀은 이 우표가 세상에 마지막 남은 페니 블랙 우표라는 사실이에요. 온 지구를 통틀어 하나밖에 없으니 그 가치는 어마어마하답니다. 그러니 잘 간직하도록 하세요."

이처럼 희소성과 유일성은 물건의 가치를 높여준다. 우리 주변에도 이런 현상은 빈번하게 나타난다. 예를 들어 사람들은 제비뽑기나 추첨을 통해 얻은 물건을 더욱 소중하게 여긴다. 모두가 가질 수 없는 한정된 것이기에 더 높은 가치가 있기 때문이다. 우리는 인기 있는 차를 살 때 계약금을 먼저 지불하고 차가 생산될 때까지 기다린다. 또 집을 살 때도 사람들이 많이 몰리는 아파트라면 건물이 다 지어지기도 전에 돈을 먼저 지불한 다음 완공될 때까지 기다렸다가 입주한다. 휴대전화는 어떤가. 인기가 많은 모델의 휴대전화를 사려면 밤새 줄을 서서 기다려야 한다.

풍부한 물질생활을 누리고 있는 오늘날에도 어째서 이런 현상이 나타나는 것일까? 정말로 물건이 부족해서일까? 사실 이것은 더 많은 고객을 끌어 모으려는 상인들의 마케팅 전략이다.

이런 마케팅 전략은 '헝거 마케팅'이라 불리는데, 먼저 대대적인 광고를 통해 소비자들의 관심을 불러 모으고 그런 다음 고의적으로 제품의 수량을 줄여 고객들이 줄을 서서 기다리게 만듦으로써 사고자 하는 욕망을 더욱 자극하는 방식이다. 이 전략의 최종 목적은 제품의 가격을 인상하거나 대량 판매하는 기반을 닦기 위해서다.

애플은 헝거 마케팅 전략을 가장 잘 이용하는 기업 중 하나다. 제품의 출시, 판매 과정에서 애플은 자신들이 통제할 수 있는 범위 안에서 조금씩 정보를 흘린다. 즉 머지않아 발표될 제품의 정보를 계획적이고 단계적으로 누설하는 것이다.

2013년 9월, 애플의 아이폰5s와 5c는 중국에서도 동시 발매되었는데, 그중에서도 금색 커버의 아이폰5s는 폭발적인 인기를 끌었다. 당시 여러 매체에서는 골드 컬러의 아이폰5s가 이미 암거래상들에게 200만원도 넘는 가격에 모두 팔려나갔다고 전했다. 가격이 출고가의 두 배가 넘어선 상황에서도 사람들은 물건을 구하지 못해 발을 동동 굴러야 했다.

골드 컬러의 아이폰5s가 이렇게 큰 인기를 끈 이유는 아이폰5나 아이폰5c와는 확연히 구분되는 색깔 때문이었다. 다른 색깔의 아이폰5s를 들고 다닌다면 사람들은 그것이 아이폰5s인지 아이폰5c인지 구분하지 못하겠지만 골드 컬러는 달랐다. 이런 점이 사람들의 과시욕을 만족시켜주는 부분이었다.

골드 컬러의 아이폰5s는 중국에서뿐만 아니라 전 세계 애플 마니아들의 사랑을 받았고 순식간에 구하기 힘든 희귀품이 되었다. 사람들은 누구나 조금씩은 과시욕이 있다. 애플은 이런 심리를 이용해 마케팅 전략을 성공시키는 셈이다.

애플의 제품이 많은 사람들로부터 꾸준히 사랑받는 이유 중 하나

인맥을 넓히는 전략

는 소비자들이 언제나 '배고픈' 상태에 있도록 제품 공급을 조절하기 때문이다. 애플은 어떤 제품이 출시되었을 때, 시장의 수요가 얼마나 많거나 소비자들의 반응이 얼마나 뜨겁거나 상관없이 한정된 물량만을 공급한다. 그래서 아이폰을 손에 넣지 못한 이들을 더더욱 굶주린 상태에 놓이도록 만든다. 심지어 어떤 사람들은 아이폰을 손에 넣기 위해 거액을 주고 암거래상에게서 구입하기도 한다. 애플은 유행을 좇고자 하는 소비자들의 심리를 이용해 매번 신제품 출시에 성공했다.

경제학에서는 헝거 마케팅을 일종의 마케팅 수단이자 중요한 경제 이론으로 본다. 경제학에서는 어떤 물건의 효용가치를 그것의 사용가치와는 다른 개념으로 본다. 물건의 사용가치란 그 자체가 갖고 있는 고유한 특성으로 물리적 혹은 화학적으로 결정되는 것이고, 효용가치는 물건이 소비자에게 가져다주는 만족감으로 일종의 주관적인 개념이다.

사람들은 어디에나 있고 쉽게 구할 수 있는 물건들에는 별로 관심을 갖지 않는다. 하지만 일단 그 물건이 희소해지기 시작하면 그것이 보물이라도 되는 것처럼 여긴다. 이것이 희소 효과다.

경제학에서는 희소 효과가 나타나는 원인을 두 가지로 본다.

첫째, 물건의 상대적인 희소성 때문이다. 어떤 물건을 많은 사람들이 좋아하고 소유하려고 하는데 수량이 한정되어 있다면 소수의 사람들만 그것을 가질 수 있다. 이런 경우 물건의 희소성은 상당히 높아진다. 유명한 화가의 그림을 누구나 소장하고 싶어 하기 때문에 진품의 가치가 높아지는 것과 마찬가지다.

둘째, 물건의 절대적인 희소성 때문이다. 어떤 물건은 처음부터 수량이 한정되어 있거나 점점 줄어들고 있기 때문에 가치가 높아지는 것도 있다. 물건은 아니지만 동물을 예로 들면 희귀동물들은 개체 수가 점점 줄어들고 있기 때문에 이를 보호동물로 지정하고 전 세계인들이 보물처럼 보호하는 것과 마찬가지다.

Chapter 03

상대의 빈틈을
파고들고 싶다면

그를 설득하는 방법은 의외로 간단하다

인간관계에서 이견과 갈등은 흔히 발생하는 일로 의견 차이가 생겼을 때 사람은 누구나 상대를 설득하고 싶어 한다. 하지만 아무리 자신의 관점이 옳다고 하더라도 상대를 설득하는 일은 쉽지 않다. 왜 그럴까?

심리학에서는 상대를 설득하려면 올바른 관점보다는 방법과 기교가 더 중요하다고 말한다. 즉 일반적이거나 정형화되지 않은 완전히 새로운 사고방식이 필요하다.

서양에서는 모자 쓰는 것과 관련해 남녀의 풍속이 조금 다르다. 남자는 실내에 들어오면 밖에서 쓰던 모자를 벗어야 하지만 여자들이 쓰는 챙이 큰 모자는 실내에서 쓰고 있어도 괜찮다. 그래서 영화관에서 모자 쓴 여자 뒤에 앉은 사람은 늘 불편함을 감수해야 했다. 그런데 어느 날, 누군가 이에 불만을 갖고 여자들이 영화관에서 모자를 쓰지 못하게 하자며 영화관 사장에게 건의를 했다.

고객의 건의를 받은 영화관 사장은 모자 착용을 금지하는 대신 다음과 같은 안내방송을 내보냈다.

"나이가 많은 고령의 여성 관객들께서는 영화관에서 모자를 벗지 않으셔도 좋습니다."

안내방송이 나가자 놀랍게도 영화관 안에 있던 거의 모든 여자들, 심지어 70대로 보이는 노부인까지 자발적으로 모자를 벗었다.

영화관 사장은 자신이 늙었다는 생각은 추호도 하기 싫어하는 여자들의 심리를 이용해 영화관에서 모자를 쓰지 못하도록 하려는 목적을 달성했다. 여자들은 자신이 모자를 쓰고 있을 경우 나이가 많다는 것을 증명하는 격이므로 서둘러 모자를 벗었다.

설득에 관해 스티브 잡스는 이렇게 말했다.

"다른 사람을 설득한다는 것은 그 사람이 모두에게 가장 좋은 의견을 내도록 하는 것이지 내게 가장 좋은 의견을 내라고 강요하는 것이 아니다."

이처럼 다른 사람을 설득하는 가장 좋은 방법은 상대방도 납득할 수 있는 합리적인 의견을 제시하는 것이다.

살다 보면 자아가 강하고 어떤 일이라도 일단 반대부터 하는 고집스러운 사람들을 만날 수 있다. 이런 사람들을 일반적인 방법으로 설득하려고 한다면 결코 원하는 바를 얻을 수 없다.

사고방식을 전환하고 허를 찌르는 방법으로 상대를 설득해야 한다. 자신이 설득당하고 있다는 생각이 들면 상대는 쉽게 마음을 열려고 하지 않는다. 그러므로 먼저 상대의 관점을 받아들이고 존중해줌으로써 그가 대화에 흥미를 가지도록 해야 한다. 이런 분위기가 만들어진 다음에 자신의 관점을 언급한다면 조금 더 쉽게 상대를 설득할 수 있다.

영국 국왕 조지 6세의 개인비서였던 앨런은 이 방면에 뛰어난 사람이었다.

1944년 6월, 연합군이 독일에 대한 대대적인 공격을 시작하며 그달 6일 노르망디에 상륙하기로 결정한다. 그런데 상륙 하루 전, 수상 처칠은 문득 이런 생각이 들었다.

'노르망디 상륙은 역사에 길이 남을 전투인데 국왕이 병사들과 함께 배를 타고 들어온다면 더욱 감격적인 일이 될 거야.'

처칠은 자신의 생각을 곧장 조지 6세에게 전달했고, 이에 국왕은 병사들과 함께 노르망디에 가기로 결정한다. 그런데 국왕이 떠날 채비를 하고 있을 때 비서인 앨런이 이 일을 알았다. 그는 국왕이 굉장히 위험한 결정을 내렸다는 것을 알고 있었지만 자신이 만류한다고 해서 쉽게 받아들일 분이 아니라는 것도 잘 알고 있었다. 잠시 고민하던 그는 자신의 의도를 숨긴 채 이렇게 말했다.

"존경하는 국왕 폐하, 전투에 친히 참여하신다니 병사들에게는 정말 감격스러운 일이 되겠네요. 그런데 떠나시기 전에 혹시 엘리자베스 공주에게 당부하실 일은 없으신지요? 또 이번 전투에서 국왕 폐하와 수상께서 모두 잘못되시면 누가 왕위를 계승받을지, 수상은 누구에게 맡겨야 할지 묻고 싶습니다."

앨런의 질문에 국왕은 자신의 결정이 얼마나 큰 위험을 불러올지 깨닫고 당장 노르망디전투에 참여하겠다는 결정을 취소했다.

앨런은 전투에 참여하면 위험할 것이라는 말로 국왕을 설득하는 대신 후사를 어떻게 처리해야 할지 알려 달라고 함으로써 스스로 잘못된 결정이었음을 깨닫게 했다. 상대를 설득할 때 직접적으로 원하는 바를 표현한다면 실패할 확률이 크다. 그러나 앨런의 경우처럼 앞으로 일어날 수 있는 결과를 상상해보도록 한다면 자연스럽게 상대를 설득할 수 있다.

그렇다면 상대를 설득하는 가장 효과적인 방법은 무엇일까? 다음의 세 가지 비결을 참고하기 바란다.

첫째, 설득하려는 상대를 정확하게 알아야 한다. 커뮤니케이션학에서는 대화의 효과가 시간, 지역 등 다양한 요소의 영향을 받는다고 한다. 그러므로 누군가를 설득하려면 대화할 시기를 잘 선정하고 상대의 특성을 정확하게 파악하고 있어야 한다. 상대와 동일한 입장에 서야만 최상의 효과를 얻을 수 있다.

인맥을 넓히는 전략

둘째, 먼저 상대의 의견을 인정해준 다음 자신의 의견을 이야기한다. 현명한 사람은 상대의 의견을 무조건 반대하지 않고 받아들일 줄 안다. 상대를 설득하려고 할 때 먼저 그의 관점을 지지해준다면 당신에게 마음을 열 것이다. 그런 다음 자신의 의견을 나타낸다면 원하는 방향으로 상대를 설득할 수 있다.

셋째, 상대를 설득하려 한다는 의도를 숨겨야 한다. 상대가 당신의 의도를 알아차린다면 처음부터 방어 자세를 취하며 무조건 반대할 준비를 할 것이다. 이러면 당신이 무슨 말을 해도 상대방은 받아들이지 않고 설득은 결국 실패하고 만다.

상대가 스스로 설득하도록 하라

'이 세상에 다른 사람을 설득할 수 있는 사람은 없다. 사람은 오직 자기 자신만이 설득할 수 있다.'

이 말이 과연 무엇을 의미할까?

예일대학교에서 심리학을 가르치는 마이클 판텔론 교수는 이렇게 설명했다.

"모든 사람의 마음속에 있는 행동에 대한 욕망은 자신의 설득에 의해서만 방출된다. 사람은 스스로 이유를 제시해야만 행동을 취한다."

그는 이처럼 무언가를 실행할 동기 또는 이유를 스스로 찾아 행동하도록 하는 자기 설득의 심리 행위를 '순간설득'이라는 용어로 정의

했다.

어째서 자기를 설득하는 것이 가장 효과적인 설득 방법이라고 말하는 것일까? 이와 관련해 과학자들은 사람이 7분 안에 누군가에게 어떤 행동을 해야 하는 이유를 찾고 그것을 실행하도록 만들 수 있다는 연구 결과를 발표했다. 당신이 자신의 이유를 들어 상대방에게 어떤 행동을 하거나 하지 않도록 강요한다면 설령 상대방이 거절하지 않는다고 해도 절대 적극적으로 나서지 않을 것이다. 그러므로 누군가와 교류할 때는 자신의 의견을 상대에게 강압적으로 주입하려고 하지 말고 충고하거나 제안하는 방식으로 그것이 본인에게서 나온 생각이라고 여기도록 하는 것이 좋다. 이렇게 하면 상대의 자기 설득 방식으로 교묘히 자신의 목적을 이룰 수 있다.

미국의 루즈벨트 대통령은 타고난 말재주를 가진 정치가였다. 그는 미국의 유권자들을 설득해 대통령에 당선되었을 뿐만 아니라 뉴욕 시장 재임 시절 뛰어난 말솜씨로 모두가 반대했던 정치개혁을 이루어냈다.

그는 중요한 자리에 공석이 생기면 처음부터 자신이 원하는 사람을 추천하지 않고 모든 의원들에게 그 임무를 맡겼는데, 한번은 의원들이 신중하게 살펴보지 않고 성품이 한참 모자란 사람을 추천해 올렸다. 그러자 루즈벨트 대통령이 조심스럽게 말했다.

"아무래도 모두가 동의할 수 있는 사람은 아닌 것 같군요. 다른 사람을 찾아보는 건 어떨까요?"

의원들은 두 번째에도 잘 알아보지 않고 자리보전에만 급급한 나이든 공무원을 데려왔다.

루즈벨트 대통령은 이번에도 의원들에게 조심스럽게 제안했다.

"이 사람은 국민들의 기대치를 만족시키기 어려울 것 같군요. 번거롭겠지만 다른 사람을 다시 찾아봅시다."

의원들이 고심 끝에 세 번째 후보를 추천했다. 앞선 두 사람보다 훨씬 뛰어났지만 그의 기준에는 여전히 만족스럽지 않았다. 그는 의원들의 수고에 깊이 감사하며 마지막으로 한 사람만 더 추천해달라고 부탁했다.

의원들이 네 번째 추천한 후보는 그 자리에 가장 적합한 사람이었다. 루즈벨트 대통령은 의원들의 공로를 높이 평가하며 네 번째 후보를 임명했다. 그는 모든 공로를 의원들에게 돌리며 이렇게 하는 목적이 모두 국민들에게 이롭기 때문이라고 설명했다.

루즈벨트 대통령은 이로써 상원의원들뿐만 아니라 하원의원들에게도 긍정적인 평가를 받았고, 그의 꾸준한 노력으로 강한 반대에 부딪혔던 공무원법과 특별세법 개혁방안을 무사히 통과시켰다.

심리학자들은 사람의 활동 목적이 자아를 인정받기 위함이라고 말한다. 루즈벨트 대통령은 사람들의 인정받고자 하는 심리를 잘 파악하고 어떤 결정을 내릴 때 먼저 의원들의 의견을 구해 그것이 자신의 결정이라는 생각이 들도록 했다. 이로써 의원들은 점차 그를 자신의 동맹군으로 여겼다. 대통령의 의견에 반대하는 것은 곧 자신의 뜻에 반대하는 것이었으므로 의원들은 일관된 주장을 유지하려고 그가 제안하는 개혁방안을 모두 받아들일 수밖에 없었다.

일상생활에서도 자기 설득의 소통기법을 터득하고 있으면 여러 가지 문제를 순조롭게 해결할 수 있다. 예를 들어 어떤 일을 상대방이 계속 반대한다면 힘들게 설득하려고 하지 말고 왜 그렇게 생각하는지 등의 질문을 던져 대답하는 과정을 통해 자기 자신을 설득하고 반대하던 의견을 받아들이도록 하는 것이 좋다.

에릭은 이제 막 대학을 졸업하고 일자리를 찾고 있었다. 어느 날, 그는 길을 가다가 한 유명한 광고회사 건물 앞에 사람들이 북적이는 것을 보았다. 사람들에게 영문을 물어보니 지금 현장에서 세 명의 광고 디자이너를 채용한다는 것이었다. 마침 전공이 디자인이었던 그는 이때다 싶어 얼른 회사 안으로 들어갔다. 면접장 안은 사람이 하도 많아 정신이 하나도 없었다.

그가 허둥대는 인사담당자에게 다가가 물었다.

"실례합니다. 혹시 디자이너 자리가 남아 있습니까?"

담당자가 대답했다.

"다 찼습니다."

다시 물었다.

"그럼 회계사 자리는 남아 있습니까?"

담당자가 대답했다.

"저희가 오늘 뽑으려고 했던 자리는 모두 찬 것 같군요. 여기 보세요. 사람이 너무 많아서 직원들이 다들 정신없어 보이지 않습니까?"

그러자 그가 웃으며 말했다.

"비서가 필요하시군요. 제가 지원자 명단을 작성해 드릴까요?"

에릭은 상대방에게 거절당한 이후 자신의 입장을 계속 고수하지 않고 관찰과 질문으로 상대방도 동의할 답안을 이끌어냈고 원하는 일자리도 얻을 수 있었다.

사람은 누구나 자기중심적으로 문제를 생각하고 다른 사람에게 인정과 칭찬을 받고 싶은 심리가 있다. 이런 심리 때문에 사람들은 남들의 강요에 의해서가 아니라 자신의 의견에 따라 일을 처리하고 결정하는 것을 좋아한다. 이 점을 이해하지 못하면 사람들과의 관계에서 계속 어려움에 부딪히고 모두 자신에게 일부러 반기를 드는 것이라고 생각한다. 하지만 사회와 사람의 본모습을 제대로 이해한다면 원만한 인간관계를 유지할 수 있다.

안타깝게도 많은 사람들이 타인과 교류할 때 명령하듯 말해 상대방의 반감을 일으킨다. 이렇게 말하면 당신이 절대권력을 지닌 황제가 아닌 이상 상대는 결코 당신의 의견을 받아들이지 않을 것이다. 설령 당신이 황제라고 할지라도 무조건 명령을 내리기보다는 타인의 입장을 헤아리고 함께 상의함으로써 문제를 해결해나가야 한다.

직장에서나 일상생활에서 상대방을 설득하려면 먼저 그가 당신의 생각을 인정하도록 만들어야 한다. 그리고 이때 가장 좋은 방법은 상대가 당신의 생각에 참여하게 함으로써 그것이 본인의 머릿속에서 나온 의견이라고 믿게 하는 것이다. 이렇게 하면 상대는 당신의 의견을 받아들일 뿐만 아니라 자발적이고 적극적인 자세로 이를 행동에 옮길 것이다.

사람을 모으고 상황을 바꾸는 힘, 역설

오늘날같이 복잡하고 사람의 마음을 예측하기 어려운 세상에서는 무조건 솔직한 것이 좋은 것은 아니다. 때로는 반대로 말하거나 돌려 말하는 것이 효과적으로 의사를 전달하는 데 도움이 된다.

역설적으로 말하기란 어떤 의견이나 문제를 전달할 때 그것을 있는 그대로 말하는 것이 아니라 뒤집어 혹은 돌려 말하는 것을 의미한다. 즉 본래 의도와는 반대되는 말로 본래 의도를 전달하는 것이다. 글자 그대로 들으면 상대방의 의견에 동의하는 것처럼 보이지만 실제로는 비꼬고 부정하고 있는 경우, 부정하고 비꼬는 것처럼 들리지만 사실은 긍정하고 칭찬하는 경우가 역설적인 표현의 예다.

역설적으로 말하기는 일종의 우회적인 표현방식이다. 타인에게 자신의 의견을 표출할 때 직접적으로 말하면 상대방은 거부감을 갖고 받아들이지 않을 수도 있다. 이럴 때 우회적으로 자신의 관점을 전달할 경우 상대방은 조금 더 편안한 분위기에서 당신의 생각을 받아들인다.

미국의 한 공익광고 회사에서는 역설적인 표현으로 흡연자들에게 금연을 권유하는 광고를 만들었다. 광고 문구는 다음과 같았다.

'흡연을 하면 네 가지 좋은 점이 있습니다. 첫째, 옷감을 절약합니다. 흡연을 하면 폐결핵에 걸리기 쉽고 등이 굽거나 근육이 위축될 수 있으므로 저절로 옷감을 절약합니다. 둘째, 흡연을 하면 도둑의 침입을 막을 수 있습니다. 흡연자들은 기관지염에 자주 걸리므로 밤새

기침을 합니다. 기침소리를 들은 도둑은 주인이 집에 있는 것을 알았으니 절대 침입하는 일이 없을 것입니다. 셋째, 흡연을 하면 모기를 쫓을 수 있습니다. 담배를 피울 때 나는 짙은 연기에 모기들이 멀리 도망가기 때문입니다. 넷째, 흡연을 하면 영원히 젊음을 유지할 수 있습니다. 일반적으로 흡연자들은 단명하기 때문에 늙은 모습을 보기 전에 이 세상을 떠납니다.'

이 광고는 언뜻 보면 흡연의 장점을 나열해 놓은 것처럼 보이지만 실제로는 흡연이 인체에 얼마나 해로운지를 강조하고 있다. 사람들은 금연의 중요성을 있는 그대로 나열한 광고보다는 이렇게 역설적으로 표현한 광고에 더 관심을 가질 것이고, 그러다 보면 자연스럽게 흡연의 유해함을 깨닫는다.

살다 보면 누군가에게 직접적으로 꺼내기 껄끄러운 말이 있다. 이런 경우에 우회적인 표현방식으로 대화를 시도한다면 상대방의 반감을 사지 않으면서 두 사람 사이의 어색한 관계도 회복할 수 있다.

소련의 지도자 흐루시초프가 유고슬라비아를 방문했다. 유고슬라비아의 티토 대통령이 수행원들과 함께 흐루시초프를 마중하러 나왔다. 그런데 수행원들 가운데 흐루시초프를 굉장히 싫어하는 사람이 있었는데, 그가 모두들 모여 있는 자리에서 이렇게 소리치는 것이 아닌가.

"소련과 스탈린이 우리에게 무슨 짓을 했는지 아십니까! 저는 소련이 정말 싫습니다!"

자리에 있던 사람들이 긴장하며 이 상황을 지켜보았다. 모두들 흐루시초프와 수행원 사이에 큰 말싸움이 벌어질 거라고 예상했다. 하지만 뜻밖에도 흐루시초프는 화를 내기는커녕 담담하게 수행원의 어깨를 두드리며 티토에게 말했다.

"티토 동지, 소련과 협력하고 싶지 않은 일이 있다면 이 사람을 협상 대표로 보내시면 되겠네요."

흐루시초프처럼 난처한 상황에 처했을 때는 역설적인 표현 방식으로 재치 있게 상황을 모면할 수 있다. 이런 방법을 이용하면 자신의 원래 이미지를 지키면서도 작은 일로 다른 사람과 언쟁하지 않는다는 높은 인격을 드러낼 수도 있다.

뛰어난 말솜씨에 역설적으로 말하는 능력까지 갖춘다면 사람들과의 관계에서 편안하고 재미있는 소통 분위기를 이어가고 의외의 수확을 얻을 수 있다.

한 강연자가 강연 중에 다음과 같은 비유를 들었다.

"남자는 엄지손가락, 여자는 집게손가락에 비유할 수 있습니다."

강연자의 말이 떨어지기 무섭게 몇몇 여성들이 일어나 여성 폄하 발언을 한다며 강력하게 반발했다. 하지만 강연자는 당황하지 않고 설명을 덧붙였다.

"존경하는 여사님들, 엄지손가락은 투박하고 힘이 세다는 인상을 주지만 집게손가락은 세심하고 사랑스러운 인상을 줍니다. 설마 여기 계신 여성분들 중에 엄지손가락 같은 이미지를 갖고 싶으신 분은 없으시겠죠?"

강연자의 말이 끝나자 여성들은 마주보고 웃었다.

인맥을 넓히는 전략

강연자는 일부러 엄지손가락을 남자에, 집게손가락을 여자에 비유해 사람들이 기존에 갖고 있던 편견을 깨뜨렸다. 처음에는 마치 여자를 폄하하는 것 같은 발언처럼 들렸지만 사실 그 속에는 여자들의 장점을 부각하려는 진짜 의도가 숨어 있었다.

역설적으로 말하기는 유머와 재치를 동시에 겸비한 기술이다. 난처한 상황에 처했을 때뿐만 아니라 일상생활에서도 역설적인 말하기는 유쾌하고 편안한 상황에서 소통하도록 도와준다. 역설적인 말하기가 필요한 경우는 다음과 같다.

첫째, 어떤 의견을 직접적으로 표현하기 곤란하거나 해서는 안 될 때 역설적인 말하기를 통해 의사를 전달할 수 있다.

둘째, 상대방이 황당한 논리를 펼칠 때 무조건 반박하기보다는 역설적으로 황당한 논리를 더욱 황당한 논리로 대응함으로써 논쟁을 잠재울 수 있다.

셋째, 직접적인 표현으로는 원래의 의도를 정확히 전달할 수 없을 때 역설적인 말하기로 강조해서 말할 수 있다.

소중한 사람일수록
먼저 챙겨라

중요한 인물이라면 그를 가까이 하라

한 어린이와 부자가 만나 나눈 대화의 내용이다.

"아저씨는 어떻게 부자가 되었어요?"

"어렸을 때 아버지께서 사과 하나를 주셨단다. 나는 그 사과를 팔아 사과 두 개를 얻었고 나중에는 사과 두 개로 사과 네 개를 얻었지."

"아, 그렇게 부자가 되셨군요."

"하지만 그게 다가 아니란다. 내가 부자가 된 가장 큰 이유는 아버지가 돌아가시면서 엄청난 유산을 남겨주셨기 때문이지."

이것이 사회의 진짜 모습이다. 우리는 흔히 성공한 사람들이 모두

275
•
인맥을 넓히는 전략

땀과 노력으로 그 자리에 올랐으리라 생각하지만 현실은 그렇지 않을 때가 많다. 사실 성공을 좌우하는 결정적인 요소는 중요한 인물의 도움이다.

앞의 부자의 경우 어디 아버지께 물려받은 유산이 거액의 자산뿐이겠는가. 그 안에는 아버지가 유지해오던 인맥도 포함되어 있을 것이다. 성공은 단순히 노력만으로 이루어지지 않는다는 사실을 기억해야 한다. 노력보다 중요한 것은 인맥을 넓히고 중요한 인물들로부터 도움을 받는 것이다. 인맥의 힘을 효과적으로 이용한다면 적은 땀과 노력으로도 성공의 자리에 오를 수 있다.

미국 경제주간지 《비즈니스위크》가 뽑은 세계 최고의 최고경영자 잭 웰치 역시 성공하기까지 여러 중요한 인물의 도움을 받았다. 이들의 도움이 있었기에 그는 평범한 엔지니어에서 최고경영자까지 올랐다.

잭 웰치는 GE에 입사한 지 21년 만에 전임자 레지널드 존스의 자리를 물려받아 제8대 회장이 되었다. 그런데 그는 레지널드 존스 회장이 직접 지목한 후계자였음에도 불구하고 외부에서는 여전히 그를 미더워하지 않았다. 존스 회장이 워낙 뛰어난 기업가였기 때문에 그는 상대적으로 너무 평범하게 보였다. 그러나 그는 외부의 시선은 개의치 않고 묵묵히 자신의 역량을 쌓는 데 집중했다.

그는 부지런하고 배우기를 좋아하는 사람이었으며 전임자 회장과도 돈독한 관계를 유지했다. 존스 회장 역시 열심히 배우고자 하는 후계자를 물심양면으로 도와주었다. 그러자 사람들은 어느 순간부터 그의 능력을 신뢰하기 시작했고, 잭 웰치는 세계 최고의 최고경영자라는 평가를 받았다.

좋은 인맥은 당신의 운명을 바꿀 수 있다. 중요하다고 생각되는 인물을 당신의 인맥에 포함시킨다면 치열한 경쟁 속에서도 두각을 나타낼 수 있다.

그렇다면 당신 인생에 중요한 사람은 누구일까? 꼭 돈이 많아야 중요한 사람은 아니다. 친구거나 직장상사라도 긍정적인 에너지로 가득 찬 사람이라면 당신이 더욱 발전하도록 이끌어준다. 당신의 인맥이 이런 사람들로 가득하다면 남들보다 빨리 성장하고 더 수월하게 성공의 자리에 오를 수 있다.

이제 막 사회에 발을 들인 사람이라면 직장 상사들이 모두 어렵고 무섭게만 느껴질 것이다. 그러나 그들은 생각하는 것보다 친절하고 기꺼이 당신의 스승이 되어주고 싶어 한다. 사회 초년생 시절에 이런 가르침을 얻으려고 하지 않는다면 성공한 사람들에게 배울 기회를 영원히 잃고 만다.

톰의 첫 직장은 미국 로스앤젤레스에 있는 한 컨설팅 회사였다. 이 회사의 사장은 직원들에게 엄격하기로 유명했는데, 그만큼 능력이 뛰어난 사람이기도 했다. 다른 사람들이 사장의 눈에 띄지 않게 피해 다니는 동안 유일하게 톰만은 모르는 문제가 생기면 사장에게 조언을 구하러 갔다. 때로는 혼이 나기도 했지만 사장은 그의 질문에 성심성의껏 대답해주었다.

이후 그는 사장의 특별비서가 되기를 청했다. 동료들은 모두 그가 잘못된 선택을 하는 거라고 만류했다. 특별비서 자리는 업무량은 굉장히 많아지는 것에 비해 월급은 똑같았기 때문이다. 그는 특별비서가 된 후 다른 직원들이 모두 휴가를 갈 때도 홀로 회사에 남아 일했다.

비록 일은 힘들었지만 그는 많은 업무 지식을 쌓았다.

"사장님을 옆에서 보좌하다 보면 중요한 고객들을 어떻게 상대해야 하는지 배울 수 있고 시야도 넓힐 수 있습니다."

그는 당장의 이익을 개의치 않고 열심히 일했고 사장 역시 그의 열정을 높이 샀다. 그는 하루가 다르게 성장했고, 입사한 지 3년째 되는 해 사장은 그를 큰 지역의 책임자로 임명했다.

요즘 젊은 사원들은 사장실 문을 두드리는 것을 주저한다. 그런데 자신의 의견을 전달하거나 배우려는 노력 없이 시키는 일만 묵묵히 하다 보면 누구에게도 주목받지 못한다. 능력이 아무리 뛰어나다고 해도 앞에서 이끌어주는 사람이 없으면 수많은 시행착오를 겪는다.

아이젠하워는 사관학교 재학 시절 성적이 아주 우수했다. 그러나 제1차 세계대전이 발발한 후 그의 동기들은 모두 큰 공을 세워 승승장구하는데 반해 그는 기회를 잡지 못해 내근직에 머물러 있어야 했다.

그는 군대에서 계속 발전하려면 중요한 인물들과 관계를 구축하는 것이 중요하다는 사실을 깨달았다. 그래서 당시 많은 사람들의 존경을 받았던 폭스 코너 장군을 찾아가 그의 수하가 되기를 자처했다. 다행히 코너 장군 역시 아이젠하워에게 호감을 갖고 있었고, 그를 기꺼이 자신의 후계자로 받아주었다. 나중에 두 사람의 관계는 부자지간만큼이나 가까워졌다. 비록 아이젠하워는 전쟁에서 큰 공로를 세우지는 못했지만 코너 장군과 그의 인맥 덕분에 정치권에 입문할 수 있었다. 코너 장군의 도움이 없었다면 훗날 그가 대통령에 오르는 것도 불가능했을지 모른다. 아이젠하워는 그의 자서전에 이렇게 남겼다.

'나의 모든 공을 코너 장군에게 돌린다.'

누군가의 성공에는 이처럼 숨은 조력자가 있다. 사실 성공에 관한 교재나 강의에는 이런 내용을 숨기는 경우가 많다. 그들은 정교한 포장으로 진짜 중요한 사실들은 알려주지 않는다.

진짜 중요한 사실들이란 무엇일까? 빌 게이츠의 어머니가 IBM의 이사였다는 사실이나 워런 버핏의 아버지가 영향력 있는 국회의원이었다는 사실들이 그런 것이다. 보통 책에는 워런 버핏이 여덟 살 때 처음으로 뉴욕 증권거래소를 방문했다는 사실만 나와 있을 뿐 국회의원 아버지와 동행해 골드만삭스 임원진의 수행을 받았다는 이야기는 나와 있지 않을 것이다. 이들도 부모의 도움이 없었다면 평생 그저 그런 인생을 살았을지도 모른다. 그런데 부모에게 물려받은 인맥이 없다면 어떻게 해야 할까? 그래도 괜찮다. 스스로도 충분히 거미줄처럼 촘촘한 인맥을 쌓을 수 있기 때문이다.

실패한 사람들이 가장 많이 간과하는 부분도 이 인맥이다. 중요한 사람들과 좋은 관계를 구축하는 것이야말로 성공의 지름길이라는 사실을 분명히 알아야 한다. 그러니 오늘부터 주변 사람들을 소중하게 여기고 그들과 친밀한 관계를 유지해나갈 수 있어야 한다. 사장님·선생님·동료를 비롯해 인맥 안에 있는 사람들은 누구나 당신의 운명을 바꿔줄 은인이 될 수 있다.

성공은 생각을 바꾸는 과정이다. 그중에서도 가장 중요한 것은 인

인맥을 넓히는 전략

간관계를 보는 시각을 바꾸는 것이다. 당신의 인맥 안에서 중요한 인물을 찾아냈다면 성공으로 가는 가이드를 만난 셈이다. 그들은 당신이 우여곡절을 이겨내고 장애물을 극복하도록 올바른 방향을 지시해주고 성공으로 이끌어줄 것이다.

멘토를 잘 만나려면 먼저 찾아나서야

미국 최고의 비즈니스 연설가 중 한 명으로 꼽히는 하비 맥케이는 성공한 사람들에 대해 이렇게 말했다.

> "세계적으로 성공한 사람들의 한 가지 공통점은 그들에게 훌륭한 멘토가 있었다는 것이다."

당신에게는 이런 멘토가 있는가.
이 질문에 열 명 중 여덟 명은 이렇게 반문할 것이다.
"도대체 멘토가 뭐죠?"
멘토를 번역하면 좋은 스승, 조언자 등의 뜻으로 풀이된다. 멘토는 어떤 분야에서 전문적인 경험을 가진 자로 타인에게 직업과 관련된 조언을 제공해줄 수 있는 사람이다. 우리가 흔히 이야기하는 사부님이 멘토다.
서양에서는 직장에서의 사제관계를 매우 중요하게 생각한다. 이와 관련해 독일 정부에서는 직원이 15명이 넘는 기업에서는 한 명 이상의 견습생을 두어야 한다고 규정하고 있으며 이를 어길 경우 벌금을 부과한다. 또 스위스에서 의무교육을 마치고 직업학교에 진학한 학생들은 일주일에 최소 사나흘은 선택한 기업에 가서 기술을 배우고 자신의 멘토와 관계를 형성하는 시간을 갖는다. 그리고 나머지 이틀 정도만 학교에서 언어·수학·물리·화학 등 과목을 배운다. 스위스에서는 3분의 2 정도의 학생들이 대학에 진학하지 않지만 이렇게 학생 때부터 멘토와 돈독한 관계를 쌓은 덕분에 기계 및 시계 산업에서 세계 최고 수준을 자랑한다.

멘토의 역할에 대해 중국 올레이 인적자원 총괄팀장 스샤오바오는 이렇게 말했다.

"멘토는 직장에서 당신이 가야 할 길을 안내해주고 도움을 주며 보호해줄 수 있는 사람이다."

직장에서 가장 일반적인 사제관계는 직속상관과 부하 직원과의 관계다. 생활용품 회사 P&G에서는 상사가 부하 직원을 지도하고 경험을 전수하는 일이 일반적이다. P&G에서는 직장 내에서 사제관계를 맺는 것을 당연한 일로 여기며 이에 불만을 갖는 사람도 없다. 이곳에서 멘토 제도를 실시하는 목적은 신입직원 혹은 경력이 없는 직원들이 경험이 풍부한 선배들에게 일대일로 가르침을 받도록 하기 위함이다. P&G가 오늘날 세계적인 기업으로 성장한 이유도 이 멘토 제도 덕분이다.

직장에서 훌륭한 멘토를 만난다면 이미 절반은 성공한 셈이다. 무협소설에서 무술을 배우려는 제자가 실력이 뛰어난 스승 밑에서 수련하면 다른 사람들이 몇 십 년에 걸쳐 수련한 무술을 단 몇 년 만에 연마하는 것과 마찬가지다. 그러므로 멘토를 선택할 때 능력이 있으면서도 인품이 훌륭한 사람을 찾아야 한다.

물론 성공하려면 좋은 스승을 찾는 안목도 중요하지만 기꺼이 배우려고 하는 자세를 갖는 것도 중요하다. 그래야 스승도 자신이 알고 있는 것을 아낌없이 전수해주고자 할 것이다.

훌륭한 멘토는 직장에서 적합한 목표를 찾아주고 어려움을 극복하도록 도움을 줄 뿐만 아니라 일상생활에서도 당신이 힘들고 지쳐 있을 때 인생의 선배로서 위로하고 조언을 해줄 수도 있다.

이처럼 좋은 스승을 만나면 당신의 운명도 바뀔 수 있다. 하지만 좋은 스승은 어디선가 갑자기 나타나는 것이 아니라 적극적으로 나서서 찾아야 한다. 이제 막 직장에 들어간 신입사원들은 학생 시절에 피동적으로 학습하던 습관이 남아 있는 탓에 먼저 나서서 가르침을 얻으려고 하지 않는데 이러다 보면 좋은 스승을 만날 기회를 놓치고 만다.

직장에서 훌륭한 멘토를 만나려면 먼저 자신이 무엇을 원하는지 정확히 알아야 하며, 자신이 생각하는 목표에 부합한 멘토를 찾아야 한다. 멘토를 찾았다면 가르침을 줄 때까지 기다리고 있지만 말고 먼저 나서서 배우려고 해야 한다. 마지막으로 무엇보다 중요한 것은 일을 배우는 단계에서는 단기적인 이해득실은 따지지 말아야 한다.

당신에게 멘토가 없다면 지금부터라도 나서서 자신에게 적합한 스승을 찾아보는 것은 어떨까. 직장 내에서 존경하고 배울 점이 많은 사람을 만났다면 용기를 내어 먼저 말을 걸어보자. 그와 이야기하는 과정에서 그동안 풀리지 않아 고민이 되었던 문제들의 해답을 얻을 수도 있다. 다만, 당신에게 어떤 조언을 해주었을 때 그 의견에 동의하고 감사를 표시하는 것을 잊어서는 안 된다. 이렇게 교류하는 기회가 많아지다 보면 그는 당신을 자신의 제자처럼 생각할 것이고 기꺼이 직장 멘토가 되어줄 것이다.

매사추세츠 공과대학교의 경영학 교수 스테판 그레이브스는 이렇게 말했다.

"책보다 좋은 스승은 경험이다. 회사에서 신입직원과 경력직원이 활발하게 교류할 수 있다면 업무효율은 훨씬 높아질 것이다. 또 이런 관계는 신입직원뿐만 아니라 경력직원에게도 이득이 된다."

이처럼 직장에서의 사제관계는 가르침을 받는 제자에게만 이득이 되는 것은 아니다. 배우고자 하는 제자를 적극적으로 가르치다 보면 스승, 즉 멘토 자신도 더 크게 발전할 수 있다. 그리고 이렇게 스승이 발전하면 제자는 저절로 그 뒤를 따라가고, 마침내 모두가 성공하는 길인 셈이다.

멘티에 머물지 말고 그의 멘토가 되어라

'스승'이라는 단어를 들으면 지혜를 전파하는 사람, 의혹을 풀어주는 사람이라는 이미지가 떠오른다. 이처럼 세상에는 스승의 역할이 존재함으로써 각 학계와 산업의 비밀이 전승될 수 있었다.

오늘날 스승이라는 단어는 학교에서 학생들을 가르치는 직업을 가진 사람들에게만 국한되지 않고 직장에서도 흔히 사용되고 있다. 예를 들어 사람들은 자신의 직속 상사나 경력이 많은 선배 직원들을 스승이라고 부른다. 회사에 들어가면 누구나 신입직원이자 제자가 되고 교육과 훈련을 거쳐 경험이 풍부한 경력직원, 즉 스승이 된다. 그리고 새롭게 신입직원이 들어왔을 때 경력직원들은 스승이라는 새로운 신분으로 제자들에게 새로운 환경과 업무를 가르쳐준다.

그러나 직장 스승은 학교에서 학생에게 한 가지 지식이라도 더 가르쳐주려는 선생님과는 다르다. 원하지 않게 스승이 되었을 때 사람들이 일반적으로 하는 생각은 이렇다.

'왜 내가 이 사람을 가르쳐야 하지? 도대체 내게 무슨 도움이 된다고. 설마 저 사람이 나중에 나보다 더 잘 나가는 건 아니겠지? 그러지 않으려면 나도 대비해야겠어.'

이처럼 '제자를 키우다 보면 스승이 굶어 죽는다'는 부정적인 생각을 가진 사람들도 생각보다 많다.

하지만 타인의 스승이 되는 것은 자기 자신과 타인 그리고 기업과 나아가 산업의 발전에 모두 도움이 되는 일이다. 스승의 입장에서는 가르침을 받은 제자가 좋은 성과를 내면 체면이 살고 자신이 알고 있는 지식을 누군가에게 한 번 더 설명함으로써 확실히 이해한다. 그러므로 자신을 한 단계 더 발전시키고 싶다면 가능한 한 남들을 많이 가르치면서 지식을 전파하는 것이 좋다. 또 제자의 입장에서는 경험이 풍부한 경력자의 지도를 받는다면 업무를 더 빨리 파악하고 직장에 원만하게 적응할 수 있다. 기업의 입장에서는 경력직원들이 경험이 없는 신입직원들을 이끌어주면 전반적인 업무 효율이 상승하고 직원들 간의 협력심도 높아질 것이다. 산업적인 면에서 본다면 기술의 전승은 한 산업이 꾸준히 발전하는 기반이다. 종사하고 있는 산업이 계속 발전하기를 원한다면 스승의 입장인 경력직원들이 자신이 알고 있는 기술과 노하우를 제자들에게 여과 없이 전수해주어야 한다.

이처럼 직장에서 스승과 제자의 관계를 맺는 것은 모두가 윈윈하는 유익한 행위다. 그러므로 스승의 입장에서 자신의 앞날을 위해 진짜 중요한 정보는 알려주지 않겠다는 생각은 쓸데없는 걱정일 뿐이다.

나탈리 루벤스키는 디즈니와 스포츠 전문 매체인 ESPN을 이끌었던 첫 흑인 여성 리더다. 그녀가 한번은 한 무리의 직원들을 채용했는데, 모두 미국 이외의 다양한 국적을 가진 사람들이었다. 그녀는 이때야말로 자신의 능력을 보여줄 좋은 기회라고 생각했다. 그래서 새로 채용된 직원들의 스승이 되기로 자처하고, 그들이 업무를 제대로 배우도록 물심양면 도와주었다. 그녀의 도움으로 직원들의 업무능력은 짧은 시간 안에 크게 향상되었고 회사에도 큰 이익을 가져다주었다. 그녀 자신 또한 직원들의 스승이 되어주면서 한 단계 더 발전하는 젊은 에너지를 얻을 수 있었다.

이제 막 사회에 발을 들인 신입직원들이 회사에서 성장하는 가장 이상적인 방법은 시련과 좌절을 통해서가 아니라 경험이 풍부한 스승을 만나 그들의 지도와 도움을 받는 것이다. 스승과 제자와의 관계에서 스승의 업무 방식은 제자들의 심리와 행위에 큰 영향을 끼치며 심지어 스승의 말과 행동을 그대로 따라 하기도 한다.

예를 들어 스승의 업무 처리 방식이 꼼꼼하고 완벽을 추구하는 스타일이라면 밑에서 보고 배운 제자들 역시 투철한 직업의식을 가진 직원으로 성장할 것이고, 반대로 스승이 업무를 건성건성 처리하고 대충 무마하기 좋아하는 사람이라면 제자들 역시 실수가 많고 책임감 없는 직원으로 성장할 것이다.

IBM 총괄사업팀의 업무팀장인 진리잉은 예전에 중화권 지역 이사장이자 최고경영자였던 저우웨이의 비서를 지냈다. 직장에서 저우웨이는 진리잉의 상사이자 그녀의 스승이었다. 그녀는 스승과 함께 일하는 동안 그에게서 정말 많은 것을 배웠다.

한번은 IBM 인적자원 부서에서 그에게 후배 사원들의 리더십 강의를 해달라고 부탁했다. 이 부탁을 받은 이후 그는 직접 프레젠테이션 자료를 준비할 뿐만 아니라 강의 내용을 여러 차례 꼼꼼하게 수정했다.

강연을 마치고 질의응답 시간에 한 사람이 그에게 굉장히 복잡한 질문을 던졌다. 이 질문은 관련 자료를 수집해봐야만 정확히 대답할 수 있는 것이었으므로 그는 며칠 후에 답변을 주겠노라고 약속했다. 그리고 그는 다음 며칠 동안 열심히 자료를 수집해 정리했고, 진리잉에게 질문한 사람을 찾아 완성한 답변을 전달하도록 했다.

자신이 맡은 일은 최선을 다해 처리하는 스승의 모습을 보고 진리잉은 감탄하며 말했다.

"제가 그 직원이었다면 정말 감동받았을 거예요. 자신의 말에 반드시 책임을 지는 분을 스승으로 모신다는 건 정말 행운이에요."

이후 진리잉도 후배들에게 강의를 할 때 누군가 당장 대답을 해줄 수 없는 질문을 하면 연락처를 받아 놓았다가 정확한 답변을 찾아 연락을 주곤 했다. 누군가의 스승이 되었으면 반드시 솔선수범하고 모범을 보여야 한다.

그렇다면 좋은 스승의 조건에는 무엇이 있을까?

첫째, 좋은 스승은 희생정신이 있어야 한다. 경쟁이 날로 치열해지다 보니 직장에서 스승들이 제자들을 가르칠 때 자신의 생존 문제를 고려해 진짜 중요한 정보는 알려주지 않는 경우가 있다. 그러나 이것은 비도덕적인 행위다. 중요한 문제를 처리해야 할 때 부족한 정보 때문에 제자들이 중대한 실수를 저지를 수도 있기 때문이다. 이럴 경우 작게는 기업에 경제적인 손실을 끼치고 크게는 직원들의 안전을 위협할 수도 있다. 그러므로 좋은 스승이 되려면 넓은 마음과 희생정신으로 자신이 알고 있는 모든 경험과 지식을 전달해주고 제자의 발전을 기쁘게 지켜봐야 한다.

둘째, 좋은 스승은 겸손해야 한다. 겸손은 좋은 스승이 반드시 갖춰야 하는 소양이다. 직장에서 아무리 뛰어난 업적을 세웠다고 해도 어느 한 분야의 전문가일 뿐이다. 예를 들어 당신이 어떤 제품의 기술적인 면에서는 전문가일지 모르지만 제품의 판매와 관련해서는 전문가가 아니다. 그러므로 훌륭한 스승은 언제나 겸손해야 하고 그래야만 제자들의 존경을 받을 수 있다.

셋째, 좋은 스승은 배우기를 좋아해야 한다. 훌륭한 스승은 끊임없이 새로운 지식과 기술을 학습함으로써 시대에 발맞춰 나가야 한다. 지난날의 업적만을 과시하고 오래된 기술을 전수해주려고 한다면 제자들의 인정을 받기 힘들다.

넷째, 좋은 스승은 제자에게 기회를 주고 그들의 행위에 책임을 질 수 있어야 한다. 제자가 어느 정도 업무를 파악하고 기술을 익혔다고 생각하면 자신의 직무 범위 안의 일을 직접 맡아서 해볼 기회를 제공해야 한다. 그러면 당신은 그 시간에 더 중요한 일을 처리하고 제자는 그동안 배웠던 내용을 직접 실습할 수 있다. 단, 스승은 자신의 제자가 이제 막 걸음마를 뗀 아이와 같다는 사실을 잊어서는 안 된다. 그러므로 제자들의 수행능력을 자세히 관찰해 각자의 능력에 맞는 업무를 부과하고, 일을 처리하는 과정에서 부딪히는 문제들을 신속하게 처리할 수 있어야 한다.

제자는 스승의 모습을 비추는 거울이다. 제자에게서 어떤 단점이 보인다면 꾸짖고 책망하기보다는 먼저 자신의 모습을 돌아봐야 한다. 내 자신이 먼저 훌륭한 스승이 된다면 제자들은 자연스럽게 훌륭한 인재로 성장할 것이다.

/ 6장 /

당신의
운명은
바뀔 수
있다

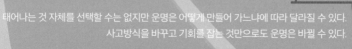

태어나는 것 자체를 선택할 수는 없지만 운명은 어떻게 만들어 가느냐에 따라 달라질 수 있다.
사고방식을 바꾸고 기회를 잡는 것만으로도 운명은 바뀔 수 있다.

사람들이 제 외모를 보고 당연히 비웃을 거라는 생각은 했어요. 하지만 부딪쳐보기로 했죠.
그 프로그램에 참가하기 전에는 제 능력을 보여줄 기회가 없었어요.
그래도 꿈을 포기하지는 않았습니다. 열심히 노력하다 보면 언젠가는 이루리라 믿었기 때문이죠.
제 꿈은 일레인 페이지처럼 유명한 가수가 되는 것입니다. 그동안은 기회가 없었습니다.
하지만 오늘밤 제 꿈을 반드시 이루고 말 겁니다.

　-수잔 보일

Chapter 01

사고의 힘이 모이면
운명이 바뀐다

어제를 버리고, 오늘을 리모델링하라

사람들의 마음속에는 각자 자신이 그리는 그림이 있다. 심리학에서는 이를 '자아 이미지', 즉 자아를 바라보는 인식과 평가라고 말한다. 좀 더 쉽게 말하면 '내가 어떤 종류의 사람인가'를 인식하는 것이다.

그렇다면 이런 자아 이미지는 태어날 때부터 갖고 있는 것일까? 심리학자들은 자아 이미지가 사람이 성장하는 과정에서 후천적으로 만들어진다고 말한다. 자아 이미지는 생활 및 교육 환경, 개인의 경험, 친구들의 영향을 받으므로 언제라도 새롭게 만들어질 수 있다.

사람은 아주 어렸을 때부터 자신이 어떤 사람이 되고 싶다는 어렴

풋한 그림을 그려본다. 이 그림은 어른이 되고 생각이 자랄수록 점점 더 명확해지고 이렇게 내면의 자아 이미지가 자리 잡고 나면 그 사람의 전반적인 이미지가 형성된다.

그밖에도 심리학자들은 사람의 모든 행위가 그 사람의 자아 이미지와 관련이 있다고 말한다. 다시 말해 사람은 현실 속에 살고 있는 것이 아니라 자아 이미지 속에 살고 있다는 것이다. 예를 들어, 가난한 집안 출신의 위인들은 비록 어렵고 힘든 어린 시절을 보냈지만 행동거지가 결코 속되거나 천박하지 않았다. 그들은 언제나 자신이 훌륭한 사람이라는 자아 이미지를 갖고 있었기 때문에 아무리 어려운 상황에서도 품위를 잃지 않았다. 그리고 이런 긍정적인 자아 이미지를 바탕으로 일하고 생활하다 보니 그들이 꿈꾸던 훌륭한 사람으로 성장할 수 있었다.

클린턴 대통령의 어머니는 어렸을 때부터 '클린턴이 대통령이 되면'이라는 말로 그를 격려했다고 한다. 심지어 티셔츠에 '미래의 대통령 클린턴'이라는 글씨를 새겨주기도 했다. 어느 날, 학교에서 우수 학생들을 선발해 백악관에 견학 갔는데, 그중에는 클린턴도 포함되어 있었다. 꿈에 그리던 백악관을 직접 눈으로 보고 나니 나중에 커서 대통령이 되겠다는 결심이 더욱 확고해졌다. 그때부터 그는 마음속에 대통령이라는 자아 이미지를 만들고 꿈을 이루려고 열심히 노력했다. 그리고 훗날 그는 미국의 42대 대통령이 되었다.

미국의 유명한 성형외과의 마틴은 수많은 환자들을 수술하면서 자신의 수술용 칼이 마법의 지팡이 같다고 생각했다. 그 칼은 누군가의 외모를 바꿔줄 뿐만 아니라 그 사람의 인생관과 성격까지도 변하게 했기 때문이다. 예를 들어, 부끄럼이 많아 대인관계에 힘들어했던 사람이 성형수술 후 대담하고 활달한 성격으로 바뀌었고, 행동이 느리고 우스꽝스러워 사람들의 놀림을 받던 사람이 성형수술을 한 후 민첩하고 똑 부러진 성격으로 변했다. 외재적인 이미지의 변화가 완전히 새로운 사람을 창조해낸 것이다.

왜 이런 현상이 나타났을까? 마틴은 오랜 시간 동안 환자들의 심리를 연구한 결과 모든 사람이 마음속에 자신의 모습을 묘사한 청사진을 하나씩 간직하고 있다는 사실을 알아냈다. 이런 이미지는 선명하지 않아 의식하지 못하는 사람들이 훨씬 많지만 존재한다는 사실만큼은 확실하다. 그리고 사람들은 자신이 그린 청사진대로 조금씩 자신의 모습을 변화시켜 나간다.

자아 이미지는 크게 두 가지 종류로 나뉜다. 첫 번째는 자신감을 무너뜨리고 사람을 의기소침하게 만드는 부정적이고 소극적인 이미지다. 두 번째는 사람을 성공에 이르게 하는 긍정적이고 열정적인 이미지다.

사람들은 마음속에 자아 이미지가 일단 형성되고 나면 정확성을 의심해보지도 않은 채 이를 기정사실화로 믿으며 이런 이미지에 따라 행동함으로써 완전한 사실로 만든다. 예를 들어, 자신이 뚱뚱하다는 자아 이미지를 가진 사람은 아무리 노력해도 다이어트에 성공하기 힘들다. 설령 잠시 살이 빠진다고 해도 금세 제자리로 돌아올 것이다. 자아 이미지에서 벗어나는 것이 그만큼 힘들기 때문이다. 또 자

293

신이 실패자라는 자아 이미지를 가진 사람은 아무리 의지가 강해도 성공하기 힘들다.

자아 이미지 심리학의 선구자인 프레스코트 레키 박사는 이와 관련해 굉장히 흥미로운 실험을 진행했다.

영어 철자 시험에서 100개 중 55개를 틀리고 다른 과목에서도 낙제점을 받은 학생이 있었다. 그런데 이 학생은 다음해에 전교 영어 철자 시험에서 최고 점수를 받고 다른 과목들도 모두 90점 이상의 높은 점수를 받았다. 또 다른 남학생은 고등학교 때 성적이 너무 나빠 학업을 포기해야 했다. 그런데 놀랍게도 이 학생은 나중에 컬럼비아 대학교를 우수한 성적으로 입학했다. 라틴어시험을 네 차례나 낙제한 여학생은 프레스코트 박사와 세 차례 면담한 후 84점이라는 우수한 성적으로 무사히 시험에 통과했다.

분명히 똑같은 사람인데 전후의 모습이 어떻게 완전히 달라졌을까? 이런 현상에 대해 그는 이렇게 설명했다.

"사람은 누구나 생각체계를 갖고 있는데, 이 중심에 있는 것이 자아 이미지다. 이 생각체계는 일치성을 굉장히 중요하게 생각하기 때문에 일치하지 않는 생각은 배척하고 일치하는 생각은 적극적으로 받아들인다. 그러므로 사람의 모든 행위도 생각체계 안에 있는 자아 이미지와 일치성을 유지하려고 한다."

미국 인본주의 심리학자 칼 로저스는 자아 이미지를 이렇게 정의

했다.

'자아 이미지는 과거 경험의 총합이다.'

다시 말해 자아 이미지의 모든 내용은 현실에서 이미 발생했던 일이라는 것이다. 즉 먼저 나와 누군가 사이에서 어떤 일이 발생하고 그런 다음 내가 이 경험을 나의 일부분으로 만든다. 이때 누군가가 얼마나 중요한 사람이냐에 따라 자아 이미지에 미치는 영향도 달라진다. 예를 들어 한창 자라나는 시기에 부모님의 인정을 받지 못하고 늘 혼나기만 했다면 머릿속에 '나는 안 돼'라는 부정적인 자아 이미지가 자리 잡는다.

자아 이미지는 사람의 성격, 행동거지의 배경이며, 우리 생활의 모든 경험은 머릿속의 자아 이미지를 변화 혹은 강화시킨다. 그러므로 자신을 변화시키고 싶다면 먼저 긍정적인 자아 이미지를 형성하고 믿음과 행동으로 그것을 지켜나가야 한다.

어제와 다른 나를 가꾸고 키워라

어느 날, 철학가인 친구와 이야기를 나누다가 우리는 다음과 같은 결론을 내렸다.

'성공은 좇아가는 것이 아니라 자신을 변화시켰을 때 저절로 따라온다.'

자기 자신을 철저히 변화시켜본 적 있는가? 1년 전 당신은 어떤 일

당신의 운명은 바뀔 수 있다

을 하고 있었는가? 혹시 지금도 1년 전에 하던 일과 똑같은 일을 반복하고 있는 것은 아닌가? 이 질문에 '예'라면 정말 유감스러운 일이 아닐 수 없다. 그러나 대답이 '아니오'라면 진심으로 축하할 일이다. 당신은 이미 성공으로 가는 길 위에 서 있기 때문이다.

자신을 변화시키려면 먼저 자신을 정확하게 이해해야 한다. 심리학에서는 이를 '자아인지'라고 부른다. 그런데 자아인지 과정에서 자신의 장점을 찾지 못하고 늘 자신이 다른 사람보다 못하다고 생각하는 사람은 자격지심에 시달린다. 반대로 자신의 장점만 보고 단점은 보지 못하는 사람은 거만해지기 쉽다.

마트 하이모비츠는 미국의 유명한 첼리스트다. 그는 15살 때 자신의 첫 독주회로 세상의 주목을 받기 시작했다. 그는 다음해에 미국에서 가장 권위 있는 에버리 피셔 음악상을 수상하고 독일의 유명한 음반회사와 계약했다. 그 이후에도 그는 여러 차례 상을 수상하며 음악계에서 중요한 인물로 떠올랐다.

그런데 음악가로서 한창 전성기에 접어든 그는 어느 날 소리도 없이 사라졌다. 그리고 4년 후 사람들의 기억 속에서 잊혀져 가고 있을 무렵 그는 하버드대학교 졸업장을 들고 다시 나타났다. 그는 하버드를 졸업할 때 '베토벤의 첼로소나타 작품번호 102'라는 주제로 논문을 써서 그해 최고논문상을 수상했다.

어떤 분야에서 최고가 되려면 끊임없이 자신을 발전시키고 자신의 한계와 시야를 넓혀 나가야 한다. 그렇다면 자신을 발전시키는 방법은 무엇일까? 능동적으로 학습하고 새로운 환경에 맞춰 사고방식을 끊임없이 변화시키는 것이다.

일상생활에서 우리가 가장 많이 이야기하는 단어가 '나'다. 하지만 가장 주의를 기울이지 않는 대상 또한 '나'다. '나'를 정확하게 이해하지 못하고 있기 때문에 자신의 어떤 부분을 변화시켜야 하고 어떤 부분을 고쳐야 할지 모른다. 위대한 사람들의 성공은 모두 '변화'라는 두 글자에서 시작되었다.

성공은 자기 자신을 변화시키는 것에서 시작되고, 한 사람의 변화는 진취적인 자아에서 비롯된다. 세계적인 농구스타 르브론 제임스는 자신의 경험을 통해 변화의 힘을 증명했다.

그는 타고난 농구천재였지만 2011년 그가 속한 마이애미 히트는 댈러스 매버릭스에 크게 패하고 말았다. 사실 농구 경기는 팀의 한 사람이 뛰어나게 잘한다고 해서 승리할 수 있는 것이 아니라 팀 전체의 호흡이 잘 맞아야 좋은 성적을 거둘 수 있는데 마이애미 히트의 대표적인 두 선수 르브론 제임스와 드웨인 웨이드는 모두 자신의 실력을 자랑하는 데 급급할 뿐이었다.

한편 댈러스 매버릭스에는 그들만큼 뛰어난 선수는 없었지만 훌륭한 팀워크를 발휘해 승리를 거두었다. 이런 예상 밖의 패배를 경험한 제임스는 승리 비결은 오직 협력뿐이라는 사실을 깨달았다.

그 이후 그는 조금씩 달라지기 시작했고, 예전보다 훨씬 성숙한 모습을 보여주었다. 그는 한 인터뷰에서 이렇게 말했다.

"작년에 저는 너무 어렸습니다. 그때는 제 실력을 증명하려는 노력 외에는 아무것도 하지 않은 것 같아요. 하지만 올해는 더 훌륭한 농

당신의 운명은 바뀔 수 있다

구선수, 더 훌륭한 사람이 되어야겠다고 다짐했습니다."

생각의 변화로 그는 자신의 인생, 승리, 팀원들을 바라보는 새로운 시각을 품었다. 그리고 이듬해 그가 속한 마이애미 히트는 NBA 우승 트로피를 거머쥔다. 팀원 모두가 협력해서 얻어낸 결과였다.

마이애미 히트가 승리를 거둔 후 한 기자가 그에게 물었다.

"1년 전과 비교해서 어떤 변화가 있었다고 생각합니까?"

제임스가 대답했다.

"저는 1년 동안 정말 중요한 사실을 깨달았습니다. 누군가 우리를 어떻게 말하고, 어떻게 평가하는지는 제어할 수 없지만 한 가지 할 수 있는 일이 있습니다. 그것은 당신 주변에 있는 사람들에게 진심을 다하는 거죠."

또 그는 자신을 변화시키는 과정에서 어떤 일에 모든 노력과 열정을 쏟아 부으면 반드시 좋은 결과가 있음을 깨달았다.

'하루 벌어 하루 먹고 산다'는 말이 있다. 어쩔 수 없이 이런 상황에 처한 사람도 있지만 이 말에는 하루하루 적당히 버티며 살아가자는 안일한 생각도 담겨 있다. 하지만 자신을 변화시키고자 하는 의지를 가진 사람이라면 단 하루라도 어떤 깨달음을 얻으려고 노력할 것이다.

이제는 평생교육이 일반화된 시대가 되었다. 더 이상 배우려 하지 않고 새로운 것을 받아들이지 않으려는 사람은 빠르게 변화하는 세상에 적응하지 못하고 뒤처진다. 자신을 끊임없이 변화시키는 것, 이것이야말로 영원히 도태되지 않는 방법이다.

Chapter 02

마인드가
나를 부자로 만든다

당신도 비즈니스계의 영웅이 될 수 있다

사람과 동물의 가장 큰 차이점은 무엇일까? 생각할 수 있다는 것이다. 그런데 사람에게는 누구나 두뇌가 있지만 그렇다고 모두가 논리적이고 합리적으로 생각하는 것은 아니다.

현재는 비즈니스가 가장 주목을 받는 시대로, 영웅들 중에서도 비즈니스 세계의 영웅이 가장 주목을 받는다. 이런 영웅이 되고 싶다면 지금 당장 치열한 비즈니스 세계에 뛰어들어야 한다. 멀리서 지켜보는 것만으로는 절대 영웅이 될 수 없다. 비즈니스 세계에 뛰어들어 반드시 남들과 다르게 생각할 수 있어야만 비즈니스 전쟁에서 백전백승할 수 있다.

남들의 뒤꽁무니를 따라다니거나 다른 사람이 하는 것을 그대로 베껴 사업하는 사람들은 어느 정도 돈을 벌지는 몰라도 비즈니스 세계의 영웅이 되기는 힘들다. 이들은 기껏 해봐야 영웅들 뒤에서 뒤처리나 하는 시종들에 불과하다.

진정한 영웅은 남들과 다르게 생각하는 변이적 사고방식을 갖고 있다. 영웅들의 가장 큰 특징은 모두가 외나무다리로 몰려들 때 홀로 새로운 길을 개척한다는 것이다. 성공으로 가는 길에는 이처럼 새로운 사고와 시각으로 문제를 처리하는 능력이 절실하다.

변이적 사고방식은 비즈니스 세계뿐만 아니라 우리의 일상 곳곳에서도 쉽게 나타난다. 백화점이나 마트에서 물건을 살 때 점원들은 제품의 온갖 장점을 나열하며 소개한다.

"손님, 이 최신 세탁기는 전기와 물을 절약하는 것은 기본이고 강력한 살균 효과도 있답니다."

"손님, 이 면도기는 오늘 막 출시된 최신 제품입니다. 성능도 아주 뛰어나고요."

일반적으로 제품으로 판매할 때 기업에서는 장점을 부각한 마케팅 방법을 활용한다. 그런데 단점을 부각한 마케팅 방법으로도 고객의 관심을 끌 수 있을까? 미국의 한 장난감 회사는 이런 전략으로 뜻밖의 수확을 얻었다.

이 장난감 회사는 몇 년 동안 판매량이 부진해 위기에 처해 있었다. 해결 방법을 고민하던 사장은 어느 날 혼자 산책을 나갔다가 몇몇 아이들이 공원에 모여 신나게 놀고 있는 것을 보았다. 가까이 다가가서 보니 아이들은 흉측하게 생긴 곤충 장난감을 가지고 놀고 있었다. 이를 보고 한 가지 생각이 떠올랐다.

'시장에는 모두 예쁘게 생긴 장난감들뿐인데 혹시 아이들이 정말로 관심 있는 건 이렇게 못생기고 독특한 장난감 아닐까?'

그는 장난감 디자이너들을 불러 자신의 아이디어를 전달했고, 이렇게 해서 전례 없는 못생긴 장난감이 탄생했다. 이 장난감은 출시되자마자 장난감시장을 떠들썩하게 뒤흔들었고 아이들뿐만 아니라 장난감을 좋아하는 어른들에게도 큰 인기를 끌었다.

소비심리학적으로 분석해보면 못생긴 인형은 소비자의 두 가지 심리를 잘 포착했다. 새로운 것, 그리고 남들과 다른 것을 소유하고 싶어 하는 심리다. 이처럼 기존 방법으로 문제를 해결할 수 없을 때는 변이적 사고방식을 활용해 새로운 돌파구를 찾을 수 있어야 한다.

변이적 사고방식은 유연한 사고의 표현이다. 변이적 사고방식을 적절히 활용한다면 낮은 비용으로도 엄청난 효과를 낼 수 있다.

미국에는 '하인즈'라는 케첩 브랜드가 있다. 이 케첩은 다른 제품보다 농도가 진해 큰 인기를 끌고 있다. 하지만 하인즈 케첩이 처음 출시되었을 때 소비자들은 케첩을 병에서 따르는 데 너무 오래 걸린다고 불만을 제기했다. 당시 다른 브랜드 제품에는 이런 문제가 없었기 때문에 하인즈 케첩의 판매량은 굉장히 저조했다.

회사 고위층은 케첩의 농도를 묽게 해야 할지 케첩이 더 잘 흘러나오도록 병의 형태를 바꿔야 할지 머리를 맞대고 고민했다. 오랜 고민 끝에 이들은 아주 기발한 해결 방법을 생각해냈다. 그것은 케첩의 농도를 묽게 하는 것도 아니고 병의 형태를 바꾸는 것도 아니라 단지 하인즈 케첩의 광고 문구를 수정하는 것이었다.

소비자들이 하인즈 케첩을 좋아하도록 만들기 위해 그들은 광고에 다음과 같은 내용을 내보냈다.

'하인즈 케첩을 따르는 데 시간이 많이 걸리는 이유가 있습니다. 타사 제품보다 농도가 진하기 때문이죠. 하지만 그만큼 맛은 더욱 뛰어납니다.'

그리고 광고 중에 '느리게 흐르는 케첩'이라고 명시해 하인즈 케첩만의 독특함을 강조했다. 광고가 나간 이후 사람들은 더 이상 케첩이 느리게 흘러나온다고 불만을 갖지 않았고 오히려 하인즈 케첩만의 장점으로 꼽았다. 얼마 지나지 않아 하인즈 케첩의 시장점유율은 기존의 19퍼센트에서 50퍼센트로 상승했다.

일반적으로 제품에 단점이 있으면 그만큼 소비자들을 놓치고 만다. 하지만 하인즈는 오히려 단점을 부각함으로써 사람들이 그것을 장점으로 인식하게끔 했다. 또한 억지로 소비자들의 마음을 돌리려고 하지 않고 자연스럽게 문제를 해결했다. 이것이야말로 가장 효과적인 문제 해결 방법이 아닐 수 없다.

사업을 할 때 가장 필요한 것은 무엇일까? 명석한 두뇌와 지혜다. 비즈니스 세계에서 마주하는 문제들은 일반적인 사고방식으로는 해결하기 힘든 경우가 많다. 이때는 획일적인 사고방식에서 벗어나 결코 평범하지 않은 방법을 찾아야 한다. 이런 변이적 사고방식을 적재적소에 활용한다면 당신도 비즈니스 세계의 영웅이 될 수 있다.

사업 기회를 잡는 것은 어렵지 않다

주변에서 종종 이렇게 한탄하는 사람들을 볼 수 있다.

"성공한 사람들은 우리보다 운이 좋은 것 같아. 그들에게는 부자가 될 기회가 언제나 많았어."

성공한 사람들과 일반인들의 가장 큰 차이점은 기회를 포착하는 능력에 있다. 그들은 일반인들이 알아보지 못하는 것을 일찌감치 알아차리고, 남들이 뒤늦게 움직이기 시작할 때 이미 성공가도를 달리고 있다. 다시 말해, 성공한 사람들은 기회를 포착하는 능력이 뛰어나고 남들보다 언제나 한 발 앞서 나간다.

경쟁이 나날이 치열해져 가는 시장에서 부를 창조하기란 여간 어려운 일이 아니다. 하지만 민첩한 기업가들은 어려운 상황 속에서도 통찰력을 발휘해 새로운 사업 기회를 발굴해낸다. 그들의 가장 큰 성공 비결은 새로운 기회를 포착하는 것이다. 그들은 뛰어난 기업가는 유행을 좇는 것이 아니라 틈새를 공략하는 것이라고 말한다. 사람들이 놓치고 보지 못하는 쪽으로 시선을 돌린다.

미국의 한 도시에는 아름다운 경치 덕분에 손님들의 발길이 끊이지 않는 골프장이 있다. 그런데 이 골프장의 단점은 호수와 너무 가까워 공이 자주 물속으로 빠져버리는 것이다.

짐 레이드라는 젊은이는 이 골프장을 자주 와서 골프를 쳤다. 한번은 그의 공도 잘못해서 물속으로 빠졌다. 그는 공을 주우러 물속에 들어갔다가 그곳에 수많은 공들이 빠져 있는 것을 보았다. 그는 이렇

당신의 운명은 바뀔 수 있다

게 생각했다.

'이 공들을 건져내서 골프장에 다시 판다면 큰돈을 벌 텐데.'

그는 매일 호수에 가서 공을 주운 뒤 새 공의 반값을 받고 팔았고 순식간에 큰돈을 벌었다. 그런데 시간이 흐르자 호수에서 공을 주워 파는 사람들의 수가 많아졌고, 그의 수입은 점점 줄어들었다.

어느 날, 그가 골프장을 찾았다가 많은 사람들이 호수에서 공을 줍고 있는 모습을 보았다. 그때, 그의 머릿속에 이런 생각이 들었다.

'매일 저 많은 사람들과 물속에 있는 공을 줍느라 경쟁할 것이 아니라 저들이 주워 온 공을 다시 도색해서 새 공으로 파는 거야!'

그는 곧바로 지역 신문에 골프공을 높은 가격에 사겠다는 광고를 낸다. 그가 지불하는 가격이 골프장 호수에서 주워 판 것보다 높았기 때문에 사람들은 모두 그를 찾아와 그 공들을 팔았다. 그는 이렇게 회수한 공에 색을 다시 입혀 시중의 골프공들보다 조금 낮은 가격으로 팔았고 또다시 큰돈을 벌었다.

사람들이 뒤늦게 호수에서 공을 줍는 동안 그는 새로운 기회를 포착하고 자신만의 골프공 회사를 차렸다. 많은 이들이 그의 사업을 별것 아닌 것으로 생각했지만 실제로 그는 연간 800만 달러 이상의 수익을 얻었다.

사업 기회란 무엇일까? 사업 기회란 말 그대로 사업 가치가 있는 기회를 의미한다. 사업 기회는 비밀스러운 곳에 숨어 있는 것이 아니라 우리 생활 전반에서 찾을 수 있는 것들이다. 어떤 사람은 생활 속 불편함에서 기회를 찾고, 또 어떤 사람은 사람들의 원망 속에서 기회를 찾기도 한다. 심지어 어떤 사람은 재난 혹은 불행 속에서 기회를 찾는다. 사업 기회는 겉으로는 아주 평범하게 보이는 대상 속에 숨어 있는 경우가 많다. 사업 기회를 읽는 안목을 기를 수만 있다면 이를 제대로 포착할 수 있다.

사업 기회에 관해 한 경제학자는 이렇게 말했다.

"어떤 사건이 발생하면 그 속에는 사업 기회가 숨어 있다."

즉 사업 기회는 어디라도 있으며, 어떤 사건에라도 사람들이 쉽게 알아보지 못하는 사업 기회가 숨어 있다는 뜻이다. 중요한 것은 당신이 그 기회를 알 수 있느냐다.

매를 맞아서 돈을 벌었다는 사람의 이야기를 들어본 적 있는가? 말도 안 되는 이야기라고 생각하겠지만 이것은 실화다. 그것도 영국의 유명한 카레이서 버니 에클레스톤에게 일어난 일이다.

어느 날 저녁, 그는 퇴근해서 집에 돌아가다가 강도 네 명에게 습격당했다. 그들은 그의 지갑과 명품 시계를 강탈해갔을 뿐만 아니라 그를 심하게 구타해서 얼굴에 큰 상처를 냈다.

부상을 입은 그가 병원에 도착하자 의사는 관례대로 그의 얼굴 사진을 촬영했다. 사진 속에 그의 얼굴은 파랗게 멍이 들어 그야말로 판다 눈처럼 되어 있었다.

일주일 후, 치료를 마친 그는 병원에서 퇴원했다. 그는 얼굴 상처는 크게 유념하지 않았지만 잃어버린 시계 때문에 괴로워했다. 그 시계

당신의 운명은 바뀔 수 있다

는 일반적인 시계가 아니었다. 그것은 스페인의 유명한 카레이싱대회에서 우승한 그를 위해 특별히 제작된 것으로, 20만 파운드에 달하는 고가의 시계였다.

그는 스위스 본사에 연락해 자신이 강도를 당한 상황을 설명하고 병원에서 찍은 사진을 보내주었다. 그는 사진 뒷면에 이렇게 써서 보냈다.

'시계 하나 때문에 그들이 한 짓을 보시오!'

그리고 그는 이 사진과 문구를 시계 광고에 사용하라고 건의했다.

이를 본 스위스 본사는 그의 영국식 유머에 넘어갔고 멍이 들어 판다 눈이 된 그의 사진을 광고에 사용했다. 그는 이 사진 덕분에 잃어버린 시계의 손실분을 되찾았을 뿐만 아니라 엄청난 액수의 광고비를 받았다.

강도를 당한 것조차 그에게는 사업 기회를 제공했다. 아마도 그 과정에는 사업 기회를 발굴하고 포착하는 그의 지혜가 숨어 있었을 것이다. 그는 이렇게 말했다.

"사업 기회는 어디에나 있습니다. 그것은 아름다워 보이는 것에도 있지만 불행이나 재난 속에 숨어 있는 경우가 더 많습니다."

기회는 언제 어디에서라도 찾을 수 있다. 하지만 기회의 가장 큰 특징은 순식간에 사라진다는 것이다. 그러므로 사업 기회를 잡으려면 예민하고 민첩한 눈과 귀를 가져야 한다. 이런 능력이 부족하다면 무수한 가치를 지닌 기회를 눈앞에서 놓치고 만다.

결국 성공한 사람과 실패한 사람의 차이는 사업 기회를 알 수 있는 지혜를 가졌느냐에 있다.

그렇다면 어떻게 하는 것이 좋을까? 먼저 사람은 '충전' 과정을 잘 거쳐야 하는데, 이 과정에서는 인간관계를 발전시키고 사업가들의 마인드를 배워야 한다. 다음으로는 통찰력을 키움으로써 사람들이 기피하는 분야 혹은 사람들의 불만이 가득한 곳에서 다른 이들이 찾지 못하는 사업 기회를 찾아낼 수 있어야 한다. 기회를 발굴하는 능력 외에 이를 행동으로 빠르게 옮기는 자세도 절실하다. 생각과 행동 모두 남들보다 한 발 앞서야 한다는 사실을 반드시 기억해야 한다.

창의력을 비즈니스 기회로 바꾸는 방법

최근 비즈니스 세계에서 가장 유행하는 단어는 창의력이다. 창의력에 관해 스티브 잡스는 IT 전문지 《와이어드》와의 인터뷰에서 이렇게 말했다.

"창의력은 모든 것을 연결시키는 힘입니다."

그는 또 창의적인 사람에게 어떻게 일을 처리하느냐고 묻는다면 아마 당황스러워할 것이라고 말했다. 이들은 특별한 일을 한 것이 아니라 다만 자세히 관찰했을 뿐이기 때문이다. 창의적인 사람들은 어떤 상황이나 대상을 보았을 때 그것을 자신의 경험과 연결시켜 완전히 새로운 상황이나 대상을 만들어낸다. 기존에 있던 것을 이용해 새로운 것을 창조해내는 비결은 남들보다 풍부한 경험을 지녔을 뿐만 아니라 이런 경험을 서로 연결 짓는 능력 덕분이다.

그렇다면 창의력을 비즈니스 기회 혹은 자산으로 바꾸는 방법은 무엇일까? 이에 관해 현대 경영학의 아버지 피터 드러커는 이렇게 말했다.

"창의력이 가치를 창조할 수 있느냐는 사회에 얼마나 많은 부를 가져다줄 수 있는지, 특정 무리 사람들을 정신적 혹은 물질적으로 만족시켜줄 수 있는지에 달려 있다."

쉽게 말하면 창의력은 목표한 특정 무리 사람들의 호응을 얻어야 효과를 발휘할 수 있다.

빌 게이츠는 세계 부자 순위에 가장 오랫동안 이름을 올린 억만장자다. 그는 어떻게 세계적인 부자가 되었을까? 비결은 오직 한 가지, 뛰어난 창의력이 있었기 때문이다.

그는 일을 할 때 온갖 잡무에 시간을 낭비하기보다는 창의적인 생각을 하는 데 거의 모든 힘과 시간을 투자한다. 그는 매년 워싱턴 후드 운하에 한동안 머무르며 회사의 발전 전략과 제품 혁신을 고민한다. 이 기간에 마이크로소프트 전 직원들은 그에게 새로운 제품 혹은 서비스 제안서를 보낼 수 있다. 그는 직원들의 제안서를 검토하다가 그중에서 창의적인 아이디어가 있으면 즉시 본사로 돌아가 연구를 시작한다.

세상을 놀라게 할 위대한 업적을 세우고도 그는 계속해서 새로운 것을 창조하고 받아들이려는 노력을 기울이고 있다. 마이크로소프트가 언제나 정상의 자리를 유지하는 것은 아마도 그의 이와 같은 노력 덕분일 것이다.

요즘에는 거의 모든 분야에서 창의력을 중요하게 생각한다. 창의적인 생각은 어디에서 탄생할까? 광고계의 대가 제임스 웹 영은 창의력의 탄생은 자동차가 만들어지는 과정과 비슷하다고 말했다. 즉 창의력은 일련의 과정을 거쳐 생긴다는 뜻으로, 가장 먼저 해야 할 일은 창의력의 원천이 되는 자료를 수집하는 것이다. 이런 면에서 보면 창의력은 공상에서 출발하는 것이 아니라 핵심가치와 문화적인 요소를 기반으로 수집한 자료들이 재조합되면서 탄생된다.

창의력에 관해 미국 작가 존 스타인벡은 이렇게 말했다.

"창의력은 토끼와 같다. 수중에 있는 한 쌍의 토끼를 잘 보살피면 금세 한 무리 토끼가 생겨날 것이다."

이 말은 창의력을 잘 다스려 생산력으로 바꾼다면 가치를 창출할 수 있다는 뜻이다. 그러므로 기업에서는 창의적인 생각과 더불어 강한 실행력이 있어야만 창의적인 제품 혹은 서비스가 탄생한다.

현대 사회에서 창의력이 있는 사람은 굉장한 경쟁력을 가진 인재다. 그렇다면 과연 어떤 사람들이 창의적일까? 무수히 많은 심리학자들이 이에 관한 연구를 진행했는데, 그중에서 하버드대학교 연구진들은 6년 동안 300명의 기업 관리들을 면담하며 창의적인 기업가가 가진 다섯 가지 능력을 알아냈다.

첫째, 연상능력이다.

창의적인 사람은 전혀 상관없는 두 가지를 연결해 새로운 방향을 찾고 자신의 기업에 적합한 창의적인 것으로 재탄생시킨다. 애플의 창시자 스티브 잡스는 서예에 관심이 많았고 서예에서 영감을 받아 알아보기 쉽고 사용하기 편리한 아이콘을 만들어 매킨토시 시스템을 개발하도록 했다. 이처럼 그는 서예와 컴퓨터라는 전혀 상관없는 두 개를 연결 지어 굉장히 시각적인 운영 시스템을 개발했다. 이와 관련해 스티브 잡스는 이렇게 말했다.

"학교를 그만두지 않았다면 평생 서예를 배우러 가는 일은 없었을 겁니다."

둘째, 관찰능력이다.

혁신능력이 있는 기업가들은 대부분 세심한 관찰가다. 인튜이트의 창업자 스코트 쿡은 회계용 소프트웨어 퀴큰이 아내에게서 영감을 받은 것이라고 말했다.

당시 그의 아내는 컴퓨터로 가계부를 썼는데, 프로그램이 마땅치 않아 여러 소프트웨어를 구입했지만 모두 소용이 없었다. 그래서 그는 아내가 가계부를 쓰는 형식을 자세하게 관찰했다가 쉽고 빠른 재무 관리 프로그램을 개발했다. 그리고 나중에 애플 컴퓨터 프로그램을 이용해 온라인상에서도 가능한 가정 및 개인용 재무 관리 프로그램인 퀴큰을 만들었다.

셋째, 실험능력이다.

온라인 쇼핑을 좋아하는 사람이라면 아마존닷컴을 알 것이다. 아마존의 창업자 제프 베조스는 실험정신이 아주 강한 사람이다. 그래서 어떤 문제에 직면하면 실험을 통해 끊임없이 새로운 해결 방법을 찾으려고 한다.

그는 어린 시절 대부분의 시간을 할아버지의 농장에서 보냈다. 그의 할아버지는 농기계가 고장 났을 때 수리공을 부르지 않고 웬만한 것은 직접 고쳤고, 농장 동물들이 병이 났을 때도 수의사 없이 직접 병을 치료할 방법을 찾았다.

할아버지의 영향을 받은 그는 어려운 상황에 직면했을 때 도움을 요청하기보다는 스스로 문제 해결 방법을 찾았다. 아마존 창립 초기, 그는 재고가 없는 상태에서 인터넷으로 책을 팔아보자는 아이디어를 내놓았고 무수한 실험을 거쳐 아마존만의 특별한 경영 방식을 확립했다.

넷째, 의심하는 능력이다.

프랑스 작가 발자크는 이렇게 말했다.

"과학의 비밀을 푸는 열쇠는 물음표다."

과학을 이해하고 싶으면 먼저 주변에 있는 것들에 끊임없이 의심을 품는 자세가 중요하다. 마찬가지로 기업을 계속 발전시키고 싶다면 경영자에게 뛰어난 의심의 기술이 필요하다. 문제를 한 번 더 생각하고 새로운 해결 방법을 찾기 위해 끊임없이 노력해야 한다.

델의 설립자 마이클 델은 이렇게 말했다.

"저는 익숙한 주변 환경이나 사람들도 언제나 새로운 시각으로 바라보려고 노력해요. 그리고 그들과 교류하는 과정에서 새로운 구상을 떠올리죠."

다섯째, 인맥이다.

인맥이라는 두 글자를 언급하면 일반적으로 사람들과 관계를 유지한다는 의미로 받아들일 것이다. 하지만 창의력과 관련해서 인맥을 쌓는다는 것은 자신과 관점이 다른 사람들과 의식적으로 접촉하고 소통하며 지식의 범위를 넓힌다는 새로운 의미를 나타낸다. 창의적인 사람들은 타인과 교류하는 과정에서 그들의 관점이 정확한지 잘못되었는지를 따지기보다는 얼마나 새롭고 독창적인 생각을 갖고 있는지에 주목한다.

Chapter 03

생각의 차이가
남다름의 차이

'뺄셈'으로 '덧셈'을 뛰어넘어야 할 때

흥미로운 수학 문제를 하나 내겠다.

4 빼기 4가 8이 되는 경우는 언제일까? 정답은 사각형의 네 모서리를 잘라내면 팔각형이 만들어질 때다.

이것이 '뺄셈 사고방식'이다. 뺄셈 사고방식에서는 1 빼기 1이 1보다 크다고 여기며, 버림으로써 더욱 풍부해진다는 핵심을 담고 있다. 로마의 철학자 세네카는 뺄셈 사고방식을 이렇게 정리했다.

'강물에 빠진 사람이 짐을 버리지 않으면 절대 육지까지 헤엄쳐 갈 수 없다.'

사람들에게 가방에 어떤 물건을 가지고 다니느냐고 묻는다면 아마 대부분 휴대전화·지갑·서류 등 꼭 필요한 것만 있다고 대답할 것이다. 하지만 정말 그럴까? 막상 가방 안을 뒤져보면 볼펜·잔돈·영수증·명함·우산 등 평소에 쓰지도 않는 물건들이 쏟아져 나온다. 심지어 이것들을 언제 가방에 넣었는지 기억하지 못하는 이들도 많다.

사람들은 일반적으로 덧셈 혹은 곱셈 법칙을 좋아한다. 누구나 더 많은 부와 권력을 누리고 싶고 더 높은 자리에 오르고 싶어 한다. 특히 기업의 관리들은 덧셈 법칙으로 기업을 경영하는 데 익숙해져 있다. 그래서 기업이 어느 정도 규모를 갖추고 나면 생산하는 제품의 종류를 늘리고 사업 영역을 확장하려고 한다.

경영자들이 흔히 하는 말 중에 이런 것이 있다.

"자신이 가진 모든 계란을 한 바구니 안에 넣지 마라."

이 말은 기업이 한 가지 분야에서 벗어나 다양한 영역으로 범위를 확대해나가야 한다는 의미를 담고 있다. 즉 경영의 다원화를 추구해야 한다는 뜻이다. 그러나 실제로는 굉장히 많은 기업들이 사업 범위를 무리하게 확장하다가 파산 위기에 몰렸다. 시어스·아메리칸 익스프레스·제록스 등 유명한 기업들도 다원화 경영을 펼치다가 한때 큰 위기에 빠졌다.

덧셈 법칙으로 기업을 크게 키우는 것이 좋을까, 뺄셈 법칙으로 작은 기업이라도 튼튼하게 키우는 것이 좋을까? 기업의 경영자가 경영 전략에 따라 취사선택해야 할 문제겠지만, 현명한 기업가라면 뺄셈 법칙으로도 기업을 크고 탄탄하게 키울 것이다.

스티브 잡스는 뺄셈 법칙을 잘 활용한 대표적인 인물이다. 1997년, 그가 애플에 복귀했을 때 가장 먼저 한 일이 뺄셈이다. 그는 이사회에 두 명의 이사만 남겨 놓고 모두 해고했고, 수십 가지에 달했던 제품군도 네 가지로 축소했다. 업무에 비해 너무 많았던 직원들도 일류 인재들만 선별해 남겨 놓고 3천 명이 넘는 인원을 모두 정리해고했다. 이렇게 과감한 뺄셈의 효과는 굉장했다. 2년 동안 적자에 허덕이던 애플은 흑자로 돌아서며 위기에서 벗어났다.

기업의 잘못된 다원화 경영에 대해 피터 드러커는 이렇게 말했다. "대부분의 기업이 90퍼센트의 자본과 에너지를 아무런 가치를 창출할 수 없는 업무에 소모하고 있다."

미국의 포드자동차는 시장점유율을 높이려고 무리해서 볼보·랜드로버·재규어 등 자동차 브랜드를 인수했다. 하지만 결국 경영 위기에 몰려 힘들게 인수한 브랜드들을 다시 다른 기업에 넘겨야 했다. 반면에 같은 자동차업계의 도요타는 다른 곳에 한눈팔지 않고 자신의 브랜드를 키우는 데 집중해 세계 자동차시장의 선두주자가 되었다.

이처럼 덧셈 법칙으로 기업을 운영하다 보면 자기도 모르게 많은 자원을 아무런 가치도 없는 일에 낭비하고 만다. 하지만 뺄셈 법칙을 이용하면 한 가지 분야에 집중하게 되므로 해당 분야의 전문가가 될 수 있다.

일본의 유명한 경제평론가이자 경영학자인 오마에 겐이치는 그의 저서에서 이렇게 언급했다.

'당신은 지금 충분한 전문성을 갖추고 있는가? 전문가라고 하면 일

당신의 운명은 바뀔 수 있다

반적으로 어떤 분야에서 뛰어난 능력을 갖추고 신뢰할 수 있는 사람을 의미한다. 이들의 가장 큰 특징은 자신이 몸담고 있는 한 가지 분야에 집중하고 언제나 표준화, 규범화된 모습을 보여준다는 것이다.'

기업경영뿐만 아니라 사람도 마찬가지다. 무엇이든 할 수 있는 사람은 사실 한 가지 일도 완벽하게 하지 못한다. 하지만 진정한 전문성을 가진 사람은 할 수 있는 일이 다양하지는 않아도 한 가지만은 완벽하게 해낸다. 즉 인생에서 필요하지 않은 부분들을 모두 제거하고 나면 자신이 정말 잘하는 일을 찾을 수 있고, 그 분야에서만큼은 남들보다 앞서 나갈 수 있다.

단순하게, 더 단순하게 사고하라

미국의 한 우주선 발사기지 앞에는 눈에 띄게 큰 글씨로 이런 글이 새겨져 있다.

'단순하라. 모든 것은 단순해야 한다.'

어떤 문제에 직면했을 때 우선 주변의 복잡하고 필요하지 않은 일들을 제거하고 나면 훨씬 명확하고 효율적으로 해결 방법을 찾을 수 있다.

세계적인 건축가 루드비히 미스 반 데르 로에는 이런 명언을 남겼다.

'모자란 것이 넘치는 것이요, 넘치는 것이 모자란 것이다.'

그의 말은 단순함이 얼마나 위대한 힘을 지녔는지 알려준다. 기업에서 제품을 개발할 때 개발자들은 일반적으로 탑재된 기능이 많을수록 시장에서 인기가 많으리라 생각한다. 하지만 정작 소비자들은 모든 기능을 갖춘 제품보다는 꼭 필요한 한 가지 기능을 갖춘 제품을 더 선호한다. 단순한 문제를 복잡하게 만드는 것만큼 바보 같은 짓은 없다. 복잡한 문제를 단순화시키는 사람이야말로 현명하고 지혜롭다.

스티브 잡스는 복잡한 것을 단순화시키는 능력이 뛰어난 사람이었다. 예를 들어, 아이맥 컴퓨터를 출시할 때 그는 플로피 디스크 드라이버를 설치하지 않기로 최종 결정을 내린다. 당시 플로피 디스크 드라이버는 컴퓨터에 없어서는 안 될 중요한 부분이었지만 그는 드라이버가 쓸모없어지면 소비자들이 아이맥 컴퓨터마저 쓸모없는 것으로 여기는 것을 우려해 그런 결정을 내렸다. 요즘 출시되는 맥북 에어에는 랜 선을 연결하는 부분이 빠져 있다. 이제는 모두가 무선 랜을 사용한다는 점을 반영한 것이다.

스티브 잡스가 남긴 명언 중에 이런 말이 있다.

"당신들에게 천 개의 뛰어난 아이디어가 있다고 한들 우리는 그 천 개의 아이디어가 모두 필요 없습니다. 혁신은 모든 것에 '예'라고 대답하는 것이 아니라 중요한 한 가지만을 남겨 놓고 나머지 것에 '아니오'라고 말하는 것이기 때문이죠."

당신의 운명은 바뀔 수 있다

오늘날 애플의 제품은 전 세계에 마니아층을 둘 만큼 꾸준한 사랑을 받고 있다. 아이폰·아이팟·아이패드 등 애플의 제품을 사용해본 사람이라면 가운데 있는 동그란 버튼을 본 적 있을 것이다. 이것은 애플 제품에서 겉으로 보이는 유일한 버튼으로 애플이 추구하는 단순함의 미학을 보여준다.

소비자들의 수요는 점점 더 다양해지고 있는데 모든 기능을 다 갖춘 만능 제품만을 추구하는 기업은 결국 발전 동력을 잃을 것이다. 이제는 복잡한 것을 단순화시키는 사람만이 더 많은 발전의 기회를 누릴 수 있다. 사람들이 애플 제품을 좋아하는 이유는 아름다운 외관 때문이기도 하지만 더 큰 이유는 간단한 조작 방식 때문이다.

단순함. 이것은 스티브 잡스가 애플에서 이루어낸 가장 큰 성과다. 애플은 신제품을 연구할 때 어떻게 하면 신기술을 더 많이 집어넣을까를 생각하지 않고 어떻게 하면 사용자들에게 필요 없는 기능을 없앨까 고민한다. 제품 안에 최신 기술, 최고급 기술을 조금이라도 더 많이 더하려는 다른 기업들과는 사뭇 다른 모습이다.

그러므로 일을 하거나 문제 해결 방법을 찾을 때 무엇이 부족한지보다 무엇을 뺄지를 고민한다면 완전히 새로운 방향이 열릴 것이다.

일본 파나소닉의 다리미사업부는 전 세계 다리미업계에서 가장 권위 있는 부서다. 그런데 1980년대 다리미시장이 포화상태에 이르면서 파나소닉 제품도 판매가 부진했다. 이 문제를 해결하기 위해 다리미사업부 부장은 다양한 연령대의 가정주부들을 초청해 다리미를 사용할 때 불편한 점을 물었다.

이 자리에 참석한 한 여성이 말했다.

"다리미 전선을 없애고 충전해서 사용할 수 있으면 좋겠어요."

이 여성의 의견에 사람들은 모두 동의했고, 파나소닉에서는 즉시 프로젝트팀을 꾸려 무선 다리미를 연구하기 시작했다. 이들은 우선 전지를 이용한 무선 다리미를 개발하려고 했으나 무게가 무려 5킬로그램에 이르러 오히려 기존 제품보다 사용하기에 더 불편할 것 같았다. 프로젝트팀은 대체 방안을 찾기 위해 가정주부들이 다리미로 옷을 다리는 동영상을 보며 연구했다. 그러던 중 가정주부들이 다리미질을 할 때 내내 다리미를 사용하는 것이 아니라 옷을 정돈하기 위해 자주 세워 놓는다는 사실을 알아냈다. 여기에서 아이디어가 떠오른 프로젝트팀은 충전기에 잠시 내려놓는 것만으로 충전되는 무선 다리미를 개발했다. 이 다리미는 주부들이 옷의 주름을 펴고 정돈하는 단 몇 초 사이에 충전이 가능하도록 했다. 이렇게 해서 파나소닉의 무선 다리미는 세상에 모습을 드러냈고 출시되자마자 베스트셀러 제품으로 떠올랐다.

레오나르도 다 빈치는 이런 말을 남겼다.

"단순함은 궁극의 복잡함이다."

때로는 단순한 것들이 더 강한 생명력을 지니기도 한다. 복잡한 것을 단순화하는 것은 사고방식의 최고 경지다. 이런 능력을 가진 사람이라면 아무리 복잡한 문제도 가장 간단한 방법으로 해결한다.

당신의 운명은 바뀔 수 있다

세상에는 두 종류의 사람이 있다. 복잡한 문제를 단순화시키는 사람, 그리고 단순한 문제를 복잡하게 만드는 사람이다. 전자는 어떤 문제라도 쉽게 해결하지만 후자는 아무리 쉬운 문제도 점점 더 어렵게 만든다.

"가장 단순한 방식으로 살아가라. 복잡한 생각이 인생의 달콤함을 파괴하도록 두지 마라."

철학가 존 밀턴의 말이다. 인생의 여러 가지 문제에 직면했을 때 복잡한 생각을 단순화하고 뺄셈의 사고방식을 활용한다면 무거운 짐을 내려놓고 홀가분하게 목표한 지점에 도달할 수 있다.

다른 사람의 뒤를 좇아가지 마라

정사각형으로 된 수박을 본 적 있는가? 대부분이 본 적 없다고 대답할 것이다. 하지만 일본의 한 지역에서는 실제로 정사각형 모양으로 된 수박 재배에 성공했다. 똥 모양의 초콜릿을 먹어본 적 있는가? 이게 무슨 더러운 소리냐 하겠지만 실제로 어떤 사람이 화장실을 주제로 한 식당을 열어 똥 모양의 초콜릿을 손님에게 제공했다. 또 당신은 시계의 바늘이 반드시 오른쪽으로만 회전한다고 생각하겠지만 왼쪽으로 회전하는 시계를 개발한 사람이 있다.

모든 새로운 것은 누군가의 독특한 사고방식이 만들어낸 걸작이다. 그리고 이런 사고방식은 성공한 사람들이라면 누구나 갖고 있는 필수 조건이다. 다시 말해 성공한 사람들은 모두 특별한 사고방식의 소유자다. 이들은 다른 사람의 뒤를 좇아가기보다는 언제나 새로운 길을 개척하기를 좋아한다.

아만시오 오르테가가 설립한 패션 브랜드 자라는 스페인 인디텍스 그룹의 자회사다. 패스트 패션이 유행하면서 자라는 전 세계 소비자들의 사랑을 받는 브랜드로 떠올랐다. 심지어 어떤 사람들은 자라를 '패션계의 델' 혹은 '패션계의 스와치'라고 비유하기도 한다.

자라만의 특별한 점은 무엇일까? 우선 자라는 매장을 열 때 그 지역에서 가장 번화한 곳을 선택하며 세계적인 명품 브랜드들과 나란히 서는 것을 전혀 두려워하지 않는다. 자라는 뉴욕의 5번가·파리의 샹젤리제 거리·중국 상하이의 난징로 등 가장 번화한 곳에 매장을 두고 있다. 통계에 따르면 상하이에 첫 자라 매장이 오픈하던 날 매출이 80만 위안을 기록했다고 한다. 이것은 무려 중국 80여 개 패션 브랜드의 하루 매출을 총합한 것과 같은 금액이다.

자라가 이렇게 큰 인기를 끄는 비결은 무엇일까? 광고의 힘일까? 아니다. 자라는 줄곧 '광고 제로'의 마케팅 전략을 고수해왔다. 그렇다면 친절한 서비스 때문일까? 아니다. 사실 자라 매장을 방문해본 사람이라면 직원들이 특별히 친절하다고 느낀 사람은 별로 없을 것이다. 굳이 자라의 인기 비결을 찾는다면 그것은 시대를 앞서가는 패션 때문일 것이다. 디자인부터 생산, 물류, 판매까지 자라는 언제나

당신의 운명은 바뀔 수 있다

다른 브랜드보다 한 걸음 앞서 나간다.

자라의 모든 스토어 매니저는 인터넷이 가능한 PDA를 보유하고 있다. PDA는 'personal digital assistant'의 약자로, '개인 디지털 비서'라는 의미다. 여기에는 계산 · 전화 · 팩스 · 인터넷 등의 다양한 기능이 탑재되어 통화 기록, 일정 등의 개인적인 정보를 관리할 뿐만 아니라 이메일 · 팩스 등을 주고받고 심지어 휴대전화로 사용이 가능하다. 가장 중요한 것은 이 모든 기능이 무선으로 이루어진다는 사실이다.

이런 최첨단 설비를 이용해 자라의 스토어 매니저들은 판매 현황을 수시로 디자이너들에게 전달하고 디자이너들은 이를 통해 유행의 흐름을 파악한다. 또한 자라는 매장이 있는 각 도시에 쿨 헌터를 파견해 최신 유행과 독특한 패션 아이템들을 파악하도록 한다. 자라 본사에 있는 400여 명의 디자이너와 생산 매니저들은 이들이 수집한 정보를 바탕으로 앞으로 어떤 패션이 소비자들에게 주목받을지 연구한다.

자라의 경영 이념은 앞서 나가는 기업을 모방하는 것만으로는 절대 성공할 수 없다는 사실을 알려준다. 한 분야에서 선두를 달리는 기업의 경영자들을 살펴보면 대부분 남들과 다르게 생각하고 그들이 보지 못하는 무엇인가를 찾아내는 통찰력을 갖고 있다.

누구나 성공하고 싶어 하지만 대부분 맹목적으로 다른 사람의 뒤를 좇아가려고만 하기 때문에 실패한다. 다른 사람의 뒤를 좇아가는 사람들은 누군가의 아이디어가 좋아 보인다 싶으면 그것을 그대로 모방해 실패의 확률을 줄이고자 한다. 하지만 모방한 사람은 절대 그 일의 선구자를 뛰어넘을 수 없으며 기껏 해봐야 남은 찌꺼기를 얻을 뿐이다. 다른 사람보다 뛰어난 성과를 내려면 자신만의 특별한 사고 방식을 가져야 한다.

뚱뚱한 사람이라면 아마 대부분 다이어트에 한이 맺혀 있을 것이다. 다이어트에 엄청난 돈을 투자하고 시간과 힘을 소모했는데도 몸무게는 그대로이기 때문이다. 그런데 이렇게 다이어트에 실패한 사람들이 찾는 다이어트센터가 있었다. 이곳은 늘 비만인 이들로 발 디딜 틈 없었다.

어느 날 여러 차례 다이어트에 실패한 남자가 이 다이어트센터를 찾았다. 그가 다이어트 코치에게 물었다.

"제가 다이어트에 성공하게 도와주실 수 있나요?"

다이어트 코치는 확실한 대답은 하지 않고 그의 이름과 주소를 적은 다음 집에 가서 연락을 기다리라고 말했다.

다음날 이른 아침, 누군가 남자의 집 대문을 두드렸다. 그가 문을 열어 보니 굉장히 섹시하고 매력적인 여자가 서 있었다.

"다이어트센터에서 나왔습니다. 저와 달리기를 해서 이긴다면 제가 당신의 여자 친구가 되어 드리죠."

남자는 크게 기뻐했고, 그날 아침부터 여자를 잡으려고 있는 힘을 다해 달렸다. 그렇게 몇 달이 지나자 뚱뚱했던 남자는 어느새 보기 좋게 건장한 체격으로 바뀌어 있었다. 그는 여전히 매일 아침 여자를 잡기 위해 달리기를 했고, 자신이 다이어트를 하고 있다는 생각은 잊

당신의 운명은 바뀔 수 있다

은 지 오래였다.

어느 날, 남자는 집을 나서면서 이렇게 결심했다.

'오늘은 반드시 그녀를 따라잡고야 말겠어.'

하지만 매일 달리던 장소에 나가 보니 매력적인 여자는 온데간데 없고 웬 뚱뚱한 여자가 남자를 기다리고 있었다. 뚱뚱한 여자가 말했다.

"다이어트센터에서 나왔는데요, 코치님 말이 제가 달리기를 해서 당신을 따라잡으면 당신이 제 남자친구가 되어준다던데요?"

다이어트센터에서는 그동안 이런 방식으로 수많은 사람들의 다이어트를 성공시켰던 것이다.

한 가지 방법이 통하지 않을 때는 포기하지 말고 또 다른 방법을 시도해봐야 한다. 축구를 좋아하는 사람이라면 경기 중에 공이 떨어지는 두 번째 지점을 노려야 한다는 원리를 잘 알 것이다. 공이 떨어지는 첫 번째 지점은 워낙 수비가 철저하기 때문에 공격수가 공을 빼앗기기 쉽지만 두 번째 지점은 상대적으로 수비가 허술해 공격하기가 훨씬 수월하고 골이 들어갈 확률도 높다.

축구뿐만 아니라 인생도 마찬가지다. 인생의 위대한 목표를 향해 달려가는 과정에서 당신은 수많은 경쟁자들을 만난다. 하지만 어떤 기회를 놓고 이들과 치열한 싸움을 벌이기보다는 사람들이 간과하기 쉽고 상대적으로 경쟁이 낮은 분야에서 새로운 기회를 찾는다면 훨씬 수월하게 목표에 도달할 수 있다.

성공하려면 남들과 다른 사고방식과 통찰력이 절실하다. 남들과 다른 사고방식을 가진 사람들의 특징은 무엇일까? 이들은 사고의 틀을 과감히 깨뜨리고 나만의 독특하고 특이한 생각들을 모두 실천에 옮긴다. 주변의 시선이 두려워 이렇게 하는 것을 주저하는 사람들이 많다. 하지만 한 번뿐인 인생, 반드시 깨뜨려야 할 틀이 있고 도전해야 할 것이 있다면 과감하게 행동으로 옮기길 바란다.

나만의 남다른 능력으로 돋보이고 싶다면

"이 일은 영원히 끝나지 않을 것만 같아!"

많은 사람들이 이런 식의 불만을 토로한다. 도대체 어떤 일들이 우리 시간을 이토록 잡아먹고 있단 말인가. 이와 관련해 세계적인 경영학자 스티븐 코비는 시간관리 이론을 제시했다. 그는 일반적인 일을 중요도에 따라 급하고 중요한 일, 중요하지만 급하지 않은 일, 급하지만 중요하지 않은 일, 급하지도 않고 중요하지도 않은 일로 구분했다.

유명한 물리학자 아인슈타인은 생전에 이런 말을 남겼다.

"사람과 사람의 가장 큰 차이는 시간을 어떻게 사용하느냐에 따라 결정된다."

사람들은 대부분 90퍼센트 이상의 시간을 그냥 흘려보낸다. 때가 되면 밥을 먹고, 일할 때가 되면 일하고, 차를 타야 할 때가 되면 차를 타고……. 이렇게 매일 시간을 보내면서 굉장히 많은 일을 하는 것 같지만 정작 인생에 도움이 되는 일은 거의 하지 않는다.

이탈리아의 경제학자이자 사회학자인 파레토는 그 유명한 '파레토 의 법칙'을 제시했다. 이 법칙은 '20 대 80 법칙' 혹은 '80 대 20 법칙' 이라고도 불리는데, 세상의 거의 모든 대상에 이 법칙이 적용된다. 예를 들어 기업 경영에서 80퍼센트의 이윤은 20퍼센트의 프로젝트에서 비롯한다. 또 부의 분배에서 20퍼센트 사람들이 80퍼센트의 부를 차지하고 80퍼센트의 사람들이 나머지 20퍼센트의 부를 나눠 갖는다. 심리학에서는 80퍼센트의 지혜가 20퍼센트의 사람들에게 집중되어 있고, 80퍼센트의 사람들이 갖고 있는 지혜는 20퍼센트에 불과하다고 말한다. 또 세상의 20퍼센트의 사람들이 성공하고 나머지 80퍼센트의 사람들은 성공하지 못한다.

이 법칙은 한 사람의 시간과 힘의 분배에도 적용된다. 당신이 하루 동안 하는 일들을 모두 나열해보면 그중 80퍼센트는 해도 되고 하지 않아도 되는 일들이고 나머지 20퍼센트만 진짜 중요한 일이다. 파레토의 법칙을 시간관리에 적용하면 다음과 같은 결론을 얻을 수 있다. 사람이 능력을 극대화하는 가장 좋은 방법은 중요하다고 생각하는 일에 시간과 에너지를 집중하는 것이다. 이렇게 하면 최소한의 투입으로 최대의 성과를 얻을 수 있다.

미국의 기업가 윌리엄 무어가 처음 페인트를 팔기 시작했을 때 그의 월수입은 160달러에 불과했다. 그는 유태인들의 경영 이념인 '20 대 80 법칙'과 자신의 판매 현황을 분석한 결과 자신의 80퍼센트의 수

입이 20퍼센트의 고객에서 나온다는 사실을 알아냈다. 그는 이런 사실을 바탕으로 그동안의 실패 원인을 분석하기 시작했다.

알고 보니 그동안 그는 모든 고객들에게 동일한 시간을 투자했다. 그 후 그는 중요하지 않은 고객들은 다른 직원에게 맡기고 자신은 중요한 고객들에게 집중했다. 이 방법은 월수입이 금세 천 달러를 넘어설 정도로 효과가 뛰어났다. 그리고 9년 뒤 그는 켈리무어 페인트의 주인이 되었다.

어떤 일을 할 때는 그 일의 본질을 정확히 파악해야 한다. 그렇지 않으면 중요하지 않은 부수적인 일에 시간을 낭비하고 만다. 즉 성공하려면 모든 시간과 에너지를 중요한 일에 집중해야 한다는 뜻이다.

미국에는 이런 말이 있다.

'세계의 돈은 미국인들의 주머니에 있고, 미국인들의 돈은 유태인들의 주머니에 있다.'

왜 이런 말이 나왔을까? 그 이유는 20 대 80 법칙을 적극 활용하는 유태인들의 경영 방침 때문이다. 이들은 80퍼센트의 에너지를 20퍼센트의 우수 고객에게 집중한다.

자신의 능력을 극대화하려면 현실적인 사고방식을 가져야 한다. 현실적인 사고방식은 현재의 상황과 주요 문제점을 정확하게 파악하고 모든 힘을 주요 문제 해결에 쏟는 것으로 구체적으로 다음과 같은 단계를 참조하면 좋다.

첫째, 포커스를 잘 유지해야 한다.

당신의 운명은 바뀔 수 있다

가능한 한 한 번에 한 가지 일만 하는 것이 좋은데, 먼저 스케줄 표를 보고 어떤 일이 가장 가치가 있고 도움이 되는 일인지, 어떤 일이 당신의 앞길을 방해하고 있는지 등 중요도를 파악한다. 그런 다음 중요하지 않은 일들은 제쳐두고 우선 가치 있는 일에 시간과 에너지를 투자해야 한다.

둘째, 옷장 속에 유행이 지난 옷들을 정리하듯 당신의 시간을 잡아먹는 가치 없는 일들을 정리해야 한다. 다른 사람들에게 아무리 중요하고 급한 일이라고 해도 당신에게 가치가 없는 일이라면 그 일에 시간을 낭비할 필요는 없다.

셋째, 가치가 있다고 생각하는 일은 즉시 하라.

일하는 환경을 만드는 데 많은 시간을 투자하는 사람은 이것이 시간을 낭비하는 일이라는 것을 모른다. 자신의 시간을 컨트롤 하는 법을 터득하고 의미 없는 일 혹은 사람들을 멀리하다 보면 많은 시간을 절약할 수 있다. 가장 간단한 예로 사람들이 붐비지 않는 시간에 밥을 먹고, 이동하고, 쇼핑을 한다면 시간을 절약하고 힘도 덜 든다.

성공한 사람들은 하나같이 시간을 효율적으로 관리하고 사용할 줄 안다. 이들은 일상의 여러 가지 문제들을 해결할 때 현실적인 사고방식을 활용하므로 80퍼센트의 힘을 20퍼센트의 중요한 일에 투자한다. 그리고 이로써 남들은 생각하지 못한 성공을 거둘 수 있다.

성공은 아무도
예측할 수 없다

남들이 모르는 나만의 즐거움을 찾아라

'시장의 최신 이슈에 주목하라!'

이는 사업가들 대부분이 암묵적으로 따르는 경영 이념이다. 그러나 이들 중에는 유행을 맹목적으로 따르다가 위기에 빠진 이들도 많다. 정말로 사업 감각이 뛰어난 사람은 결코 남들이 하는 대로 따라가지 않고 미지의 영역에서 새로운 비즈니스 기회를 찾는다.

미국의 경제학자 아먼드 해머는 기회에 관해 이런 말을 남겼다.

"모든 비즈니스 기회는 갑자기 찾아왔다가 순식간에 떠난다. 그러

329
•
당신의 운명은 바뀔 수 있다

*므로 기회를 포착하는 능력이 뛰어나고 과감하게 결단내리는 사람
만이 치열한 경쟁에서 승리를 거둘 수 있다."*

시장의 흐름을 정확히 판단할 수 있어야 남들이 보지 못하는 비즈
니스 기회를 포착할 수 있다. 이런 기회를 포착한 사람만이 비즈니스
세계에서 영원히 시들지 않는 꽃을 피운다.

아먼드 해머는 뛰어난 경제학자였을 뿐만 아니라 석유회사를 소유
한 위대한 기업가이기도 했다.

그는 미국 뉴욕에서 태어났다. 대학 재학 시절에는 아버지가 소유
한 약국을 맡아 경영했는데, 그가 경영하는 동안 약국은 날로 번창해
미국에서 유일한 학생 백만장자가 되었다. 이후 그는 소련과 무역 관
계를 체결하며 많은 돈을 벌었다.

그러나 1924년 레닌의 사망으로 소련과의 무역이 큰 타격을 입었
다. 그는 소련과의 무역을 계속해야 할지 고민했다. 그러던 어느 날,
그는 연필을 사려고 가게에 들렀다. 가게 주인은 그에게 독일산 연필
을 꺼내 주었다. 미국에서 이런 연필은 2, 3달러면 충분히 살 수 있지
만 소련에서는 26달러나 주어야 겨우 구할 수 있었다. 그 순간 그의
머릿속에 기막힌 사업 구상이 떠올랐다. 그는 즉시 소련 교육정책 담
당자에게 연락해 이렇게 물었다.

"소련 정부에서 모든 소련 국민들에게 의무교육을 실시할 예정인가
요?"

담당자가 대답했다.

"그렇습니다만."

그는 사실을 확인하고 기뻐하며 말했다.

"그러면 저도 당신네 정책을 시행하는 데 도움을 주고 싶군요. 제게 연필 생산 허가를 내줄 수 있습니까?"

그는 소련에서의 연필 생산 허가를 얻을 수 있었지만 당시 그는 연필 생산 기술에 대해서는 아는 바가 없었다. 얼마 후, 그는 미국·영국 등에서 연필 생산 전문가들을 불러들였고, 공장을 지어 생산에 들어갔다. 당시 그의 공장은 세계에서 가장 큰 연필 공장이었다.

비즈니스 기회에 관해 유태인들은 이렇게 말한다.

'세상에 팔지 못하는 콩은 없다!'

그들은 콩을 당장 팔지 못하면 물에 담가 싹을 틔우고 며칠 후 싹이 난 콩을 팔면 된다고 말한다. 싹을 틔운 콩을 팔지 못하면 조금 더 키워 콩 모종을 팔면 된다. 콩 모종도 팔지 못한다면 이것을 화분에 옮겨 심어 화분째 팔고, 그래도 팔지 못한다면 다시 땅에 옮겨 심고 몇 달 후 더 많은 콩을 수확하면 된다. 이런 과정을 거쳐 콩 한 알이 수백 개로 늘어났으니 더 큰 수확이 아니겠는가.

이처럼 유태인들은 더 이상 길이 없다고 생각되는 문제에 직면한다 하더라도 새로운 길을 개척하고 기회를 만들어낸다. 철강왕 카네기의 말처럼 기회는 자신의 노력으로 창조하는 것이다.

세계적으로 유명한 기업가들을 살펴보면 그들이 비즈니스 기회를 찾아내는 데 특별한 능력이 있다. 페덱스의 창업자 프레드릭 스미스와 청바지를 발명한 리바이 스트라우스도 그중 한 명이다.

프레드릭 스미스는 물류업이 발달하지 못하면 산업 전체의 성장에 악영향을 줄 것이라고 생각했다. 그런 어느 날, 획기적인 아이디어가 떠올랐다.

'고객들에게 익일 배송 서비스를 제공하는 물류회사를 세우면 어떨까?'

이렇게 해서 스물일곱 살이던 그는 페덱스를 세운다. 그리고 오늘날 페덱스는 전 세계 220여 개 나라에 서비스를 제공하는 세계최대 물류회사로 성장했다.

리바이 스트라우스 역시 비즈니스 기회를 포착하는 능력이 뛰어난 사람이었다. 1950년대 미국 서부는 금을 캐려는 사람들로 북적였는데, 젊은 그 역시 금광 개발의 꿈을 안고 이들 대열에 합류했다.

하지만 채석장에 도착해서 보니 사람들이 너무 많아 금광을 찾는다고 해도 손에 넣는 금은 많지 않아 보였다. 그렇게 금광 꿈이 사라지려는 순간 그의 눈에 채석장에서 일하는 사람들의 바지가 눈에 들어왔다. 모두들 무릎을 꿇고 일하다 보니 무릎 부분이 굉장히 낡아 있었다. 아이디어가 떠오른 그는 채석장에 버려진 장막을 모아 깨끗이 세탁한 뒤 쉽게 해지지 않는 튼튼한 작업복을 만들었다. 이것이 최초의 청바지다.

비즈니스 기회는 어디에나 있다. 경쟁이 치열한 비즈니스 세계에서 쉽게 두각을 드러내지 못한다면 우선 이런 기회를 읽는 능력을 키워야 한다. 성공한 사업가들은 개보다 예민한 후각으로 황금의 냄새를 찾아내고 독수리보다 날카로운 발톱으로 기회를 포착한다.

왜 내게는 성공의 기회가 주어지지 않느냐고 원망하는 이들이 있다. 사실 기회는 우리 주변 어디에나 있다. 다만 자신의 불행한 인생을 원망하느라 도처에 있는 기회를 보지 못한다. 그러나 기회를 포착하는 능력이 뛰어난 사람은 시선이 쉽게 닿지 않는 구석진 곳에서도 새로운 기회를 낚는다. 이들은 다른 사람들이 한눈팔고 의심하고 있을 때 한 걸음 앞서 나아가 남들이 알지 못하는 즐거움을 찾고 자신의 사업을 완성한다.

우연이라도 필연이 되는 길은 있다

종종 신문이나 텔레비전에서 우연한 기회에 성공을 거둔 사람들의 사연을 접하곤 한다. 사실 우연한 성공을 이룰 가능성은 다양한 분야의 경험이 많을수록 높아진다. 그래서 한 사람이 어떤 분야에서 성공을 거둘지는 아직 경험이 적은 젊은 시절에 판단하기 어렵다. 이미 어떤 한 분야에서 성공한 사람들을 살펴보면 이들이 당초 선택했던 길은 지금 몸담고 있는 분야와 다른 경우가 많다. 심지어 지금의 성공과 완전히 상반된 분야에서 시작한 사람도 있다. 경제학자 프랑코 모딜리아니의 경우가 그랬다.

모딜리아니는 대대로 내려오는 의사 가문에서 태어났다. 그러다 그가 13살이 되던 해에 아버지가 세상을 떠났다. 17살이 되어 대학 입학을 준비할 때 그는 어떤 전공을 선택해야 할지 몰라 고민했다.

당신의 운명은 바뀔 수 있다

주변 친척들은 그가 아버지의 직업을 이어받아 의사가 되기를 바랐다. 당시 모딜리아니 역시 특별히 관심 있던 분야가 없었기 때문에 친척들의 말에 따라 의대에 진학하기로 한다.

그러나 대학에 가서 의과대학 입학 서류를 작성하려는 순간 그의 머릿속에 피로 범벅이 된 환자의 모습이 떠올랐다. 그런 장면을 평생 봐야 한다고 생각하니 너무나 끔찍했다. 결국 그는 의대를 포기하고 당시 가장 유행하던 법학과를 선택했다. 하지만 법대 생활 역시 만족스럽지는 않았다. 그는 매일 어려운 법률 용어를 외워야 하는 것에 지루함을 느꼈고 자주 수업을 빼먹었다.

그러던 어느 날, 그는 우연히 경제학과 강의실을 지나가다가 젊은 경제학자의 강의에 흥미를 느껴 수업을 들었다. 그날 이후 모딜리아니는 경제학에 완전히 매료되어 도서관에서 경제학 관련 도서를 모두 빌려와 읽었고 수시로 경제학 강의를 청강했다.

어느 날, 한 친구가 그가 경제학에 관심이 있다는 것을 알고 그에게 금융서적 한 권을 번역해달라고 부탁했다. 독일어로 된 서적을 이탈리아어로 번역하기 위해 그는 수많은 경제학 자료를 찾아봐야 했고, 이를 기회로 방대한 지식을 쌓았다. 마침 그때 이탈리아에서는 대학생들을 대상으로 한 논문 대회가 열렸고 그는 자신 있게 참가해 1등을 차지했다. 그 이후 그는 경제학 분야에서 능력을 인정받았고 본격적으로 경제학 연구를 시작했다.

모딜리아니는 금융·자본시장·거시경제·통계학 등 다양한 분야에서 뛰어난 업적을 남겼고 저축과 금융에 관련된 혁신적인 분석으로 1985년 노벨경제학상을 수상했다.

모딜리아니가 경제학에서 이토록 위대한 성공을 거둔 것은 아주 우연한 기회를 통해서였다. 그의 당초 선택은 의학과 법학이었지만 그는 이 분야에 전혀 흥미를 느끼지 못했다. 그런데 지나가다가 우연히 들은 경제학 강의가 그의 인생을 완전히 바꿔 놓았다.

어떤 사람들은 고심해서 선택한 분야에서 아무리 노력해도 성공하기 어려운데 어떻게 그는 우연히 접한 분야에서 최고 권위자가 되었을까? 이런 우연한 성공에 대해 심리학자들의 의견도 분분한데, 그중 가장 일반적인 해석은 이렇다. 어떤 분야에서 우연한 성공을 거둔 사람들은 대부분 착실하고 현실적이다. 이들은 먼 이상을 좇는 데 시간을 낭비하지 않고 지금 당장 눈앞에 벌어진 일들을 최선을 다해 해결한다.

사람들은 어떤 분야에 발을 들이면 자신의 앞날에 관한 이상적인 로드맵을 작성한다. 그리고 이를 실현하기 위해 세심한 계획을 세운다. 하지만 정작 이를 실행하는 과정에서 조그만 시련에 봉착하기라도 하면 실망하며 당초 선택이 잘못되었다고까지 생각한다. 그리고 끝내 원대한 꿈을 포기하고 만다. 그 때문에 너무 높은 이상을 꿈꾸는 사람들은 절대 쉽게 성공하지 못한다. 오히려 원대한 이상을 품고 있지 않은 사람들이 우연한 기회에 성공할 확률이 더 높다.

영국에는 〈브리티시 갓 탤런트〉라는 유명한 오디션 프로그램이 있다. 이 프로그램을 통해 그동안 수많은 스타가 탄생했는데, 그중에서도 일약 세계적인 스타로 떠오른 사람이 있다. 수잔 보일이다.

당신의 운명은 바뀔 수 있다

2009년 4월 11일, 스코틀랜드 중남부 작은 마을에서 온 수잔 보일이 〈브리티시 갓 탤런트〉의 오디션 무대에 섰다. 평범한 외모에 허름한 옷을 입은 47세 아줌마가 무대에 등장했을 때 심사위원이 시큰둥한 말투로 물었다.

"꿈이 무엇입니까?"

그녀가 수줍게 말했다.

"제 꿈은 일레인 페이지처럼 유명한 가수가 되는 것입니다."

그녀의 대답에 심사위원은 코웃음을 치며 말했다.

"그런데 왜 아직까지 꿈을 이루지 못했죠?"

심사위원의 냉랭한 태도에도 그녀는 자신감을 잃지 않고 대답했다.

"그동안은 기회가 없었습니다. 하지만 오늘밤 제 꿈을 반드시 이루고 말 겁니다."

음악이 시작되고 그녀는 뮤지컬 〈레미제라블〉의 삽입곡 'I dreamed a dream'을 불렀다. 그녀의 노래가 시작되자 자리에 있던 모든 사람들이 넋을 잃고 빠져들었다. 평범한 아줌마였던 그녀는 그날 이후 세계적인 스타가 되었다.

사람들은 대부분 외모로 다른 사람을 판단하려고 한다. 하지만 성공과는 거리가 멀어 보이는 아줌마 수잔 보일은 모두의 예상을 깨고 자신의 꿈을 실현했다.

그녀는 자신의 성공을 이렇게 말했다.

"사람들이 제 외모를 보고 당연히 비웃을 거라는 생각도 했어요. 하지만 부딪쳐보기로 했죠. 그 프로그램에 참가하기 전에는 제 능력을 보여줄 기회가 없었어요. 그래도 꿈을 포기하지는 않았습니다. 열심히 노력하다 보면 언젠가는 이루리라 믿었기 때문이죠."

어쩌면 누군가의 성공이 우연처럼 보일 수 있지만 그 사람의 인생을 자세히 들여다보면 결코 우연한 일이 아니라는 사실을 알 수 있다. 이들의 성공은 불가능을 생각하지 않고 묵묵히 자신의 꿈을 지켜왔기 때문에 가능했다. 노력도 하지 않고 불가능을 먼저 생각하는 사람은 절대 성공할 수 없다. 이런 사람들은 매일 자신의 이상이 무엇인지 큰 소리로 떠들면서 정작 어떤 것도 행동에 옮기지 않고 심지어 이상에 위배되는 일을 서슴지 않는다. 이러다 보니 자연스럽게 성공과는 거리가 멀어진다.

세상에 꿈을 가진 사람은 많다. 하지만 꿈을 갖는 것만으로는 부족하다. 성공하려면 외로움과 시련을 견디고, 설령 세상 사람들이 곱지 않은 시선을 보낸다고 하더라도 꿋꿋이 버텨야 한다. 이처럼 성공은 큰소리치는 것이 아니라 묵묵한 행동으로 실현되는 것이다.

나만의 무기

초판 1쇄 인쇄 | 2015년 9월 11일
초판 1쇄 발행 | 2015년 9월 22일

지은이 | 장옌
옮긴이 | 이지수
펴낸이 | 이희철
기획편집 | 조일동
마케팅 | 임종호
펴낸곳 | 책이있는풍경
등록 | 제313-2004-00243호(2004년 10월 19일)
주소 | 서울시 마포구 월드컵로31길 62 1층
전화 | 02-394-7830(대)
팩스 | 02-394-7832
이메일 | chekpoong@naver.com
홈페이지 | www.chaekpung.com

ISBN 978-89-93616-86-6 03320

· 값은 뒤표지에 표기되어 있습니다.
· 잘못된 책은 바꾸어 드립니다.

이 도서의 국립중앙도서관 출판시도서목록(CIP)은 서지정보유통지원시스템 홈페
이지(http://seoji.nl.go.kr)와 국가자료공동목록시스템(http://www.nl.go.kr/
kolisnet)에서 이용하실 수 있습니다.(CIP제어번호: CIP2015021221)